마니에르 드 부아르

주소 서울특별시 마포구 양화로 1길 83 석우빌 1층
홈페이지 www.ilemonde.com | 전화 02-777-2003

Chief editor 이종훈
Art designer 유주희
Communication manager 조은수, 김유진
Translators 김소연, 박나리, 배영란, 서희정, 이주영, 조민영,
조승아, 허보미
Editing Committee 안치용, 방명수, 김민정, 양근애, 서곡숙
Publisher 성일권
Manière de voir vol.19 copyright© All rights reserved.

MANIÈRE DE VOIR(한국어판) vol.19
여성들, 영원한 혁명

발행일자 2025년 5월 20일
등록번호 마포, 바00189
등록일자 2020년 9월 10일
발행처 (주)르몽드코리아
인쇄처 디프넷
홈페이지 www.ilemonde.com | 이메일 info@ilemonde.com
대표전화 02-777-2003 | 팩스 02-333-6767

MANIÈRE DE VOIR
Édition Française

Édité par la SA Le Monde diplomatique
1, avenue Stephen-Pichon, 75013 Paris
Site Internet: www.monde-diplomatique.fr

Directoire:
Benoît BRÉVILLE, président, directeur de la publication
Anne-Cécile ROBERT, directrice adjointe
Autres membres:
Vincent CARON, Élodie COURATIER, Pierre RIMBERT
Conseiller éditorial auprès du directeur de la publication :
Serge HALIMI
Conseiller en finance et développement auprès du directoire :
Bruno LOMBARD
Secrétaire générale : Anne CALLAIT-CHAVANEL
Directeur de la rédactio n : Benoît BRÉVILLE
Rédacteur en chef: Akram BELKAÏD
Rédaction : Martine BULARD, Philippe DESCAMPS,
Renaud LAMBERT, Evelyne PIEILLER, Hélène RICHARD,
Pierre RIMBERT, Anne-Cécile ROBERT, Grégory RZEPSKI
Cartographie : Cécile MARIN
Site Internet : Guillaume BAROU
Conception artistique :
Nina HLACER, Boris SÉMÉNIAKO
(avec la collaboration de Delphine LACROIX pour l'iconographie)
Rédacteur documentaliste : Olivier PIRONET
Archives et données numériques :
Suzy GAIDOZ, Maria IERARDI
Mise en pages et photogravure :
Jérôme GRILLIÈRE, Patrick PUECH-WILHEM
Correction: Dominique MARTEL, Xavier MONTHÉARD
Directeur commercial et administratif : Vincent CARON
Directrice des relations sociales : Élodie COURATIER
Responsable du contrôle de gestion : Zaïa SAHALI
Fondateur : Hubert BEUVE-MÉRY.
Anciens directeurs : François HONTI, Claude JULIEN,
Ignacio RAMONET, Serge HALIMI

MANIÈRE DE VOIR

FEMMES
Une révolution permanente

차례

•------------------•

- - - - - - - - - - - - -

만약 여성들이 모두 멈춘다면?

엘렌 리샤르 Hélène Richard

〈르몽드 디플로마티크〉 프랑스어판 기자. 중동, 러시아, 동유럽 전문기자로 비판적 관점에서 국제 관계에 대한 글을 쓰고 있다.

8년 전, 도널드 트럼프 대통령 첫 임기 중에 '미투 운동'이 시작되었다. 〈뉴욕 타임스〉는 수십 명의 여배우들이 미국 영화 제작자 하비 와인스타인을 고발했다는 사실을 보도했다. 2020년, 와인스타인은 재판을 통해 징역 23년형을 선고받았는데, 이는 미투 사건의 첫 유죄 판결 사례가 되었다.

이 사건의 여파로 다른 나라와 다양한 직업군에서도 성폭력 고발이 줄을 이었고, 그 충격은 오늘날까지도 이어지고 있다. 특히 프랑스에서 최근 발생한 '마자앙 집단 성폭행 사건'과 재판은 이러한 흐름을 보다 구체적이고 현실적인 방식으로 드러낸 계기가 되었다. 무엇보다 가해자들에 대한 기존 통념을 뒤흔들었다. 남편을 포함한 피고인들의 다양한 면면은 강간이 일상에서도 얼마든지 벌어질 수 있는 일임을 보여주었다. 그렇다면 이 새로운 페미니즘의 물결이 할리우드 스튜디오들과 미국 언론사에서 시작되어 전 세계 곳곳으로 퍼져나갔다고 말할 수 있을까.

거리에서 시작된 여성운동 그 10년의 궤적

지난 10년의 역사를 돌아볼 때 반드시 그렇다고 말할 수 없다. 출발점을 달리 설정하면 어떨까. 이를테면 2015년 6월 3일, 아르헨티나에서 발생한 잔혹한 여성 살해사건들을 계기로, 여성 30만 명이 대통령궁 창문 아래로 행진했던 그 날로부터. 이 시위는 라틴아메리카와 유럽 전역으로 퍼져나간 여성 운동의 불씨가 되었다. 아르헨티나 여성들은 2016년 대규모 파업을 조직한 폴란드 여성들과 연대하며 국제적 흐름에 불을 지폈다. 프랑스보다 앞서 스페인은 2018

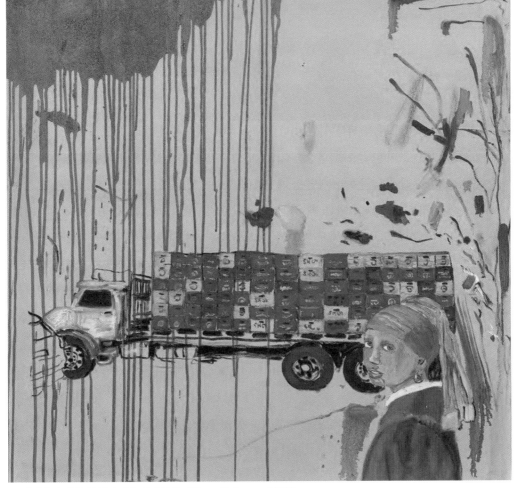

▲ 카밀라 소아투 /// 「마리아 딜리버리」(Maria Delivery, 2023)

년 4월, 이른바 '늑대 떼'라 불린 성폭행 사건을 계기로 큰 사회적 충격을 겪었다. 스페인 판사들의 관대한 판결은 수만 명의 분노한 여성들을 거리로 나오게 했다. 이는 그해 3월 8일 400만 명의 스페인 여성이 동맹파업에 나선 지 불과 몇 주 뒤의 일이었다. 그로부터 4년 뒤, 이란 여성들은 구타를 일삼던 '도덕 경찰'에 맞서 저항의 최전선에 섰고, 이후 이란 여성들의 정치적ㆍ사회적 요구는 더욱 확산되어 거대한 운동으로 발전했다. 여성들이 거리로 나설 때 표현하는 열망은, 그들을 가두려는 틀을 종종 넘어서곤 했다. 반대로 대기업들은 페미니즘을 조각조각 잘라 상품화시켰다. 2017년 미투 운동이 시작되자마자 디올은 'We should all be feminists'라는 문구가 적힌 티셔츠를 출시하며, 페미니즘을 소비에 적합한 형태로 가공해냈다. "Because I'm worth it"라는 로레알(글로벌 화장품 기업)의 슬로건은 수십 년 전 만들어진 것이지만, 이미 그 당시부터 오래된 능력주의 개념을 재활용해 피라미드 꼭대기만을 주된 관심사로 삼는, 소위 소수의 엘리트 여성만을 위한 페미니즘의 윤곽을 그리고 있었다. 그러나 가장 필수적인 업무를 맡고 있는 여성 노동자들에게 가능한 한 저임금을 지불하려는 이 '강탈 구조'에 대한 해결 방안이 논의될 때, 상황은 복잡해졌다. 이들이 맡고 있는 일은 아이, 노인, 장애인 등 소위 '비생산적인' 존재로 분류되는 사람들을 돌보는 일이었기 때문이다.(생산성과 이윤 중심의 가치 체계에서 그들의 노동은 본질적으로 저평가되었다-역주) 지난 몇 년간의 여성운동에도 불구하고, 코로나19 팬데믹은 우리 사회가 여전히 구조적으로 불평등하게 작동하고 있음을 드러냈다. 나아가 팬데믹은 오히려 성과의 후퇴를 의미했고, 최근에 이루어진 변화들이 얼마나 취약한 기반 위에 놓여 있었는지를 드러냈다. 특히 요양보호, 간병, 간호, 교육 등 이른바 '1차 방역선'에 해당하는 핵심 분야에 여성인력이 과도하게 집중되어 있었으며, 여성들은 남성보다 훨씬 더 자주 유급 노동 시간을 줄이라는 압력을 받았다.[1]

팬데믹이 드러낸 성평등의 허상

전 세계 거의 모든 지역에서 학교가 문을 닫자, 여성들은 한 달 평균 173시간에 달하는 육아 및 돌봄 노동을 추가로 감당해야 했다. 이는 월 59시간인 남성에 비해 무려 세 배나 많은 수치였다.[1] 밀폐된 가정 공간에서는 가정폭력이 더욱 급증했다. 유럽 양성평등연구소(EIGE)는 "지난 10년 만에 처음으로 남녀 고용 격차가 확대되었다"라며, "특히 한부모 가정의 취약성이 두드러졌다"라고 지적했다.[2]

여성을 배제하는 디스토피아처럼 보이는 이 현실, 즉 돌봄 노동의 과중, 낮은 임금, 가정폭력 증가 등 여성들에게 가혹했던 현실은 국가나 사회가 그에 상응한 보상을 해야 할 충분한 이유가 되고도 남았다. 이에 에마뉘엘 마크롱 프랑스 대통령은 '보건분야 세귀르(Ségur de la santé, 팬데믹 이후 프랑스에서 보건·돌봄 노동자들의 처우 개선을 목표로 열린 대규모 사회적 합의 과정-역주)'를 개최했으나 이는 극히 소극적인 방식으로 병원 부문 일부 직종에 대해 일시적인 성격의 수당을 허용하는 데 그쳤다. 팬데믹으로 인해 여성들이 감내해야 했던 고통을 충분히 고려하지 않았던 마크롱 대통령은 결과적으로 여성 표심의 일부가 극우 세력 쪽으로 기우는데 일조한 셈이 되었다. 여성 유권자들이 여전히 남성보다 국민연합(RN)을 덜 지지하긴 하지만, 그 격차는 20년 사이 절반으로 줄었다.[3] 한편 도널드 트럼프는 미국 대통령 선거에서 여전히 남성 유권자들 사이에 강력한 지지 기반을 유지했다. 그는 첫 임기 동안 낙태권을 직접적으로 공격함으로써 많은 여성 유권자들의 지지를 잃었지만, 대신 학위가 없는 남성층의 지지가 특히 그의 승리를 떠받쳤다. 프랑스에서는 마린 르펜이 단 한 표도 놓치지 않겠다는 입장을 고수했다. 그녀의 공약은 낙태권에 대해서는 침묵하고 있지만, 인플레이션의 최전선에 놓인 어머니들을 위해 '프랑스인' 가정을 대상으로 가족수당 인상을 약속했다.

2015년, 아르헨티나 여성들은 '가정으로 돌아가기'보다 훨씬 더 급진적인 방식으로 투쟁을 전진시켰다. 그들이 선택한 전략은 바로 모든 것을 멈추는 것이었다. 이를 함축한 그들의 구호는 다음과 같다. "우리 삶이 아무 가치도 없다면, 우리 없이 생산해봐!"

글 · 엘렌 리샤르 Hélène Richard

1. 「코로나19 팬데믹 기간 동안 여성의 부담」, 글로벌 개발 센터, 2021년 6월 25일.
2. 「성평등 지수 2022: 코로나19 팬데믹과 돌봄」, 유럽 양성평등연구소, 2023년.
3. 「여성의 투표, 그들의 관심사 및 페미니즘에 대한 인식에 관한 연구」, 장 조레스 재단 - 여성의회, 2024년 9월.

책을 내며

멈추지 않는 여성의 저항과 변화의 궤적

성일권

〈르몽드 디플로마티크〉한국어판 발행인. 파리8대학에서 정치사상 연구로 정치학 박사학위를 받았다. 지은 책으로 『오리엔탈리즘의 새로운 신화들』, 『비판인문학 120년사』, 『소사이어티 없는 카페』 등이 있다. 관훈클럽 국제보도상을 수상했고, 저서가 문화관광부 우수교양 도서에 선정되기도 했다.

〈마니에르 드 부아르〉의 19호 「여성들, 영원한 혁명(Femmes, Une revolution permanente)」은 지구적으로 전개되는 여성운동의 다양한 양상을 포착하려는 야심찬 기획이다. 엘렌 리샤르의 서문 '만약 그녀들이 모두 멈춘다면?'이라는 질문으로 시작하는 이번 특집호는 현대 페미니즘 운동의 진폭과 깊이를 다면적으로 조명한다. 그 질문은 단순한 레토릭이 아니라, 여성들의 노동과 저항이 갖는 사회 변혁적 잠재력에 대한 근본적 성찰을 요청한다.

세계 속의 여성운동 : 횡단적 연대와 지역적 특수성

1부 '모든 나라의 자매들이여'는 페미니즘이 국경을 넘어 확산되는 현상과 함께, 각국의 정치적 상황에 따라 다르게 전개되는 역동성을 포착한다. 특히 주목할 점은 리샤르가 현대 페미니즘 운동의 시작점을 할리우드 중심의 #metoo(미투) 운동이 아닌, 2015년 아르헨티나에서 30만 명의 여성들이 벌인 대규모 시위에서 찾는다는 점이다. 이는 서구 중심적 시각을 탈피하여 세계 각지의 여성 운동이 갖는 고유한 맥락과 역사성을 인정하는 중요한 관점 전환이다. 라틴아메리카에서 중동까지, 여성들의 저항은 단순한 젠더 이슈를 넘어 사회 변혁적 요구로 확장된다. 이란 여성들의 히잡 반대 시위가 정권 타도 운동으로 확대된 사례나, 아랍 세계의 #미투 운동은 페미니즘 투쟁이 젠더 평등을 넘어 민주주의와 사회정의의 문제와 불가분하게 연결되어 있음을 보여준다. 그러나 동시에 극우 세력의 성장으로 여성의 권리가 후퇴하는 현상, 여성의 권리가 국가 간 경쟁의 도구로 이용되는 상황은 페미니즘 운동이 직면한 복잡한 정치적 지형을 드러낸다.

보이지 않는 노동의 정치경제학

2부 '보이지 않는 손들이 판을 뒤엎다'는 여성 노동의 이중성과 현대 자본주의 체제에서의 여성의 위치를 예리하게 분석한다. '어떤 여성들은 가정의 그늘 속에, 어떤 여성들은 한낮의 공적 공간 속에'라는 문장으로 시작하는 이 장은 여성들의 유급 노동 참여 증가가 가사노동의 불평등한 재분배로 이어진 역설적 상황을 조명한다.

특히 '새로운 프롤레타리아트'로 묘사되는 이주 여성 노동자들의 불안정한 지위와 착취 구조에 대한 분석은 단순한 젠더 이슈를 넘어 계급, 인종, 국적이 교차하는 복합적 억압 구조를 드러낸다. 자본주의와 가부장제가 결합한 체제 속에서 여성 노동의 가치가 어떻게 체계적으로 평가절하되는지, 그리고 그 속에서도 '여성 노동자들이 지닌 뜻밖의 권력'이 어떻게 발현될 수 있는지를 탐색한다.

신체의 정치학과 저항의 미학

3부 '신체를 방어하며'는 여성의 몸을 둘러싼 통제와 폭력, 그리고 이에 맞서는 저항의 다양한 형태를 다룬다. 섹시즘에서 트랜스젠더 인권 문제까지, 가정폭력에서 성매매와 성적 동의의 문제까지, 이 장은 신체의 자율성과 존엄성을 둘러싼 복합적 투쟁의 지형을 그려낸다.

특히 주목할 만한 점은 단순히 '피해자성'(victimhood, 개인이나 집단이 자신을 피해자로 인식하거나 타인에 의해 피해자로 규정당하는 상태나 정체성-역주)에 머무르지 않고, 여성들의 주체적 저항과 연대의 가능성을 모색한다는 것이다. 평등을 위한 선언과 저항의 목소리는 단순한 피해 서사를 넘어 새로운 사회적 관계와 윤리의 가능성을 제시한다.

한국과 일본 여성들의 현재와 미래

4부 '여성들은 더 이상 침묵하지 않는다'는 글로벌 페미니즘의 흐름이 한국과 일본이라는 구체적 맥락에서 어떻게 전개되는지를 살펴본다.

크리스틴 레비의 '더 이상 침묵하지 않는 일본 여성들'은 오랜 가부장적 억압 속에서도 목소리를 내기 시작한 일본 여성들의 투쟁을 조명하며, 동아시아 페미니즘의 연대 가능성을 암시한다.

서문에서 엘렌 리샤르가 지적했듯, 코로나19 팬데믹은 여성운동의 성과가 얼마나 취약한지, 그리고 사회가 여전히 얼마나 불평등하게 작동하고 있는지를 적나라하게 드러냈다. 여성들은 직장에서도 육아와 가사의 삼중고에 시달렸고, 가정폭력의 위험에 더 노출되었다. 그러나 이러한 위기 상황에서도 여성들은 저항의 새로운 방식을 모색해왔다. 아르헨티나 여성들의 "우리의 삶이 가치가 없다면, 우리 없이 생산해 봐!"라는 구호는 현대 사회가 여성들의 노동에 얼마나 깊이 의존하고 있는지, 그리고 그 노동의 중단이 얼마나 혁명적 힘을 가질 수 있는지를 강력하게 시사한다.

영원한 혁명을 위하여

'여성들, 영원한 혁명'이라는 제목이 암시하듯, 이 번호는 페미니즘 투쟁이 결코 완성되지 않은 진행형의 혁명임을 강조한다. 그것은 단순히 법적, 제도적 평등을 넘어 사회의 근본적 변혁을 요구하는 혁명적 과정이다. 디올의 '페미니스트' 티셔츠나 로레알의 능력주의적 슬로건에 포획되지 않는, 진정한 해방의 비전을 제시한다.

이 책은 페미니즘이 단일한 이데올로기나 운동이 아니라, 다양한 맥락과 위치에서 펼쳐지는 복합적 저항의 네트워크임을 보여준다. 라틴아메리카에서 중동, 유럽에서 동아시아까지, 각기 다른 역사적, 문화적, 정치적 조건 속에서도 여성들의 연대와 저항은 계속되고 있다.

"만약 그녀들이 모두 멈춘다면?" 이 질문은 단순한 가정이 아니라, 여성들의 집단적 행동이 가진 혁명적 잠재력에 대한 성찰이자, 보다 정의롭고 평등한 세계를 향한 실천적 제안이다. 〈마니에르 드 부아르〉 19호는 이 질문을 통해 페미니즘의 과거와 현재를 돌아보고, 그 미래의 가능성을 탐색하는 귀중한 이정표를 제시한다.

01 모든 나라의 자매들이여

라틴아메리카의 거리에서 이란의 광장까지, 페미니즘의 물결은 전 세계로 들불처럼 퍼져 나갔다. 그러나 겉으로는 국경 없이 확산되는 것처럼 보이는 이 물결도 각국의 정치적 상황에 따라 다르게 전개됐다. 극우 세력이 성장하는 곳에서는 여성의 권리가 후퇴했고, 또한 일부 국가는 가치 갈등을 빙자해 서로의 경쟁을 은폐하며 여성의 권리를 정치적으로 이용하기도 했다.

◀ 박성아 /// 〈오로라〉, 2018

페미니즘, 진보와 퇴보 사이 그 쉼 없는 투쟁

비올렌 루카스 Violaine Lucas

시몬 드 보부아르와 지젤 알리미가 1971년 공동 설립한 '여성들의 대의명분을 택하라(Choisir la cause des femmes)'
협회의 사무총장.

시리엘 메히아스 Syrielle Meijias

일간지 〈르몽드〉의 SNS에 올라가는 가상영상서비스 담당 부국장.
'여성들의 대의명분을 택하라(Choisir la cause des femmes)' 협회 회원.

여성의 권리는 낙태를 금지한 12개 주가 있는 미국이나 아프가니스탄에서만 후퇴하고 있는 것이 아니다. 유럽연합(EU) 내에서도 정치적 극우 보수주의로 인해 그간 쌓아온 성과들이 위협받고 있다. 다행히 스페인과 같은 일부 국가에서는 페미니스트들의 지속적인 헌신으로 여전히 결실을 맺고 있다.

유럽연합(EU)의 27개 회원국은 다양한 공동 정책을 공유하고 있다. 가장 대표적인 예로는 유럽중앙은행(ECB)에 의한 단일 통화 운용이 있으며, 이외에도 공공지출과 국가 부채를 제한하는 엄격한 기준들과 공동농업정책(PAC)이 있다. 유럽 시민들의 일상생활과 밀접한 다른 영역들 역시 표준화되었다.

예를 들어, EU 회원국 내에서 판매되는 바나나는 길이 최소 14센티미터, 두께 2.7센티미터 이상이어야 한다는 규정 등이다. 그럼에도, 여성의 권리나 LGBTQIA+(Lesbian, Gay, Bisexual, Transgender, Queer 또는 Questioning, Intersex, Asexual 또는 Agender, +그 외의 다양한 성적 지향, 성 정체성 등-역주) 로 불리는 성적·젠더 소수자들의 권리와 같은 일부 분야에서는 여전히 공통된 기준을 마련하는 것조차 상상하기 힘든 실정이다.

그러나 페미니스트 변호사 지젤 알리미(Gisèle Halimi)는 이미 1979년에 이러한 공동 기준의 필요성을 역설했다. 그녀는 유럽 통합이 경제 지표 위주로만 이루어지는 현 방향에 문제를 제기하며, 자유무역 협정에서 사용되는 표현('Most-Favored-Nation Clause, MFN Clause. 최고 우대 조항 또는 최혜국 대우 조항-역주)을 차용해 '가장 유리한 유럽 여성 조항(clause de l'Européenne la plus favorisée)'을 제안했다. 이는 각 회원국의 여성 시민들이 누리는 권리를 서로 비교하고, 그중 가장 진보된 기준에 맞춰 전체적으로 상향 평준화하자는 제안이었다. 2008년, 지젤 알리미는 시몬 드 보부아르와 함께 1971년에 공동 설립한 '여성의 대의를 선택하자(Choisir la cause des femmes)' 협회를 통해 유럽연합 내 여성 권리 실태에 대한 대규모 조사를 시작했다. 이 작업은 기대했던 법적 돌파구를 마련하는 데까지는 이르지 못했지만, 여성 권리의 실태를 파악하는 데 크게 기여했으며, 이 조사는 2023년에 협회에 의해 업데이트되었다.

유럽, 특히 폴란드에서 후퇴한 여성의 권리

지난 15년 동안 여러 유럽연합(EU) 회원국들은 서로 상반되거나 때로는 예기치 못한 방향으로 법률을 변화시켜왔다. 낙태 문제는 그 대표적인 사례다. 특히 폴란드는 공산주의 시절이던 1956년, 낙태를 허용하며 당시로서는 매우 진보적인 입장을 취했지만, 1993년에는 급격히 보수적인 방향으로 선회해 오히려 낙태 규제에 더 강경한 태도를 보였다. 2020년 10월 22일, 보수 정당인 '법과 정의당(PiS)'이 장악한 폴란드 헌법재판소는 상황을 더욱 악화시키는 판결을 내렸다. 해당 판결에 따르면, 심각하고 돌이킬 수 없는 기형이나 불치병, 또는 생명을 위협하는 질병에 걸린 태아의 경우에도 임신중절(IVG)은 위헌으로 간주된다는 것이다. 그런데 2019년 폴란드에서 시행된 낙태의 거의 대부분이 바로 이러한 사유에 해당하는 사례들이었다. 폴란드 법은 또한 낙태를 원하는 여성에게 도움을 주는 행위 자체도 범죄로 규정하고 있어, 페미니스트 단체들의 지원 활동을 위태롭게 만들고 있다. 여성 인권 운동가 유스티나 비드진스카는 가정폭력 피해 여성에게 낙태약을 제공한 혐의로 2023년 3월 14일, 사회봉사 8개월형을 선고받았다. 2023년 10월 폴란드 총선에서 법과 정의당(PiS)이 패배한 이후, 신임 총리 도날드

조화와는 거리가 먼
결혼, 시민결합, 그리고 부모가 되는 것

[동성 커플에게 허용된 결합 형태]
- 결혼 및 시민결합
- 시민결합만
- 없음

[부모됨]
- 동성 부모에 의한 입양
- 의료보조생식(PMA)
  — 독신 여성 및 여성 커플을 포함한 모두에게 허용됨

[대리모 출산(GPA)]
- 금지됨
- 허용되거나 묵인됨

출처: ILGA World, 「Laws on us. 2024」;
Virginie Rozée, 『세계 여성 아틀라스
(Atlas mondial des femmes)』, Autrement, 2024.

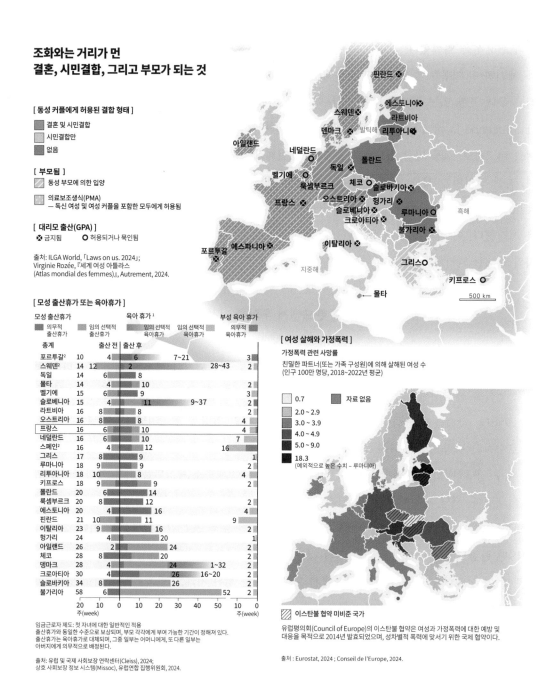

흑해

지중해

500 km

[모성 출산휴가 또는 육아휴가]

모성 출산휴가
- 의무적 출산휴가
- 임의 선택적 출산휴가

육아 휴가[1]
- 임의 선택적 육아휴가
- 임의 선택적 육아휴가

부성 육아 휴가
- 의무적 육아휴가

	총계	출산 전	출산 후	육아 휴가	부성 육아 휴가
포르투갈[2]	10	4	6	7~21	3
스웨덴[2]	14	12	2	28~43	2
독일	14	6			
몰타	14	4	10		2
벨기에	15	6	9		3
슬로베니아	15	4	11	9~37	2
라트비아	16	8	8		2
오스트리아	16	8	8		4
프랑스	16	6	10		4
네덜란드	16	6	10		7
스페인[2]	16	4	12		16
그리스	17	8	9		1
루마니아	18	9	9		2
리투아니아	18	10	8		4
키프로스	18	9	9		2
폴란드	20	6	14		2
룩셈부르크	20	8	12		4
에스토니아	20		16		4
핀란드	21	10	11		9
이탈리아	23	9	16		
헝가리	24		20		1
아일랜드	26	2	24		2
체코	28	8	20		2
덴마크	28	4	24	1~32	2
크로아티아	30	4	26	16~20	2
슬로바키아	34	8	26		2
불가리아	58	6	52		2

20 10 0 10 20 30 40 50
주(week)

10 0
주(week)

임금근로자 제도: 첫 자녀에 대한 일반적인 적용
출산휴가와 동일한 수준으로 보상되며, 부모 각각에게 부여 가능한 기간이 정해져 있다.
출산휴가는 육아휴가로 대체되며, 그중 일부는 어머니에게, 또 다른 일부는
아버지에게 의무적으로 배정된다.

출처: 유럽 및 국제 사회보장 연락센터(Cleiss), 2024;
상호 사회보장 정보 시스템(Missoc), 유럽연합 집행위원회, 2024.

[여성 살해와 가정폭력]

가정폭력 관련 사망률
친밀한 파트너(또는 가족 구성원)에 의해 살해된 여성 수
(인구 100만 명당, 2018~2022년 평균)

- 0.7
- 2.0 ~ 2.9
- 3.0 ~ 3.9
- 4.0 ~ 4.9
- 5.0 ~ 9.0
- 18.3 (예외적으로 높은 수치 – 루마니아)
- 자료 없음

- 이스탄불 협약 미비준 국가

유럽평의회(Council of Europe)의 이스탄불 협약은 여성과 가정폭력에 대한 예방 및
대응을 목적으로 2014년 발효되었으며, 성차별적 폭력에 맞서기 위한 국제 협약이다.

출처 : Eurostat, 2024 ; Conseil de l'Europe, 2024.

투스크는 낙태권을 자유화하기 위해 다수파를 모으는 데 어려움을 겪고 있다. 한편, 보수 성향의 안제이 두다 대통령은 설령 그런 법이 의회를 통과하더라도 서명하지 않을 것이라고 이미 밝힌 바 있다.

신, 기독교, 그리고 가족

공산권 국가였던 또 다른 나라, 헝가리에서는 2012년부터 제약이 시작되었다. 그 해에 새로운 헌법이 발효되었고, 이 헌법은 신, 기독교, 전통적인 가족을 언급하며, 인간 생명은 수정 순간부터 보호받아야 한다고 명시했다. 이는 낙태 금지로 이어질 수 있는 길을 열어둔 것이다. 5년 뒤인 2017년, 빅토르 오르반 총리 정부는 여성들이 생명을 낳을지 말지를 선택할 자유를 행사하지 못하도록 억제하는 목적의 '가족 보호 행동 계획'을 도입했다. 그리고 2022년에는 극우 정당 출신 여성 의원이 추진한 법이 통과되어, 낙태를 원할 경우 여성에게 태아의 심장 박동을 듣도록 강제하는 조항이 포함되었다. 극우 보수 정부들이 채택한 조치들 외에도, 특히 예산과 관련된 다른 제약들 역시 유럽연합 내 여러 국가에서 낙태 접근권을 제한하고 있다.

이탈리아 보건부 통계에 따르면, 2021년 기준으로 60% 이상의 산부인과 의사들이 자발적으로 임신중절 시술(IVG)을 거부하고 있다. 프랑스 본토에서는 공공 산부인과 병원에 병설된 대부분의 낙태 시술 기관 수가 1996년 814곳에서 2019년에는 461곳으로 줄어들었다(프랑스 사회보건통계연구국 DREES 자료). 프랑스 가족계획협회(Planning Familial)에 따르면, 지난 15년 동안 낙태 시술 센터 130곳이 문을 닫았다.

불공정을 바로잡기는커녕, 오히려 받아들여

여성의 권리를 직접적으로 겨냥하지 않은 다른 법률들 또한 파괴적인 영향을 미칠 수 있다. 2023년 3월 프랑스에서 통과된 연금개혁이 그 한 예다.

여성들은 평균적으로 시간제 강제 근무, 임신과 출산휴가로 인한 단절된 경력 등으로 훨씬 더 취약한 위치에 있음에도 불구하고, 법정 정년 연령의 상향으로 인해 남성들보다 평균 두 달 더 일을 해야 하는 상황에 처하게 됐다. 민간 부문에서 평균 23.5%의 임금 격차가 존재하는 가운데, 정부는 이 불공정을 바로잡기보다는 오히려 이를 감수하는 쪽을 선택했다.[1]

"여성들이 약간 불이익을 받는 건 사실이다. 그것을 전혀 부인하지 않는다."

2023년 1월, 프랑크 리에스테르 국회 관계 장관은 이렇게 인정했다. 여성의 권리에 대한 공격과 LGBTQIA+ 인권에 대한 방해는 대개 동시에 발생한다. 여러 유럽 국가들은 헌법에 결혼을 '남성과 여성 간의 결합'으로 정의함으로써 동성 커플의 결혼 접근을 원천 봉쇄했다. 이런 사례는 폴란드(1997), 헝가리(2012), 크로아티아(2013), 슬로바키아(2014) 등에서 볼 수 있다. 특히 헝가리는 헌법 개정 과정에서 동성 부모에 의한 양육 가능성도 배제했다. 2020년에 채택된 개헌안은 이렇게 명시하고 있다. "어머니는 여성이고, 아버지는 남성이다." 2023년 봄에는 이탈리아 내무부가 시민등록부에 동성 부모의 두 이름을 함께 등록하지 말라는 내용의 공문을 보내기도 했다.

헝가리에서는 또 다른 형태의 퇴행이 나타났다. 2021년 6월 제정된 한 법은 아동 성범죄에 대한 처벌을 강화한다는 명분 아래, 미성년자를 대상으로 한 '동성애 또는 성전환의 홍보'를 금지하는 조항들을 포함시켰다. 이는 성적 지향과 성범죄를 위험하게 연결 지으려는 시도로, 젠더 및 성교육 자체를 범죄시할 수 있는 법적 기반을 마련한 셈이다.

페미니즘의 최전선, 스페인

많은 사람들이 갖고 있는 지중해 문화권 국가에 대한 고정관념과는 달리, 스페인은 오늘날 페미니즘 투쟁의 최전선에 서 있는 나라다. 2024년 2월, 브라질 축구선수 다니엘 알베스는 바르셀로나에서 저지른 강간 혐의로 징역 4년 6개월 형을 선고받았다. 이는 2022년 10월 스페인에서 제정된 '성적 자유의 포괄적 보장을 위한 기본법' 시행 이후 첫 유죄 판결이다. 유명 운동선수에 대한 이 판결은 100만 유로의 보석금을 내고 석방된 상태로 항소심을 기다리고 있는

▲ Nichole Sobecki /// 루비는 19세에 임신중절(IVG)을 받은 이후, 자신처럼 원치 않게 임신하게 되었지만 더 이상 낙태할 권리를 가지지 못한 여성들과 함께 활동하고 있다. 그녀의 집에는 자원봉사 클리닉 도우미 조끼가 늘 잘 보이도록 걸려 있다. 「몸, 전장의 자리(Body as a Battleground)」 시리즈 중에서 — 털사, 오클라호마, 2022년 스페인은 가족법 분야에서 선도적인 국가이며, 북유럽 국가들은 양성평등의 최전선에 있다.

상황에서도, 강간의 성립에 있어 '적극적 동의' 개념이 법적으로 반영되었음을 보여준다. 판결문에서는 특히, 가까이 붙어 춤을 추거나 입을 맞췄다고 해서 동의의 증거가 되지 않으며, 성관계 전 반드시 동의가 선행되어야 하고, 성적 행위의 모든 변화마다 동의를 다시 받아야 한다고 명시하고 있다. 또한 이 판결은 성관계에서 평등의 원칙을 법적으로 반영하고 있다. 이는 두 파트너 모두의 자발적이고 전적인 동의가 필요하며, 한쪽이 상대방의 요구에 단순히 '응해주는' 식의 관계는 허용되지 않는다는 의미다. 이번 사건은 바르셀로나 시청이 도입한 피해자 지원 프로토콜처럼, 지방정부 차원의 공공정책이 피해자의 신속한 진술과 증거 수집에 얼마나 중요한 역할을 하는지를 보여주는 사례이기도 하다. 스페인은 또한 2004년에 제정된 기본법을 통해 가정폭력 근절 분야에서도 선구적인 역할을 하고 있다. 이 법이 단지 선언적 문구로만 그치지 않도록, 스페인 정부는 막대한 재정 자원을 투입하고 있다. 예를 들어, 2020년 스페인 정부는 1인당 16유로를 이 문제 해결에 사용한 반면, 프랑스는 1인당 5유로만을 투입했다.[2]

성평등을 향한 제도적 진보, 유럽의 사례들

2018년 3월 8일 여성의 날 총파업 당시 수백만 명이 거리로 쏟아져 나온 이후, 스페인에서는 강력한 페미니즘 물결이 일어났다. 이후에도 '라 마나다(la manada, '무리'라는 뜻)' 사건으로 촉발된 대규모 시위가 이어졌다. 이 사건은 16세 소녀를 성폭행한 혐의로 기소된 다섯 명의 남성이 만든 비공개 메시지 그룹에서 유래된 이름이며, 이들은 결국 대법원에서 강간 혐의로 유죄 판결을 받았다.

가족법 측면에서도 스페인은 유럽에서 가장 선도적인 국가 중 하나로 꼽힌다. 2021년, 스페인은 육아휴직 제도에서 아버지 육아휴가 기간을 어머니 육아휴가와 동일하게 16주로 연장했다. 이 중 처음 6주는 의무적이며 양도도 불가능하다. 아버지의 절반가량은 어머니와 같은 시기에 휴가를 사용한다. 이 제도는 신생아 양육에 대한 아버지의 실질적인 참여를 이끌어내고, 더 나아가 노동시장에서 여성의 위치를 변화시키는 데에도 영향을 미친다.

한편, 2020년 기준으로 전체 가정의 4분의 1이 한부모 가정인 프랑스는 양육비를 국가가 대신 지급하는 새로운 공공서비스를 도입했다. 이 제도는 양육비 수령자, 일반적으로 어머니가 아버지에게서 직접 돈을 받는 대신, 국가가 먼저 지급을 보장하고 이후 아버지에게 이를 추징하는 방식이다. 이는 아버지가 양육비를 경제적 협박 수단으로 삼는 상황을 막기 위한 장치다. 유럽 북부는 여전히 양성평등의 선두를 지키고 있다. 특히 성적 재생산적 권리와 관련해 그 우위는 더욱 두드러진다. 성교육(핀란드와 벨기에), 피임 접근성(벨기에, 룩셈부르크, 스웨덴, 아일랜드, 에스토니아, 네덜란드, 프랑스), 자유롭고 무상으로 제공되는 임신중절(스웨덴, 네덜란드) 등 다양한 분야에서의 진보는 이들 국가에서 오래전부터 제도화된 특징이다.

유럽의 조용한 차별, 누구는 되고 누구는 안 되고

반면 발트 3국은 국가별로 큰 차이를 보인다. 예컨대 리투아니아는 이스탄불 협약을 아직 비준하지 않았다. 이 협약은 유럽평의회에서 마련한 것으로, 성차별적 폭력의 예방 및 근절을 위한 법적 기준을 제시하고 있다.

결혼과 시민결합 제도(법적으로 두 사람의 결합을 인정하지만, 결혼보다는 간소한 형태로 동성 커플의 법적 보호 수단으로 도입된 경우가 많음-역주)는 이제 모든 사람을 대상으로 유럽연합 내에서 확산되었고, 2009년 이후 11개국(스웨덴, 포르투갈, 덴마크, 프랑스, 룩셈부르크, 아일랜드, 몰타, 독일, 핀란드, 오스트리아, 슬로베니아)이 이러한 제도를 도입했다.

의료 보조 출산(PMA, 인공수정 또는 체외수정 등) 역시 이성애자 커플, 레즈비언 커플, 독신 여성, 그리고 트랜스 남성에게까지 열려 있으며, 스페인에서는 사회보장제도(공공의료보험)가 이를 지원하고 있다. 하지만 유럽 내 이러한 제도 운영 방식은 여전히 국가마다 큰 차이를 보인다. 한편 에스토니아는 성교육 분야에서 두드러진 모습을 보인다. 성교육이 초등학교부터 의무화되어 있으며, 학창 시절 전체에 걸쳐 실시된다. 지난 15년 동안, 성적·젠더 소수자들은 예상치 못했던 수준의 중요한 입법적 진전을 이뤄냈다. 일부 국가에서는 이성애자 커플에게만 인공수정 접근이 허용된다(리투아니아, 슬로바키아, 슬로베니아, 폴란드, 이탈리아, 체코).

반면, 독신 여성과 이성애자·동성애자 커플 모두에게 허용하는 나라도 있다(벨기에, 덴마크, 핀란드, 프랑스, 독일, 아일랜드, 몰타, 네덜란드, 노르웨이, 포르투갈, 스페인, 스웨덴). 한편 불가리아, 크로아티아, 키프로스, 에스토니아, 그리스, 헝가리, 라트비아에서는 독신 여성은 허용되지만 레즈비언 커플은 금지되어 있다. 반대로, 오스트리아는 독신 여성은 금지하고 레즈비언 커플에게는 허용한다.

극우 '국민연합'의 위협, 지금까지의 권리가 후퇴할 수도

여성 인권의 의제를 흐리는 것이 아니라, LGBTQIA+ 인권의 진전은 가부장적 지배에 맞서는 투쟁과 깊이 연결되어 있다. 다양한 가족 및 부모 모델의 법적 인정은 이성애 중심의 커플 개념과 생물학적 연결에 기반한 전통적인 가족 정의를 뒤흔들며, 가족 내에서의 성역할 고정관념을 근본적으로 재고하게 만든다. 하지만 2024년 6~7월 프랑스 총선에서 극우 정당 국민연합(RN)이 거둔 급격한 약진은 분명한 경고로 받아들여져야 한다. 이 극우 정당은 이미 국가 차원에서 '모두를 위한 인공수정(PMA)'에 반대표를 던진 바 있으며, 유럽의회에서는 임금 격차 해소나 동성애자 대상 전환 치료 금지 법안에 대해 기권해왔다. 극우 세력이 프랑스에서 집권하게 될 경우, 지금까지 확보한 이 모든 권리가 후퇴할 위험이 크다.

글 · 비올렌 루카스 & 시리엘 메히아스, Violaine Lucas et Syrielle Meijias

1 「2022년 여성과 남성 간의 임금 격차」, 프랑스 국립통계경제연구소(INSEE), 파리, 2024년 3월 5일.
2 「스페인의 가정폭력 대응 공공정책: 프랑스와의 교차 비교」, 위베르틴 오클레르 센터(Centre Hubertine-Auclert), 생투앙쉬르센, 2020년.

카이엘 /// 〈혼자〉, 2021

마침내 이슬람 여성들이 움직인다

허샴 알라위 Hicham Alaoui

중동 및 북아프리카 문제 연구원.
『중동의 안보 지원: 도전 과제… 그리고 변화의 필요성』(로버트 스프링보그와 공동 편저, 린 리너 퍼블리셔스, 2023)와 『중동의 타협 민주주의: 튀니지와 이집트의 비교 관점』(팔그레이브 맥밀런, 2022)의 저자.

민주주의와 페미니즘의 연계

생물학자 라이야나 바르나가 2023년 5월 사우디아라비아 여성 최초로 우주 비행사 임무를 수행했다. 분명 주목할 만한 일이다. 그러나 이 사건이 마그레브(북서아프리카), 마쉬렉(이라크, 시리아, 레바논, 요르단, 이스라엘, 팔레스타인, 쿠웨이트 등), 그리고 걸프만 연안 국가들에서 여성들이 처한 현실을 대변하는 것은 아니다. 양성평등을 갈망하는 이 지역 여성들에게 현 체제가 법적 기반으로 삼고 있는 '민족주의 페미니즘(여성의 권리를 국가 권력이나 민족 정체성 강화를 위한 도구로 활용하는 정책-역주)'은 그 어떤 대안도 될 수 없다. 오직 이들을 해방시킬 수 있는 것은 민주주의와 '세속주의(secularism. 종교는 개인의 자유로운 신앙으로 남아야 하고, 국가는 모든 시민을 종교와 상관없이 평등하게 대우해야 한다는, 정치와 종교를 분리하자는 원칙-역주)'를 향한 투쟁뿐이다.

2022년 9월, 여학생 마흐사 아미니의 사망으로 촉발된 이란의 시위는 오늘날 근동 지역에서 여성 해방 문제가 얼마나 중요한지를 단적으로 보여준다.[1] 이 문제를 제대로 이해하려면 서구 중심의 시각에서 벗어나는 것이 무엇보다 중요하다. 서구 세계는 이 지역의 젠더 갈등을 억압 구조로 단순화하여 조롱하거나 악마화하는 경향이 있으며, '동양 여성'이라는 타자를 해방시킬 권한이 마치 자신들에게 있다고 착각한다. 또한, 근동 여성에 대한 소위 '뿌리 깊은 억압'을 일

▶ 연작 〈차가운 레이스〉 중에서,
2017 - 모르바리드 K.

방적으로 비난하거나, 그녀들을 단지 식민주의 이후 문화 정체성을 지키려는 저항적 열망의 희생자로만 간주하는 태도 역시, 또 다른 형태의 편향된 시선일 뿐이다.

따라서 우리는 이 문제를 단순한 구도 안에 가두지 않고, 여성들이 스스로 주체가 되어 목소리를 낼 수 있는 복합적이고 자율적인 현실로 바라볼 필요가 있다.[2] 이 지역 여성들의 투쟁을 제대로 이해하기 위해서는 보다 탄탄한 지식이 필요하다. 그것은 서구인과 근동인 모두에게, 젠더라는 사회적 범주가 어떻게 이데올로기적이고 정치적인 조건 속에서 형성되는지에 대해 근본적인 의문을 제기하는 일이다.

이러한 성찰을 통해서만, 우리는 가부장제에 도전하고 지금껏 주변화되었던 여성들의 목소리를 들을 수 있는 새로운 가능성을 열 수 있다. 또한, 오랫동안 당연시되던 과거 문화의 잔재들 역시 비판적으로 드러낼 수 있다.

여성혐오, 그 식민주의의 잔재

유럽 식민주의가 아시아 지역에 남긴 여러 폐해 가운데, '여성혐오적 사회 구조'만큼 이 지역에 지속적인 영향을 끼친 것도 드물다. 당시 식민지든 피식민지든 성평등을 모범적으로 실현한 국가는 없었다. 가부장제가 지닌 힘은 바로 그 보편성에 있다. 그러나 근동 지역에서 젠더와 남성 특권에 대한 개념은, 19세기 이후 이 지역을 재편한 유럽의 위계와 제도와는 상당히 다른 양상을 보였다. 한 가지 중요한 차이점은 공식적인 법규가 아니라 비공식적 규범에 있다. 근동 지역에서는 사회생활이 이슬람 법학자들의 해석과 경전에 의해 규정되었음에도 불구하고, 재정 관리, 법률 심의, 계약 체결 등 여러 분야에서 여성에게 상당한 자율성이 주어졌다.

예를 들어, 부부를 포함한 가족 관계에서 여성의 역할과 관련된 샤리아(Sharīa, 이슬람 법체계)의 젠더 구조는 여러 측면에서 유연하다는 평가를 받는다. 이는 종교적 개념과 사회의 실용적 요구가 함께 반영된 결과다. 유럽 식민주의는 이 체계를 두 가지 방식으로 변화시켰다.

첫째, 이전까지 공동체마다 다르게 해석되던 샤리아 규범을 통일된 신성한 법규로 정립했다. 여성과 '보호자'가 아닌 남성, 즉 여성과 가족 관계가 없는 남성 사이에 설정된 엄격한 경계는 이러한 변화를 잘 보여준다. 한때 종교적 의미를 띠며 다소 융통성 있게 적용되던 행동 규범이 이제는 강제적으로 준수해야 할 법적 의무로 전환된 것이다.

둘째, 식민주의는 이와 같은 규칙들을 법원, 군대, 공공 당국을 통해 지역 사회에 강제하는 민법 및 형법 체계에 반영했다. 샤리아는 더 이상 신앙 공동체 내에서 유동적으로 해석되는 규범이 아니라, 국가 권력을 통해 하향식으로 집행되는 법이 된 셈이다.

계몽전제주의라는 장애물

유럽 식민주의는 다양한 해석과 적용이 가능했던 이슬람 규범을 예외나 맥락 없이 적용되는 획일적인 법률 체계로 바꾸어 놓았다. 이 과정에는 이슬람과 이슬람 신자들을 후진적이고 반문

▶ 모르바리드 K ///
연작 〈차가운 레이스〉 중에서, 2017

명적인 존재로 간주했던 식민 세력의 시각이 반영되어 있다. 이들 시각 속에서 여성은 억압받고 있으며 구원받아야 할 존재였다.

그러나 이슬람 사회를 '문명화'하려는 제국주의의 욕망은 오히려 지역사회를 권위주의적 통치, 획일적인 폭력, 경제적 착취에 노출시켰다. 이 과정에서 여성 또한 희생자가 되었다. 여성들은 해방된 것이 아니라, 유럽식 젠더 인식이 반영된 새로운 법적 체계 속으로 편입되었을 뿐이다.

동성애자의 권리와 정체성 문제는 식민 통치 아래에서 지역 전통이 재편되는 과정을 잘 보여준다. 많은 이슬람 사회에서 젠더와 성 정체성에 관한 개념은 종교적으로 금지된 인간관계와 성행위를 암묵적으로 수용하는 것으로 나타났다. 그러나 서구 세계 입법자들은 '이성애자'와 '동성애자' 사이에 엄격한 경계선을 그었다. 성은 비정상적으로 여겨지는 모든 행위를 범죄화하는 방식으로 성문화됐다. 이는 동성애를 근동의 전통적인 관점에서 이해하려는 시도 대신, 이 지역 문화에는 낯선 성적 범주로 억지스럽게 재규정한 것이다.[3]

서구 세계에서 페미니즘과 여성의 권리가 개념화되는 방식에는 일련의 역설이 개입되어 있었다. 식민지 관리들은 정작 자국 내에서도 여성에게 투표권이나 정치 참여의 기회가 보장되지 않았음에도, 이슬람권 사회의 '여성 억압'을 비판했다. 경제적 자율성에 있어서도 마찬가지다. 근동 지역의 여성들은 이슬람식 재산 기부 제도인 와크프(Waqf)를 통해 계약을 체결하고, 자선 및 학술 활동을 주도할 수 있었던 반면, 당시 유럽 여성의 법적 권한은 훨씬 제한적이었다.

그뿐만 아니라, 20세기 중반까지도 서구에서는 동성애가 범죄로 간주되고 이성애가 유일한 성적 규범으로 작동하는 상황에서 여성해방운동이 시작되었다. 나아가 2000년대 초반, 서구가 성소수자(LGBTQ+)의 존재를 점차 인정하기 시작했을 때조차, 자신들의 과거 억압은 망각한 채, 여전히 이성애 이외의 성적 실천을 문제시하는 이슬람 사회만을 비난하는 이중 잣대를 드러냈다.

'이슬람 여성'에 대한 '제한적 해방'

서구적 관점에서, 이슬람 사회의 양성평등은 서구의 사상을 통해서만 도달할 수 있는 목표로 여겨졌다. 이러한 시각은 전 세계 규범에 오랫동안 영향을 미쳐온 서구 중심적 헤게모니에서 비롯된 것이다. 그러나 유럽식 페미니즘의 강제적 도입은 기대한 만큼의 설득력을 얻지 못했다. 도시 중산층 여성들의 교육 기회 확대와 경제적 독립을 장려한 측면이 분명히 존재했지만, 그 과정에서 권위주의적 통치 방식을 정당화하고, 지역 정체성을 무시한 채 문화적 고정관념을 앞세우는 결과를 낳았다. 특히 이라크나 아프가니스탄처럼 전쟁 이후 '국가 재건'을 표방한 경우, 또는 전문가 중심의 개발주의 논리에 따라 추진된 국가 주도의 여성 정책은 많은 이슬람권 사람들이 여성해방 자체를 서구 제국주의의 연장선으로 인식하게 만드는 역효과를 초래했다.

이러한 작동 원리는 현대사 전반에 걸쳐 반복적으로 재생산되었다. 가장 극단적인 사례는, 식민지 정부들이 '양성평등'이라는 명분 아래 오히려 억압적인 법률을 제정한 경우에서 찾아볼 수 있다. 예컨대, 소련은 1930년대 중앙아시아에서 여성들에게 베일 착용을 금지하며 강제로 벗게 했고, 프랑스 역시 1958년 알제리에서 유사한 조치를 시행했다.[4] 이러한 정책은 겉으로는 전통적 엘리트층과 종교 권위에 대한 도전처럼 보였지만, 실제로는 진보와 식민주의의 경계를 흐리게 하며 지역 사회 내 혼란과 반발을 초래했다.

둘째, 선진국에 대한 직접적인 의존 또는 선진국을 향한 열망은, 전제주의 정권 내부에서도 유사한 논리를 작동하게 만들었다. 근동 지역에서 나타난 일종의 '계몽 전제주의(국가가 '시민을 계몽한다'는 명분으로 강력한 통제를 정당화하는 방식-역주)'는 시민이 아닌 '이슬람 여성'의 해방을 중심 목표로 삼았다.

이러한 정권은 자신들의 사회적 기반을 확장하기 위해, 세속적 보수주의를 종교적 반대 세력에 대항하는 무기로 활용했고, 그 과정에서 여성 인권은 정권의 정당성을 뒷받침하고 종교 세력을 견제하기 위한 정치적 도구로 활용되었다.

이란의 샤(Chah, 페르시아-이란의 통치자), 아프가니스탄의 전 국왕 모하마드 자혜르 샤(1933~1973), 튀니지의 전 대통령 지네 엘 아비딘 벤 알리(1987~2011), 그리고 사우디아라비아의 현 왕세자 모하메드 벤 살만 등은 모두 이러한 전략을 활용해 왔다. 그들은 민주화 요구를 차단하기 위해 여성에게 제한적인 권리를 부여하는 방식을 반복적으로 사용했다.[5]

여성 몇 명에게 장관직을 맡기거나, 여성의 교육·경제 활동을 부분적으로 허용하고, 결혼을 동등한 관계에 기초한 계약으로 규정하는 등의 조치는 원칙적 신념에서 비롯된 정책이라기보다는 정치적 정당성을 확보하기 위한 '단골 메뉴' 전술이라고 볼 수 있다.

이런 국가 주도의 페미니즘은 권위주의 정부의 도구 중 하나다. 정권의 지위와 위신을 공고히 하려고 여성에게 허락된 긍정적인 진보를 악용한다. 또 사회 지도부에서 강요하는 세속주의를 통해 종교의 영향력을 제한한다. 이는 시리아의 바스당이나 이라크, 아랍 민족주의 공화국과 같은 단일당 정권이 역사적으로 자리 잡는 과정에서 볼 수 있었던 전략이다. 오늘날에도 모로코와 이집트처럼 전통을 이용해 이슬람의 해석을 엄격하게 통제하는 국가에서 전제주의 정권을 견고히 다지는 데 활용되고 있다.

부토 총리 집권, 서구의 '토크니즘' 착시 현상

이 작동 원리의 세 번째 형태로 주목할 만한 점은, 여성해방과 양성평등을 명분으로 근동 지역에서 활동하는 다자간 기구와 비정부기구(NGO)들이 끊임없이 동원된다는 것이다. 국제연합(UN)부터 현지의 소규모 NGO에 이르기까지, 이들 단체는 여성 단체를 설립하거나 지원하고, 정부가 여성의 교육 및 고용 기회를 확대하도록 유도하는 활동을 벌인다.

하지만 서구 페미니즘이 변형된 형태로 작동하는 이러한 사회운동은, 권위주의 정권의 제한된 통치 권한을 우회하면서도 여성의 사회적 · 경제적 역할에만 초점을 맞춘다. 그 결과, 여성은 정치에 참여하는 주체적 시민이 아니라, 보호받아야 할 존재나 경제적 대상처럼 단편적인 존재로 인식되며, 이러한 접근은 민주화 과정에 역행하는 효과를 초래하기도 한다.

이러한 접근 방식은 또한 '토크니즘(Tokenism)'—일부 소수 인구에게 제한적인 해방을 제공한 뒤, 이를 전체 사회의 정치적 진보로 과장해 홍보하는 상징 정치—을 지속시키는 효과를 낳는다. 우리는 1980~1990년대 파키스탄에서 베나지르 부토 총리가 집권했을 당시, 그녀의 집권이 현지의 불평등한 젠더 구조에 거의 영향을 미치지 못했음에도 서구 국가들이 얼마나 열광적으로 환영했는지를 기억하고 있다. 결국 여성의 권리는 서구 후원국들이 철수하자마자 무너지는, 몇 안 되는 제도적 구조 안에서만 논의되는 한계를 드러냈다. 2021년, 탈레반 정권에 의해 버려진 아프가니스탄은 그 단적인 사례다.

문제에 직면한 '위로부터의 페미니즘' 전략

'위로부터의 페미니즘' 전략은, 그것이 식민주의, 국가 주도, 혹은 '인도주의'적 개입의 형태를 띠든 간에, 두 가지 중대한 문제에 직면한다. 첫째, 여성 인권의 개념을 공공 분야의 일부로 한정하고 축소함으로써, 오히려 전제 정권의 정당성을 강화하는 결과를 초래한다. 이러한 접근은 인권 침해와 정치적 자유의 결여라는 보편적 문제를 가리는 동시에, 권위주의적 지도자들에게 여성 인권을 전략적으로 악용할 수 있는 여지를 제공한다. 예를 들어, 사우디아라비아의 모하메드 벤 살만 왕세자는 여성들에게 자동차 운전 권리를 부여했지만, 동시에 여러 페미니스트 활동가들을 구금했다. 이는 사우디에서 여성의 권리가 어디까지나 군주의 의지에 의해 결정되며, 여성 자신의 목소리나 요구는 반영되지 않는다는 점을 분명히 보여준다.

　한편 이러한 전략은, 외부에서 도입된 사상을 선택적으로 수용하고 강요하는 방식으로 인해, 문화적 정통성의 수호자를 자처하는 현지 보수 세력의 반발을 자극한다. 그 결과, 이슬람 전통을 명분으로 삼아 여성의 법적 지위 변화에 반대하는 가장 비타협적인 이슬람주의 노선이 오히려 강화되는 역설적인 상황이 초래된다.

페미니즘의 새로운 지평

　근동 지역에서 여성주의 운동이 지속가능한 기반을 마련하려면 서구에서 등장한 해결책을 단순히 모방하는 방식에서 벗어나, 현지의 자원과 역사적 경험에 더 깊이 의존할 필요가 있다. 이러한 대안적 접근을 보여주는 역사적 사례들 또한 이미 존재하며, 크게 세 가지 범주로 나눌 수 있다.

　첫 번째 범주는 튀르키예의 케말리즘(Kemalism, 근대 튀르키예의 창시자인 무스타파 케말 아타튀르크가 1920~30년대에 주도한 정치·사회 개혁 이념으로 국가 중심의 세속적·민족주의적 개혁 이념을 뜻함-역주)과 튀니지의 부르기바주의(Bourguibism, 튀니지의 초대 대통령 하비브 부르기바의 이름에서 유래한 정치·사회적 이념으로 튀니지의 독립 이후 근대화·세속화·여성 해방을 동시에 추구한 국가 주도 개혁 전략-역주)처럼 민족주의에 세속주의를 결합하려는 시도를 포함한다.

　이러한 전략은 서구의 직접적 개입 없이 자생적으로 출발했으며, 식민지 점령 이후 국가 재건을 위해 경제 기반과 계급 구조까지 포함한 사회 전반의 구조적 변화를 추구했다. 이러한 맥락에서 세속주의는 종교를 통제하고 전제 권력을 강화하기 위한 도구(이집트, 모로코, 사우디아라비아의 사례)라기보다 국가의 역할 자체를 재정의하려는 의도된 정치적 프로젝트였다.

　다만, 두 사례 사이에는 전략적 차이가 존재한다. 케말리즘은 정치 제도에서 종교의 영향력을 완전히 제거하는 데 목적을 두었다면, 부르기바주의는 이즈티하드(Ijtihād, 코란과 샤리아의 재해석 노력)를 통해 종교를 제도적으로 통제하되, 근대화 프로젝트에 기여하도록 유도했다.

따라서 정치와 종교의 영역을 분리하는 것이 사회적 관계를 재정의하고 법체계를 개편하며, 여성이 경제활동과 정치에 온전히 참여할 수 있게 하는 가장 효과적인 방식이라고 여긴다면, 여성 해방은 세속주의와 밀접하게 연결된다고 할 수 있다. 그러나 이러한 접근은 종교계와 보수적인 대중의 강한 반발을 불러일으킬 수 있다는 한계도 지닌다. 이슬람주의자와 같은 새로운 종교 세력은 세속주의가 이슬람 사회의 문화적 정체성을 훼손한다며 비판하고, 울레마(Uléma, 이슬람교 법학자)와 같은 '전통 엘리트 집단(이슬람 사회에서 오랜 시간 동안 종교적·법적 권위를 갖고 영향력을 행사해온 계층-역주)'에게 법적·도덕적 권위를 포기하라는 요구는 곧 그들의 종교적 영향력 전체를 부정하는 것으로 간주된다.

오늘날 튀르키예와 튀니지에서 볼 수 있듯이, 세속주의와 종교 세력 간의 긴장은 단순한 가치관의 차이를 넘어, 심각한 정치적 분열로 이어지고 있다.

두 번째 범주는 이슬람 페미니즘이다.[6] 이 사상은 1970년대 이집트의 무슬림형제단, 튀르키예의 레파(Refah, 번영당), 그리고 이란 혁명에서 비롯된 이슬람주의 개혁의 일환으로 발전했다. 이는 서구 페미니즘이 주로 대상으로 삼았던 도시 중산층 계급 사이에서 이슬람주의 운동이 확산된 사회적 변화의 산물이다. 또한 샤리아에 대한 협의의 해석에 근거한 급진적 근본주의 노선과 거리를 두고자 하는 많은 이슬람주의자들의 열망에 부응하는 흐름이기도 하다. 이집트의 자이나브 알가잘리(2005년 사망), 이란의 파에제 하셰미 라프산자니, 튀니지의 수마야 가누시, 모로코의 나디아 야신 등 저명한 이슬람 페미니스트들 모두가 '강경한' 이슬람주의자로 알려진 아버지를 둔 것은 결코 우연이 아니다.

그녀들이 추구하는 운동은 신앙과 실천의 독특한 결합이 특징이다. 한편으로는 히잡, 검소함, 정절 등 겉으로 드러나는 신앙의 징표를 고수하면서도, 다른 한편으로는 교육과 경제 및 정치 활동에의 참여를 통해 여성을 공적 영역에 편입시키기 위한 운동을 전개한다.

이들 페미니스트의 종교적 입장은 피크흐(이슬람 법 해석)를 문자 그대로 해석하는 데 반대하며, 샤리아를 시대와 맥락에 맞게 해석하려는 경향을 보인다. 예컨대, 이들은 이혼과 상속 문제에서 여성에게 평등한 권리를 부여하려는 모든 개혁에 찬성한다.

하지만 이슬람 페미니즘은 체계적인 운동으로 나타난 적이 없다. 가장 강경한 보수 세력과 자유주의적 세속주의의 유혹 사이에 끼어 있었고 여전히 끼어 있다. 그래서 이란에서처럼 종교적 급진주의자들의 압력에 굴복하거나, 튀니지의 사이다 우니시의 사례처럼 결국 사상적 입장을 포기하게 된다. 내부에서부터 이슬람을 개혁할 수도, 외부를 향해 자유주의 세속주의와 연대할 수도 없는 이슬람주의 페미니스트들은 진퇴양난에 빠졌다.

세 번째, 즉 마지막 범주인 민주적 페미니즘은 시민권 개념에 기반을 둔 평등을 추구한다. 이는 2011년 아랍의 봄 민중 봉기 때처럼 민주주의를 지지하는 좀 더 보편적인 운동의 일부다. 민주적 페미니즘은 샤리아의 진의나 적용에 대한 논쟁에 귀를 기울이지 않고 젠더에 관한 대중 담론을 억제하는 이분법(이슬람 대 세속주의, 정통성 대 서구화)에서 벗어나려고 노력하고 있다. 그래서 이들 활동가는 베일을 평등의 걸림돌로 보지 않는다. 베일을 벗는 것, 쓰는 것 모두 자유라고 생각하기 때문이다.

민주적 페미니스트들은 대체로 젊다. 이들은 SNS를 통해 자신의 생각을 표현하고, 과거의 정치 시대를 지탱해 온 민족주의적이든 종교적이든 낡은 이데올로기와 거리를 둔다.[7] 이들의 전투적인 활동은 이데올로기적 언어에서 비롯된 것이 아니라, 양성평등이 민주적 삶의 전제이며, 평등주의적 관점을 수용하지 않고서는 시민이라 할 수 없다는 신념에서 출발한다.

이들은 서구 페미니즘을 관통하는 논쟁들을 의식하면서도, 이에 휘말리지 않도록 주의하며, 자신들의 언어와 맥락 속에서 그런 논의를 재정의하고자 한다. 이들은 자신의 투쟁을 민주주의를 위한 더 넓은 투쟁의 일부로 인식하며, 전제 정권이 여성을 도구화하는 것에 단호히 반대한다. 그런 점에서 이들의 명운은 민주화의 진전과 밀접하게 연결되어 있다.

미래의 민주적 페미니즘

이 모든 가능성 중에서 오직 민주적 페미니즘만이 미래로 나아가는 교두보가 될 수 있다. 식민지 점령과 그 이후의 국가 건설 과정에서 등장한 케말리즘과 부르기바주의는 특정한 역사적 맥락을 벗어나서는 거의 재현될 수 없다. 이슬람주의 페미니즘은 그 자체를 낳은 운동의 흐름에 의해 오히려 소외되었다. 반면 민주적 페미니즘은 활동가들에게 여성성의 개념을 재정의할 수 있을 뿐만 아니라, 이를 모두를 위한 민주주의라는 요구에 통합할 수 있는 어휘와 관점을 제공한다.

2011년 '아랍의 봄' 봉기는 근동 지역의 민주화를 시도했지만 결국 실패로 끝났다.[8] 그러나 이 봉기는 민주적 페미니즘의 새로운 지평을 여는 계기가 되었다. 이 운동이 튀니지에서 시작된 다른 시위들보다 더 오래 지속될 수 있었던 것은, 활동가들이 쉽게 무너뜨릴 수 없는 정치적으로 민감한 지위를 점하고 있었기 때문이다.

이집트에서는 압델 파타 알시시 군부가 무슬림형제단에 위협을 느낀 여성들을 전면에 내세워, 2013년 반혁명 쿠데타를 어느 정도 정당화하려 했다. 그러나 여성을 보호한다는 명목 아래 민주주의를 무너뜨린 알시시 군부 정권이 민주주의를 수호할 수는 없다.

마찬가지로, 이란에서도 이슬람 혁명은 새로운 정권의 사회적 기반으로서 여성의 권익 신장을 강조하며 민주적 선거를 약속했다. 선거에 기반한 정치와 사회운동의 주체로서 이란 여성은 민중 운동의 중심에 자리잡게 되었다.

2011년을 기점으로 이 지역 전반에서 민주적 페미니즘이 시민 사회 내에 확산되기 시작했다. 이제 민주적 페미니즘은 SNS, 시민 사회, 교육계, 그리고 공개적 토론의 장에서 활발히 논의되고 있다. 이러한 흐름은 농촌 출신이거나 불우한 환경에 처한 젊은 여성 등 새로운 활동가들에게 참여의 문을 열어주었다.

더 이상 페미니즘은 부르주아적이고 도시 중심적인 이데올로기가 아니다. SNS를 통해 관련 글들이 빠르게 확산되는 현상에서 알 수 있듯,

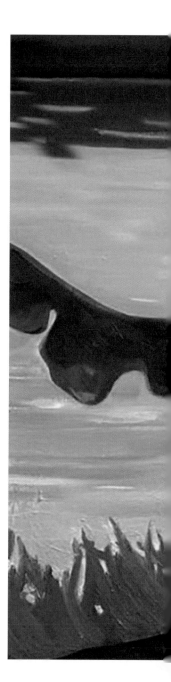

▲ 카이엘 /// 〈햇살〉, 2024

페미니즘은 이제 보편적 당위성을 획득했다. 많은 아랍 국가에서 남성들이 경제적 이유로 이주를 시도하고, 여성들이 비공식 경제 영역에서 점차 중요한 역할을 담당하게 되면서 페미니즘은 그 기반을 유지할 수 있었다. 특히 '렌티어리즘(rentierism, 국가나 법인체가 다른 사람들이 지불하는 경제 지대로부터 부의 상당부분을 끌어오는 경제 시스템-역주)'은 걸프만 연안 국가들이 자국 노동력을 활용하려는 과정에서 여성들을 노동시장으로 이끄는 역할을 했다.

이러한 움직임은 대대적인 정치 변동에 비해 조용하게 진행되지만, 그 영향력은 결코 작지 않다. 개인 생활의 가장 은밀한 영역에서 일어나는 사회적 변화와 맞닿아 있는 이 운동은 결국 정치의 전면에 모습을 드러내게 될 것이다. 시민들은 이제 권위주의의 영역 밖에서 자신의 권리를 상상하고, 전제주의적 조작이 아닌 사회적 역량을 통해 양성평등을 실현할 수 있다.

무엇보다 민주주의와 페미니즘의 유기적 결합은 전통과 현대를 이분법적으로 나누는 시대착오적 대립 구도를 뒤엎는 데 결정적인 역할을 할 수 있다. 민주적 페미니스트들에게 표현의 자유는 문화적 정통성을 보장하는 핵심 권리이며, 이는 민주주의를 열망하는 모든 시민이 공유하는 가치이기도 하다. 이러한 전개는 이 지역 전체의 정치적 삶을 재편하고 있다. 히잡은 이제 점점 더 여성의 정숙함을 상징하는 표식이 아니라, 시민권을 둘러싼 정치적 투쟁의 장이 되고 있다. 과거에 비해 히잡이 지녔던 사회 분열적 성격은 점차 희미해지고 있다. 튀니지에서는 히잡을 쓰지 않은 여성들조차 인권의 이름으로 히잡을 쓴 여성들을 옹호하며, 부르기바주의에 반발하고 있다. 양측 모두 혁명 이후 민주주의를 짓밟고 있는 카이스 사이에드 대통령의 현실에 맞서고 있다. 이란에서는 정반대의 상황이 벌어지고 있다. 이곳에서는 히잡을 쓴 여성들이 히잡을 쓰지 않은 여성들과 연대해, 정권의 억압적 폭력에 맞서 함께 시위에 나서고 있다. 이들은 히잡 착용을 개인의 선택으로 존중해야 한다고 믿으며, 모든 여성에게 히잡을 강요하는 현실에 저항한다. 사우디아라비아의 '위로부터의 페미니즘'과는 달리, 이란에서는 양성평등을 향한 싸움이 아래로부터 자발적으로 일어나고 있다.

실제로 마흐사 아미니의 죽음으로 촉발된 봉기는 이란 사회가 고유한 상징주의—특히 종교와 관련된 복장 규율—에 얼마나 깊이 사로잡혀 있는지를 여실히 보여주었다. 문제는 히잡 그 자체가 아니라, 그것이 종교 정권과 사회 전반 사이의 갈등을 드러내는 상징이 되었다는 점이다. 한때는 이슬람 혁명의 정체성을 보여주는 문화적 상징이었던 히잡이 이제는 정권의 통치력 약화와 대중의 저항을 상징하는 요소로 바뀌고 있다.

만일, 이란 당국이 강제 히잡 착용 정책을 철회한다면, 흥분한 대중의 분노를 누그러뜨리기 위해 다른 영역에서도 양보할 수밖에 없을 것이다. 그것은 분명 급격한 변화를 촉발하는 계기가 될 수 있다. 근동의 다른 지역들과 마찬가지로, 이란에서의 민주주의 운동 역시 '종교 대 세속'이라는 단순한 이분법을 넘어 인권에 대한 보편적 요구로 새롭게 평가되어야 한다.

글 · 히샴 알라위 Hicham Alaoui

1 Mitra Keyvan, 「Les Iraniennes allument un brasier social 이란의 젊은 여성 시위, 히잡 반대에서 정권 타도로 확산」, 〈르몽드 디플로마티크〉 프랑스어판, 2022년 11월.
2 Sahar Khalifa, 「Femmes arabes dans le piège des images 이미지의 덫에 갇힌 아랍 여성들」, 〈르몽드 디플로마티크〉 프랑스어판, 2015년 8월.
3 사하라 이남의 아프리카 상황과 비교하기 위해 Kago Komane, 「Gay-bashing in Africa is 'a colonial import'」(〈Daily Maverick〉, 2019년 6월 25일, https://www.dailymaverick.co.za) 참조.
4 Jean-Pierre Sereni, 「Le dévoilement des femmes musulmanes en Algérie 알제리의 이슬람신도 여성들의 베일 벗기」, OrientXXI, 2016년 9월 13일, https://orientxxi.info
5 Olfa Lamloum & Luiza Toscane, 「Les femmes, alibi du pouvoir tunisien 튀니지 권력의 빌미가 된 여성들」, 〈르몽드 디플로마티크〉 프랑스어판, 1998년 6월. / Florence Beaugé, 「Une libération très calculée pour les Saoudiennes 정교하게 계산된 사우디아라비아 여성들의 해방」 〈르몽드 디플로마티크〉 프랑스어판, 2018년 6월.
6 Françoise Feugas, 「Ces féministes qui réinterprètent l'islam 이슬람을 재해석하는 페미니스트들」, 〈OrientXXI〉, 2014년 9월 5일. / Mona Ali Allam, 「Ces lectures féministes du Coran 코란의 페미니즘적 해석」, 〈OrientXXI〉, 2019년 10월 30일, https://orientxxi.info
7 Akram Belkaïd, 「#MeToo secoue le monde arabe 아랍 세계를 뒤흔드는 미투 운동」, 〈르몽드 디플로마티크〉 프랑스어판, 2021년 8월.
8 Hicham Alaoui, 「Le triomphe fragile des contre-révolutions arabes 아랍의 반혁명의 허약한 승리」, 〈르몽드 디플로마티크〉 프랑스어판, 2022년 9월.

이란의 젊은 여성 시위, 히잡 반대에서 정권 타도로

미트라 케이반 Mitra Keyvan

기자. 이란 테헤란 출신으로 독일로 이주한 후에 언론인으로 활동하고 있다. 작가로서 예술 활동도 병행하여 이란 문화를 유럽에 적극적으로 알리고 있다.

이란에서는 히잡 의무 착용에 반대하는 시위가 벌어지고 있다. 그러나 이 문제가 이슬람 공화국을 뒤흔드는 유일한 원인은 아니다. 정권의 기반이 흔들리고 있으며, 무능하고 부패한 정부에 염증을 느낀 다양한 계층의 국민이 하나로 뭉치고 있다. 무자비한 진압 속에 시위가 어떤 결말을 맞을지는 여전히 불확실하지만, 변화를 향한 이들의 의지는 결코 꺾이지 않고 있다.

"여성, 생명, 자유!", "독재자에게 죽음을!"

테헤란의 거리뿐 아니라 이란 전역 80여 개 도시에서 울려 퍼지는 구호들은, 남녀를 불문하고 권력에 맞서 싸우기로 결의한 시위대의 단호한 의지를 보여준다. 모든 일은 2022년 9월 13일에 시작됐다. 이날, 이란의 도덕 경찰(Gasht-e Ershad)이 22세의 쿠르드족 여성 마흐사 아미니를 체포했다. 히잡을 제대로 착용하지 않았다는 것이 그 이유였다.

수천 명의 이란 여성들이 날마다 이런 이유로 단속의 대상이 된다. 아미니는 의식을 잃은 채 병원으로 이송되었고, 결국 사흘 만에 숨을 거두었다. 그녀의 고향인 쿠르디스탄 주 사케즈에서 열린 장례식을 기점으로 터져 나온 분노는 전국으로 확산되었다.

곳곳에서 공포의 벽이 무너지고, 여성들은 거리에서 크나큰 위험을 감수하며 정권에 맞서

▲ 뉴샤 타바콜리안 /// 시리즈 〈저항 초상〉, 2018, 이란

싸우고 있다.[1] 이란 정부는 대대적으로 인터넷을 차단하고 있지만, SNS에는 히잡을 불태우는 이란 여성들의 영상이 계속해서 올라오고 있다. 이 영상들을 보면, 이상하게도 한때 같은 거리에서 성조기를 불태우던 성난 이란 군중의 모습이 떠오른다.

사케즈에서 아미니의 유족은 그녀의 사인이 지병 때문이라는 이란 경찰 당국의 공식 발표에 이의를 제기하며, 과거에도 자주 비판받았던 도덕 경찰의 가혹 행위가 현재 '순교'의 상징이 된 아미니의 죽음에 직접적인 원인이 된 것으로 의심하고 있다.

이란 공권력은 실탄을 사용하는 등 강경 진압에 나서고 있다. 그럼에도 시위는 걷잡을 수 없이 확산되고 있다. 당초 시위의 쟁점은 이란 도덕 경찰에 부여된 권한과 1983년부터 시행된 히잡 착용 의무화에 대한 반대였다. 그러나 "우리는 이슬람 공화국을 원치 않는다! 원치 않는다!"라는 슬로건이 보여주듯, 시위는 어느새 이란 정권 자체를 겨냥하기 시작했다. 이란에서는 과거에도 여러 차례 민중 투쟁이 일어났지만, 이번 시위는 역대 최대 규모다.

2009년 6월의 '녹색 혁명'은 부정선거 의혹을 제기하며 당시 마흐무드 아흐마디네자드 대통령의 재선을 거부한 운동이었다.[2] "내 표는 어디에 있는가?"라는 구호 아래 중상위층이 단결했지만, 시위는 농촌 지역까지 확산되지는 못했다. 2017년 말에는 최빈곤층에 속한 여러 집단이 별도로 모여, 보조금 축소와 연료 및 주요 식료품 가격 인상에 항의했다.

그 뒤로는 2019년 역시 경제적 위기를 계기로 서민층과 소시민 계층, 특히 소도시와 대도시 외곽의 빈민가 주민들이 대거 거리로 나섰다. 그러나 시민들이 거리로 나설 때마다 수천 명이 체포되고 무자비한 진압이 이어지면서, 시위는 결국 해산되곤 했다.

이란 국민의 약 45%, 빈곤선 이하에서 허덕여

전 국민이 현 정권에 대한 염증을 드러내고 있는 가운데, 실제로 이란 정부가 직면한 가장 강력한 저항은 여성과 청년들로부터 비롯되고 있다. 8,600만 이란 인구 중 약 4분의 3이 도시에 거주하며, 그중 약 51%가 30세 미만이다. 이란에서는 친구들과 거리에서 음악을 듣는 것조차 충돌의 원인이 될 수 있는 현실 속에서, 청년 세대는 더 이상 이런 식의 구속된 삶을 감내할 수 없다고 느낀다.[3]

사회학자 아세프 바야트는 "이 운동의 중심에는 인간의 존엄성이 자리하고 있다. 사람들은 마치 잃어버린 젊음을 되찾고 싶어 하듯, 평범하고도 존엄한 존재로서의 가치를 외치고 있다"라고 말했다. 그뿐만 아니라, 이번 시위는 지리적으로도 도심에 국한되지 않고 외곽 지역까지 확산되고 있다. 쿠르디스탄 주와 발루치스탄 주, 특히 자헤단 시에서는 가장 격렬한 충돌이 벌어지고 있다.

열악한 경제 상황, 특히 40%에 육박하는 인플레이션은 이란 국민들의 분노를 유발하는 주된 원인이다. 에브라힘 라이시 대통령은 선거 당시, 시민들의 일상을 개선하겠다는 공약을 내걸었다. 그러나 그가 2021년 6월 이슬람 공화국 대통령에 당선된 이후에도 실질적인 변화는 거의 없었다. 정부는 자국이 핵 개발 프로그램을 이유로 제재를 받고 있다는 점을 강조하면서, 오히려 필수 식료품에 대한 보조금을 일부 삭감하는 등 긴축 정책을 시행했다.

2022년 5월, 경제 일간지 〈자하네 사나트(Jahan-e-Sanat)〉는 "이란 국민의 구매력이 급격히 하락하면서, 국민들은 기본 생필품조차 구매하기 어려운 상황에 처했다. 육류, 달걀, 유제품 소비가 50% 줄었으며, 이란 국민의 약 45%가 빈곤선 이하에 살고 있고, 그중 10%는 식량을 전혀 구하지 못하고 있다"라고 보도했다.[4]

진영 정치권, 좌시하는 분위기

경제난이 계속해서 악화되는 가운데, 이란 국민들은 해결의 실마리가 보이지 않는 만성적인 부패와 어쩔 수 없이 타협하며 살아가고 있다. 이란은 국내총생산(GDP)의 3분의 2 이상을 공기업 혹은 준(準)공기업과 각종 단체에 의존하고 있기 때문에, 당국이 아무리 개혁을 공언하더라도 부패(fessad)와 뇌물(reshveh)은 일반 시민은 물론 기업 활동 전반에도 깊은 영향을 미친다.

2022년 8월 말, 이란 관영 언론은 이란 최대 철강 생산업체인 풀라드 모바라케의 경영진 내부에서 발생한 30억 달러 규모의 횡령을 규탄하는 의회 보고서를 보도했다. 이 과정에서 해당 철강 업체의 주식은 테헤란 증권거래소에서 거래가 중지되었지만, SNS에서는 이 사건에 대해 실질적인 법적 조치가 이루어질 것으로 기대하는 목소리가 거의 없었다.

이번 봉기의 또 다른 특징은 정치권의 주도나 유명 인사의 참여가 없었다는 점이다. 전 세계의 다른 사회운동에서는 좀처럼 보기 힘든 이러한 수평적 구조는, 이란 내 정치적 반대 세력에 대한 탄압과 보복에 대한 두려움으로 설명될 수 있다. 이는 이란 정권 내에 뿌리 깊게 스며든 권력 구조와 그 실체를 명확히 파악하기 어려운 현실을 반영했다.

결국 페르시아어권 미디어가 서구 국가들과 걸프 군주국의 지원을 받아 시위 영상을 내보내는 중계자 역할을 수행하지 않았다면, 이 운동의 지지 양상은 지금과는 전혀 달랐을 가능성이 크다. 2018년, 영국 일간지 〈가디언〉은 매우 적극적으로 보도를 이어가고 있는 〈이란 인터내셔널 방송(II)〉이 사우디아라비아의 자금 지원을 받았을 것이라고 주장했다. 이에 대해 〈이란 인터내셔널〉측은 사실이 아니라고 부인했다.[5]

경제 상황이 날로 악화되는 가운데, 이란 정권은 사회적 긴장을 더욱 고조시켰다. 봉기 몇 달 전, 도덕 경찰을 다시 거리로 내보내 영화인을 비롯해 소수 종파인 바하이교도들을 체포한 것이다. 이러한 상황에서 시위대는 체제 전반을 거부하며 단결했고, 이는 개혁 진영에도 별다른 도움이 되지 않았다.

사회학자 유세프 아바자리는 "혁명 초기부터 공식적인 정치 무대를 점령해온 개혁주의자와 근본주의자 간의 대립은 2021년 하산 로하니 이란 대통령의 마지막 임기와 함께 막을 내렸다. 이제 그는 영향력을 잃었고, 국민들은 두 진영 모두를 거부하고 있다"라고 평가했다.[6]

이란 정부의 텅 빈 회유정책, 효과 없어

이란 정권이 거리의 요구에 따라 변화할 의사가 거의 없어 보이는 만큼, 민중의 반발은 더욱 거세지고 있다.[7] 이란 전역에서 정권 지지 세력에 반대하는 시위가 조직되는 가운데, 유엔 총회 참석을 마치고 2022년 9월 23일 귀국한 에브라힘 라이시 이란 대통령은 "국가와 국민의 안보와 평화를 위협하는 자들에 대해서는 단호하게 대응하라"고 공권력에 지시했다.

한편, 사법부장 골람호세인 모흐세니 에제이는 그해 9월 25일 반(反)봉기 세력의 거점 지역을 깜짝 방문한 자리에서 "폭동을 조직한 주동자들에 대해서는 어떤 타협도 없이 엄정하게 대처해야 한다"라고 강조했다.

이에 대해 이란 최고지도자 알리 하메네이는 평소 즐겨 쓰는 표현을 사용해 "이번 폭동과 불안은 시온주의 찬탈 정권과 미국이 공모한 결과"라고 단언하며, 히잡 문제는 단지 나라에 분란을 일으키기 위한 구실에 불과하다고 주장했다. 그는 또 "히잡을 정확히 착용하지 않는 여성은 매우 많지만, 그들 역시 이슬람 공화국을 열렬히 지지한다"라고 덧붙였다.

이란 지도부 역시 히잡(이란어로 '스카프') 의무 착용의 전면 철회를 요구하는 개혁파의 목소리를 수용할 의사가 없어 보인다. 이런 가운데 이란 정권은 문화혁명 최고위원회를 통해 '자유로운 대화의 집'을 개설하는 등 몇 가지 회유 정책도 시도했다. 그중 한 곳에서는 엄선된 대학교수 90명이 참석한 회의가 열리기도 했다.

그러나 이러한 시도는 겉치레에 불과했고, 이를 이유로 2022년 10월 중순에 자행된 무자비한 진압을 정당화할 수는 없었다. 그 당시 2,000명 이상이 체포되었고, 미성년자 20명을 포함해 최소 200명의 시위자가 사망했다. 이는 테헤란의 에빈 교도소에서 발생한 충돌 희생자를 포함하지 않은 잠정 통계다. 일반 범죄자들이 수감되는 이른바 '수용소'에는 정치범은 물론, 이란계 프랑스인 사회인류학자 파리바 아델카처럼 간첩 혐의로 기소된 외국 국적자들도 함께 수감되어 있다.

이란 여성들의 목소리는 계속된다

이 운동이 어디까지 이어질 수 있을까? 여전히 많은 의문이 남아 있다. 경제 주체들이 시위대에 동참할지는 아직 불확실하다. 물론 아살루예 석유화학 공장의 노동자들이 현재 파업을 벌이고 있지만, 그들의 움직임은 아직 대규모로 확산되지는 않았다. 마찬가지로 반기를 든 교사들도 극히 소수에 불과하며, 1979년 샤 정권의 몰락을 앞당기는 데 결정적인 역할을 했던 테헤란 시장의 상인들조차, 이번에는 시위대와의 연대를 공개적으로 선언하는 데 주저하고 있다.

결국 정권을 지탱하는 세력과 혁명수비대의 결정적인 태도가 어떤 양상으로 나타날지가 관건이다. 중국과의 유대가 강화되는 가운데, 이란은 2022년 9월 15일 상하이 협력기구(SCO)의 정회원국이 되었고, 핵 문제를 둘러싼 협상이 교착상태에 빠진 지금, 정권 내 급진파는 현재 이란 내부 상황이 시급한 과제가 아니라고 주장할 가능성이 크다.

이러한 시대적 흐름 속에서 하메네이 최고지도자는 2022년 9월 20일, 서구에 비교적 호의적이라 평가받는 로하니 전 대통령을 포함한 인물들을 '국정조정위원회'에서 해임했다. 이 운동이 어디까지 나아가든, 그 성과는 이미 뚜렷하다.

이란의 청년들, 특히 젊은 여성들은 변화를 원하고 있으며, 도덕 경찰은 해체되거나 최소한 기존의 폭력적 특권을 상실할 가능성이 있다. 히잡 착용 의무화가 철회될 수도 있다. 다만, 이를 넘어선 더 큰 정치적 개혁이 실제로 이루어질지는 여전히 불투명하다.

글 · 미트라 케이반 Mitra Keyvan

1 Florence Beaugé, 「Les Iraniennes ne désarment pas 이란 여성들의 화려한 변화는 어디까지?」, 〈르몽드 디플로마티크〉 프랑스어판, 2016년 2월.

2 Cf. Ahmad Salamatian et Sara Daniel, 『Iran, la révolution verte. La fin de l'islam politique? 이란, 녹색혁명. 이슬람정권의 종식인가?』, Delavilla, Paris, 2010.

3 Thelma Katebi, 「Être chanteur en Iran 이란에서 가수로 산다는 것」, 〈르몽드 디플로마티크〉 프랑스어판, 2020년 8월호.

4 2022년 5월 12일.

5 「Concern over UK-based Iranian TV channel's links to Saudi Arabia」, 〈더 가디언〉, London, 2018년 10월 31일.

6 Naghd Eghtessad Siasi (site), 2022년 9월 26일.

7 Lire Shervin Ahmadi et Philippe Descamps, 「Espoirs et simulacres du changement en Iran 이란 국민의 희망은 시뮬라크르적 환상?」, 〈르몽드 디플로마티크〉 프랑스어판 2016년 5월.

'엥겔라브' 페미니스트, 투쟁의 한 세기

이란 여성들의 평등을 위한 투쟁은 격동의 역사 속에 뿌리를 두고 있다. 1905년, 이란 헌법과 의회 구성을 위한 범국가적 운동이 벌어졌을 때 여성들도 처음으로 집결했다. 이후 여성 단체들이 비밀리에 조직되어, 특히 여학교 설립에 적극 나섰다.

1910년, 이란 최초의 여성 매체인 〈다네크(Dânech, 지식)〉가 창간되었다. 그러나 당시 이란 군주는 민주주의의 발전을 억제하기 위해 이 매체의 확산을 차단했다. 1932년에는 마지막 여성 독립 조직이 군 장교였던 레자 샤에 의해 해산되었다. 레자 샤는 여성의 자유를 확대하는 조치와 억압하는 조치를 번갈아 취했다. 예컨대 1936년에는 여성의 대학 입학을 허용하면서도 동시에 공공장소에서 히잡 착용을 강제했다.

그러나 탄압은 언제나 권력에 맞서는 이들을 자극하기 마련이다. 1940년대부터 1953년까지, 이란이 석유 국유화를 추진하던 시기에 결성된 여성 단체들은 양성평등과 시민권을 요구하며 목소리를 높였다. 그러나 1953년, 미국 CIA의 공작으로 쿠데타가 발생한 이후에는 친정권 단체들만이 의견을 표명할 수 있었고, 당국은 페미니스트들의 움직임을 면밀히 감시했다. 1970년대에는 학생운동을 중심으로 한 젊은 여성들이 샤 정권에 맞서 무장투쟁에 참여했고, 그 결과 많은 여성들이 체포되고 고문당했으며 처형되기도 했다. 그리고 1979년 이슬람 혁명은 여성들이 품었던 양성평등의 희망에 찬물을 끼얹었다.

2022년 3월 8일, 세계 여성의 날을 맞아 수천 명의 이란 여성이 공공장소에서의 히잡 착용을 의무화하는 법안에 반대하는 시위를 벌였다. 그러나 정치권의 무관심과 다수 운동가들의 체포 속에서, 결국 1983년 해당 법안은 발효되었다. 그럼에도 지난 수십 년간 페미니스트들의 투쟁은 단 한 순간도 멈추지 않았다. 2009년, 가족 내 평등권 보장과 여성에 대한 돌팔매질 처벌 철폐를 촉구하는 서명운동이 큰 성공을 거둔 것이 그 증거다.

2017년에는 이란 여성들이 공개적으로 스카프를 벗고 시위에 나섰으며, 이 운동은 '엥겔라브(Enghelab, 혁명) 거리의 소녀들'이라는 이름으로 불리게 되었다. 이는 젊은 세대에게 히잡 착용을 강요하려는 구시대적 이념이 이미 설득력을 잃었음을 분명히 보여주었다.

글 · 미트라 케이반

칠레 변혁에 앞장 선 페미니즘 물결

프랑크 고디쇼 Franck Gaudichaud

〈르몽드 디플로마티크〉 특파원. 그르노블-알프스대학교 라틴아메리카 역사학과 부교수. 프랑스 라틴아메리카 협회 회장. 저서로『오늘날의 칠레. 신자유주의 사회에서 지배하고 저항하기(Chili actuel. Gouverner et résister dans une société néolibérale)』(L'Harmattan, Paris, 2016, 공저)가 있다.

2019년 3월 8일 눈 부신 햇살 아래, 다수의 무장병력과 지방경찰의 곱지 않은 시선을 받은 페미니스트 시위대는 칠레의 수도 산티아고의 거리를 수놓았다. 그 규모는 작은 파도가 아니라 쓰나미 수준이었다. 칠레 역사상 최초의 페미니스트 동맹파업을 거행하기 위해 35만 명이 넘는 인파가 노래와 춤으로 수도 중심지를 도배했다. 참여자 중에는 젊은 여성들이 많았다.

여성들은 보디페인팅을 하고 친구 또는 가족과 함께 시위에 참여했다. '국제 여성의 날'에 벌어진 분노와 흥겨움이 뒤섞인 이 시위에는 거리의 개들도 한몫했다. 아우구스토 피노체트 장군의 독재적 억압(1973~1989)에서 살아남은 할머니들과 여성인권운동가들도 있었다. 정치적 숙청 희생자 유족 모임 대표인 알리샤 리라를 비롯해, 실종된 가족의 사진을 든 여성들이 열을 지어 행진했다.

"우리가 오늘 행진하는 이유, 바로 그 이유로 독재정권은 우리 가족을 죽였다. 우리 가족은 자유롭고 평등한 사회를 세우고자 했다."

시위에 참여한 사람들의 수만큼이나 다양한 슬로건들이 등장했다. 슬로건들은 여성에 대한 폭력, 동성애자와 트랜스젠더에 대한 차별, 이주 여성들의 열악한 처우를 규탄했고, 남성과의 동등한 임금을 요구하는 목소리도 포함되어 있었다. 비정부기구(NGO), 각종 협회와 노조들 옆에는, 칠레의 원주민 마푸체족 전통 의상을 입은 여성들이 마푸체 공동체가 겪는 억압의 현실을 고발했다.

한 여성은 "내 난자에게 자유를! 자유롭고 안전하며 무상으로 시술받을 수 있는 낙태를!"이

▲ 조르주 바르톨리 /// 〈정치적 반대자들에 대한 구금과 학살의 장소, 산티아고의 수영장 라커룸에 나타난 여성 유령들〉

라는 문구가 적힌 팻말을 들고 있었다. 우카마우(Ukamao) 정착촌의 주민들은 주거권 보장을 요구하며 나섰다. '빵과 장미' 단체는 깃발을 들고 투쟁가를 불렀고, 일부 좌파 성향 국회의원들도 현장을 찾았다. 오직 여성들로만 이루어진 당당한 행렬은 '불안한 삶에 맞서 거리로 나선 여성 노동자들'이라는 문구가 적힌 거대한 플래카드를 앞세워 행진을 시작했다.

　대학에서 저널리즘을 전공하는 보수주의 운동가 하비에라 로드리게스는 비난조로 말했다.

"이 시위는 좌파와 마르크스주의자들의 전형적인 방식이다. 그들은 사람들을 단결시킨다면서 결국 모든 것을 뒤섞어버린다. 처음에는 여성의 날을 맞아 운동을 벌인다. 그런데 그 운동은 '억압에 신음하는' 여성, '노동하는' 여성을 위한 시위가 된다. 그러다가 결국 시위 참여자들은 연금개혁을 주장하고, 낙태의 자유와 동성결혼의 권리를 주장한다."

하비에라 로드리게스는 2018년, 자신이 재학 중이던 대학이 페미니스트들에 의해 점거되었을 때 이에 맞서 '저항 행동을 위한 언론'을 창립했다. 하비에라는 페미니스트들이 붙여놓은 플래카드—"가톨릭대학교에 가해자는 없다"라는, 조롱하는 문구가 적힌 그것—를 떼어냈다.

"나는 이 슬로건이 우리 대학의 이미지를 훼손하는 것을 도저히 용납할 수 없었어요! 점거자들은 억지를 부렸고, 나는 플래카드를 떼어버린 뒤 그들에게 맞섰죠. 그리고 TV 카메라 앞에서 내 생각을 밝혔어요. 나는 질서와 제도를 존중하기 때문에 그런 행동을 한 겁니다. 나더러 '파쇼'라고 비난하는 사람들이 분명히 있겠죠. 하지만 나는 개의치 않아요."

칠레 독재정권에 저항하는 페미니즘

한편, 시위를 주최한 여성들은 3월 8일 시위가 예상 밖의 성공을 거뒀다고 생각했다. 1990년 민주화가 시작된 이후 대중을 거리로 결집한 중요한 시위라는 점에서였다. 칠레 전역 60개 도시에서 80만 명이 참여한 것으로 추산되었고, 여기에는 지난 30년간 이런 현상을 도무지 볼 수 없었던 지방 중심도시들도 포함됐다.

보수적이기로 악명 높은 칠레에서 거둔 이런 성과를 어떻게 설명할 것인가. 칠레는 1855년에야 민법이 제정됐으며, 이혼이 합법화된 것은 2004년이었다(세계적으로 매우 늦은 경우). 또한 자발적 임신중절(IVG)은 2015년이 돼서야 부분적으로나마 처벌 대상에서 제외됐는데, '불가피한 3가지 경우'[1]에 한해서였다. 그나마 주요 정당들, 가톨릭교회의 반대에 맞서 수십 년간 투쟁한 끝에 이뤄낸 성과였다.

시위가 열리기 며칠 전부터 칠레 대통령은 이에 불편한 심경을 드러냈다. 막대한 부를 소유한 기업가이자, 2010~2014년 대통령을 역임한 뒤 2018년에 재선된 세바스티안 피녜라 칠레 대통령[2]은 그의 입장을 대변하는 여러 개의 민영 TV채널 중 하나를 통해 민심을 누그러뜨리려 했다.

"남녀 간 권리와 의무의 완전한 평등이라는 숭고한 명분을 수단으로 이용하는 것은 잘못된 것이다. 나는 파업할 이유가 없다고 생각한다. 정부는 여성들의 입장을 충분히 고려하고 있기 때문이다."

칠레 정권이 이토록 불안해한 것은, 성희롱에 반대하고 성차별 없는 교육을 요구했던 2018년 여학생 시위의 기억이 깊이 각인돼 있었기 때문이다. 이른바 '5월의 페미니즘'이라 불린 이 운동으로 수십 개의 대학이 점거됐고, 이를 계기로 여러 교육기관들은 오래전부터 누적돼온 불만이 터져 나오자 대응하지 않을 수 없었다. 당시에는 저명한 교수들이 관련 의혹에 휘말렸으며, 특히 전직 헌법재판소장을 비롯한 여러 인사들이 정직 처분을 받았다.

심지어 존엄한 산티아고 가톨릭대학교도 점거됐는데(이 점에서 하비에라 로드리게스는 분노를 표했다), 이 대학은 피노체트 독재 정권 시절 자문 역할을 했던 '시카고 보이즈'(시카고대학교 출신의 칠레 경제학자들-역주)와 깊은 연관이 있는 곳이다. 1986년 이후 칠레에서 이처럼 대규모 시위나 대학 점거는 좀처럼 찾아볼 수 없었다.

칠레에서 처음으로 페미니즘이라는 지각변동을 일으킨 이 사건은, 사실 피녜라 대통령의 첫 임기 중이었던 2011년 여학생 시위의 복사판에 불과했다.[3] 당시 거리로 나선 청년들은 3월 8일 여성 파업의 호소에 응답한 이들처럼, 칠레가 독재 정권의 저주받은 유산과 단절해야 한다고 주장했다. 1990년 피노체트 군사정권이 종식되었지만, 이후 20년간(1990~2010) 사회당과 기독교민주당으로 구성된 중도좌파 연립정부가 계속 집권하면서 독재 정권과의 완전한 결별은 이루어지지 못했다.

그러나 오늘날의 페미니스트들은 칠레의 페미니즘이 오랜 역사 속에 깊이 뿌리내리고 있다고 주장한다. 역사학자 루나 폴레가티는 "페미니스트 운동은 때로는 눈에 잘 띄기도 했고, 때로는 그렇지 않기도 했지만, 결코 사라진 적은 없다. 이 운동은 세 시기로 구분될 수 있는 어떤 경

▲ 조르주 바르톨리 /// 〈그리말디 빌라의 유리창에 나타난 여성 유령들〉

향의 흐름을 가져왔다. 첫 번째는 세기 초부터 1950년대까지로, 정계와 시민 사회의 요구가 중심이 된 시기였다(특히 1949년 여성 참정권 획득이 대표적이다). 두 번째는 1980년대로, 서민 여성들이 독재 정권에 강하게 저항한 시기다. 마지막으로 최근 몇 년 사이에는 성적 정체성이나 '퀴어 이론(Queer Theory. 1990년대 초반에 등장한 이론으로, 성적 지향이나 성 정체성에 대한 기존의 이분법적이고 고정된 개념에 도전하는 학문적 접근-역주)'같은 의제를 전면에 내세운 투쟁이 본격적으로 부상하고 있다"라고 설명했다.

1935~1953년 활동했던 칠레여성해방운동(Memch)도 피임 및 낙태 권리, 이혼의 합법화, 균등한 임금 등을 주장하며 영향력을 행사했다. 칠레여성해방운동은 이미 파업이라는 무기를 휘두른 바 있다. 초기에 이 운동을 이끌었던 엘레나 카파레나와 올가 포블레테 같은 여성들은 1983년에 이 조직을 재건하는 데 참여해 군사정권과 맞서 싸웠다.

이들과 더불어 줄리에타 커크우드와 마르가리타 피사노 같은 여성 지식인들은 암울했던 이 시기에, 지금도 여전히 명성을 잇고 있는 "이 나라와 각 가정에 민주주의를!"이라는 슬로건을 앞세웠다.

피노체트 군사정권이 막을 내린 1989~1990년 민주화 시기에도, 그가 추진한 헌법뿐 아니라 권위주의적 경제 모델은 그대로 유지됐다. "칠레의 재규어"로 불리며 기업 경영인들이 침이 마르도록 칭송한 '합의제 민주주의' 역시 비판적인 사회운동이 위축되면서 만들어진 허구에 가까웠다. 페미니즘 운동은 이러한 현실을 단적으로 보여주는 사례다.

점차 결단력을 잃어간 페미니즘 운동은 젠더 관련 공공정책 중심으로 방향을 선회했고, 상당수 진보주의자들 또한 '전체 시장' 이데올로기와 충돌하지 않는 개혁 노선으로 입장을 바꾸었다. 칠레 지도층에 속한 일부 여성들은 현 체제를 급격히 흔들지 않는 한에서 자신의 입지를 다지는 데 성공했지만, 창고 같은 열악한 환경에서 일하는 서민 여성들과 원주민 여성들은 자신들의 처지가 나아지는 모습을 전혀 경험하지 못했다.

칠레 최초의 여성 대통령도 해결 못한 문제

2000년대에 보건부 장관과 국방부 장관을 지낸 뒤, 2006년 칠레공화국 역사상 최초의 여성 대통령으로 선출된 미첼 바첼레트 역시 독재정권의 희생자였다. 그녀는 사회주의자이자 불가지론자로, 독신주의자였다. 2014년 재선에 성공한 바첼레트는 '모든 칠레인의 어머니'라는 이미지를 지니고 있었지만[4], 정치적 동지들이 내세운 사회적 자유주의와 결별함으로써 여성의 권리를 실질적으로 크게 개선하지는 못했다. 산미겔의 서민 지역 소선거구 사무소에서 일하는 가엘 요만스는 "미첼 바첼레트는 첫 임기 내내 거의 아무 일도 하지 않았다"라고 격분했다.

가엘 요만스는 2011년의 일부 학생운동을 포함한 여러 정치 운동 세력(중도부터 급진 좌파까지)이 모여 2017년에 결성한 연합체 '프렌테 암플리오(광역 전선)'에서 활동했다. 그는 "미첼 바첼레트의 두 번째 임기에 이르러서야 성 평등과 여성부 신설이라는 긍정적인 조치가 이루어졌다. 그러나 이 부서는 사회 전반에 걸쳐 실질적인 활동을 하기 위한 예산도, 정치권의 주목도 받지 못했다. 심지어 여성에 대한 폭력을 막기 위한 법안 발의조차 소홀히 하면서 결국 우파에게 주도권을 넘겨주고 말았다"라고 비판했다.

2018년 5월, 피네라 대통령은 '여성 어젠다'라는 일련의 법적 조치들을 추진했는데, 이는 여성을 주로 어머니라는 역할에 국한시키는 보수적 시각과 경제적 자유주의가 결합된 성격을 띠고 있었다. 이 어젠다는 기업 경영진의 남녀 성비 균형, 고용 계약이 보장된 여성 노동자를 위한 보육시설 설치 등 '보편적' 권리에 초점을 맞춘 계획이었다.

이를 통해 칠레에서 특히 여성 노동자에게 광범위하게 적용되던 노동 유연성 조치의 범위를 실질적으로 축소할 수 있을 것으로 보였다. 현재 여성의 절반 이하만이 임금을 받는 경제활동에 참여하며, 이 중 31%는 계약서, 사회보장, 건강보험 혜택 없이 일하고 있다(노조 결성 가능성은 언급조차 하기 어렵다).[5]

안데스산맥을 넘어온 녹색 스카프

칠레 대통령이 다시금 '여성 인권'—즉 여성을 타인의 역할이나 기능(어머니, 아내 등)으로 환원하지 않고, 독립적인 존재로 존중할 권리—을 지지하겠다고 약속한다고 해도, 이제는 아무도 속지 않는다. 현재 칠레 대통령 관저인 라 모네다에 입주해 있는 대통령은 여성 혐오적 발언과 돌출 행동으로 악명 높으며, 임기 내내 언론을 통해 그런 태도를 거리낌 없이 드러내 왔다. 동시에 오푸스 데이 추종자들, 낙태 반대 운동가들, 그리고 피노체트 장군의 오랜 지지자들은 물밑에서 결탁하며, 오늘날 의회에서 소수 세력임에도 불구하고 여전히 대통령에게 상당한 영향력을 행사하고 있다.

이런 상황 속에서 우파 의원들은 꼼수를 부려 헌법재판소로 하여금 자발적 임신중절과 관련해 '제도적'—그리고 철저히 개인화된—양심적 거부 개념을 받아들이게 만들었다. 칠레의 보건 시스템은 대부분 민영화되어 있으며, 다수의 종교기관이 이를 사실상 독점하고 있다. 이로 인해 많은 진료소는 국제법이나 현행법의 테두리 밖에 있는 것처럼 행세하며, 임신중절 시술은

▲ 조르주 바르톨리 /// 〈길을 따라 여행객들이 아이에 젖을 먹이며 목말라 죽은 디푼타 코레아를 기리면서 물병을 헌사하고 있다〉

전면적으로 거부되고 있는 실정이다.

그러나 칠레를 뒤덮은 페미니즘의 물결은 칠레 내부의 상황만으로 형성된 것이 아니다. '낮은 곳에서부터' 시작된 거리의 집결에 뿌리를 둔 이 물결은, 2016년 10월 폴란드 여성 파업에 대한 연대의 호소, 2018년 봄 성폭행 가해자들의 석방에 항의해 마드리드에서 벌어진 대규모 시위 영상, 그리고 실비아 페데리치, 신시아 아루자, 낸시 프레이저, 티티 바타차르야와 같은 여성 지식인들의 저작에서도 그 공통된 흐름을 발견할 수 있다.

그럼에도 이 운동의 주요한 토대는 여전히 남미의 땅에 깊이 뿌리내리고 있다. 아르헨티나에서 울려 퍼진 "단 한 명도 잃을 수 없어!"(Ni una menos!)라는 외침처럼, 자발적 임신중절 합법화를 상징하는 녹색 스카프도 안데스산맥을 넘어 칠레로 전해졌다. 남쪽에서 건너온 이 페미니즘은, 비록 이후 분열되었지만 1980년대 이후 조직되었던 남미 대륙의 여러 여성 운동 모임의 오랜 경험에 힘입은 것이다. 또한 멕시코, 엘살바도르, 과테말라 등지에서 여성 대상 범죄에 맞서 벌어진 저항은 여전히 많은 이들의 기억에 생생하게 남아 있다.

'3월 8일 페미니스트 연합'은 2018년 초, 산티아고를 시작으로 다른 지역 조직들과도 연계되며 확대되었다. 각 지역 여성 모임들이 시위 프로그램을 직접 확정했고, 이 연합은 더 이상 지역 차원에만 머무르지 않고, 재정도 어느 정도 자체적으로 충당했지만, 소속된 단체는 아직 60개에 불과하다.

사회 연계, 소통, 물류 등 다양한 실무 위원회들이 구성되었다. 대변인은 세대, 성적 지향, 출신 배경, 관점을 다양하게 하기 위해 순환 방식으로 선출되었다. "우리는 정치, 심지어 좌파 안에서도 존재하는 가부장적이고 남성 중심적인 조직 방식을 깨고 싶었어요." 우리가 만난 한 젊은 활동가는 이렇게 말했다. SNS와 '페미니스트 여단'의 거리 행동을 바탕으로 점차 파업 동력이 형성되고, '3.8 파업' 아이디어가 떠오르기 시작했다.

연합의 핵심 인물인 알론드라 카리요는 "우리의 기획은 경제 활동 중단을 정치적 도구로 복원하는 데 있었다"라고 설명했다. 이는 당시 누구나 자유롭게 파업할 권리를 보장받지 못하는 현실에서 비롯된 발상이었다. 1979년 독재정권이 새 노동법을 공포하면서, 노동조합 결성권을 제한했듯 파업권을 제한했다. 이 시대착오적인 제한법 때문에, 수많은 급여노동자의 파업이 불법행위가 돼버렸다. 게다가, 공공부문 종사자들은 이런 기본적인 권리조차 모르고 있다.

"하지만 '파업'이라는 개념 자체는 남녀를 가리지 않습니다. 물론 여성이 여전히 육아나 가사에서 중심적인 역할을 맡아야 하는 현실은 존재하지만요." 대변인인 알론드라 카리요는 이렇게 덧붙였다. 투쟁하는 여성들 중에도 여성들끼리 투쟁하자고 주장하는 무리가 있는가 하면, 이에 반대하는 무리도 있다. 또 정당이나 정부 또는 언론과 접촉하자고 주장하는 여성들이 있는 한편, 이런 접근법을 위험하다고 주장하는 여성들도 있다.

칠레 여성 3명 중 1명이 성폭력 피해자

2018년 12월, '투쟁하는 여성들의 다국적 모임'은 대중이 만들어낸 성취의 정점을 찍었다. 이 모임은 전국에서 1,200명의 여성을 조직해 3월 8일 파업 참여를 독려했고, 10개 항목으로 구성된 행동 강령을 제시했다.[6] 알론드라 카리요는 이 프로그램의 목적이 페미니즘이라는 의제를 사회운동 전반에 확산시키는 데 있다고 설명했다.

예를 들어 이주 여성들의 요구는 "반성차별적이고, 반식민주의적이며, 비종교적인 동시에 상품화되지 않은 교육"을 요구하는 문서에 담겨 있다. 이 밖에도 토착 원주민들의 '자기 결정권(토착 원주민이나 피억압 집단이 자신들의 삶, 정치, 문화, 경제적 방향을 외부 간섭 없이 스스로 결정할 권리를 의미-역주)' 인정, "자유롭고 합법적이며 안전한 무상 낙태"에 대한 지지, "여성에 대한 정치적·성적·경제적 폭력의 종식" 요구 등이 포함되어 있다.

공식 집계에 따르면 칠레 여성 3명 중 1명은 일생에 한 번 이상 성폭력을 경험한 것으로 나타났다. 수년 전부터 '칠레 여성 폭력 방지 네트워크'는 성폭력 피해 여성들이 평균적으로 매주 한 명씩, 남성에 의한 폭력으로 살해되고 있다는 사실을 고발해왔다(법적으로 이 같은 폭력은 여성 살해로 간주되지 않는다).[7]

칠레 여성운동가들은 여성에 대한 이러한 물리적 폭력을 신자유주의 자본주의 모델이 야기하는 '구조적 폭력(사회의 정치적·경제적·문화적 구조 자체가 특정 집단에게 지속적이고 체계적인 고통이나 불이익을 가하는 상황-역주)'과 같은 맥락으로 본다. 카리요와 그녀의 동료들은 엘리트 중심의 자유주의적 페미니즘을 거부하고, 젠더, 인종, 계급 억압 사이의 공통된 억압 구조를 끊임없이 상기시키며 정부와 현행 정책들에 대해 정면으로 맞섰다.

여성들은 안데스 지역에서 신자유주의적 자본주의가 뿌리내리면서, 그 가장 직접적이고 가혹한 피해를 맨먼저 당한 계층이었다. 주당 법정 노동시간이 45시간이고, 임금 노동자의 70%

가 월 730유로 정도를 받는 이 지역에서 여성들의 평균 임금은 남성보다 30% 낮았다.[8]

건강 영역에서도 여성들은 '임신할 수 있는 존재'라는 이유만으로 민간 건강보험에서 차별을 받았다. 1980년대 이후 민영 연기금이 전적으로 관리해온 연금 제도 또한 여성에게 불리하게 작동했으며, 이러한 세태의 배경에는 칠레 독재정권 시절 노동부 장관과 대통령을 역임했던 세바스티안 피녜라의 친형도 깊이 관여한 바 있다.

그러나 내외적으로 이 여성 연합에 쏟아지는 비난도 만만치 않아, 연합의 단결 의지를 위협했다. 마푸체족 출신의 젊은 여성 시인이자, 식민지 해방 단체 '랑기녜툴레우푸(Rangiñtulewfü)' 회원인 다니엘라 카트릴레오는 "현재 헤게모니를 장악한 페미니즘 운동은 학생운동 및 대학 내 성희롱과 싸우는 문제에 너무 얽매여 있다"라고 안타까워했다. 다니엘라는 타협점을 찾을 생각은 없는 듯, 이렇게 주장했다.

"인종차별을 당한 여성들, 마푸체족의 요구들, 칠레 내 식민지주의는 눈에 띄지도 고려되지도 않았다. 우리는 페미니스트 '동맹 파업'에 대한 호소에도 비판적이었다. 특히 북미와 유럽의 여러 운동에서 건너온 이 슬로건이, 고용이 불안정한 다수의 여성과 이주 여성을 배제할 수 있다는 의미에서 비판한 것이다."

이런 비판에 대해 카리요는 다음과 같이 반박했다.

"우리는 네 가지 방식으로 파업을 구성했다. 급여노동자의 직장 내 파업, 가정 내 육아 및 비급여 노동의 거부, 소비 행위의 거부, 그리고 공공장소에서의 시위다. 참여자의 현실적 조건에 따라 각기 다른 방식으로 실행될 수 있도록 설계된 것이었다."

마지막 방식인 공공장소에서의 시위는 2019년 3월 8일 시위의 핵심이었다. 그러나 국가 차원의 주요 노조 조직인 '노동조합 총연합회'(CUT)가 페미니스트들의 호소를 지지하지 않았다는 사실은 시위 확산의 걸림돌로 작용했다. 노동조합 총연합회 위원장은 공산당 소속 여성 지도자 바르바라 피게로아이지만, 지도부는 연합회가 직접 관할하지 않는 사안들까지 조율하느라 진땀을 뺐다.

그럼에도 발파라이소 항구를 비롯한 일부 도시에서는 전투적인 노조들이 경찰의 강경 진압에도 불구하고 과감한 행동에 나섰다. 교수연합회, 전국 시(市)보건 연맹 등 다른 공공부문 단체들도 활발히 참여했다.

백인 중산층 중심의 페미니즘을 뛰어 넘어

노동법 전문가이자 페미니스트 운동가인 카리나 노알레스는 2019년 3월 8일 시위의 성공을 언급하며, 몇 개월 만에 엄청난 진전을 이뤘다고 반겼다. 그럼에도 그녀는 특히 산티아고의 수많은 포블라시온(población. 빈민가)거주 여성들, 이주 여성들, 하급 여성 노동자들에게 다가가는 데 여전히 어려움이 있다는 점을 강조했다. 이는 '페미니스트 운동'이 백인 중산층에서 비롯된 것이라는 이미지 때문에 거부감을 불러일으키는 측면이 있기 때문이다.

카리나는 연합의 목적에 대해 다음과 같이 설명했다.

"우리는 포블라시온과 일부 노조, 그리고 여성 비중이 높은 분야(교육, 보건, 행정)에서 '페미니스트 운동'의 보다 큰 통합을 향해 한 걸음 더 나아갔다. 연합의 목적은 모든 여성에게 영향을 미치는 것이다. 즉, 서민층이든 중산층이든, 이주민이든, 여성 모두의 기대를 충족시킬 방법을 모색하는 것이다."

이번 최초의 여성 파업에는 여러 잡음도 있었지만, 그럼에도 큰 진전을 이뤄냈다. 앞으로 이 연합은 프로그램의 기초를 다듬고 새로운 논의를 이끌어가며, 칠레 북부에서 남부 파타고니아에 이르기까지, 나아가 국제적으로도 통일된 노동 조건을 확립해나갈 계획이다. 연합이 공개한 목표는 이주 여성, 노년 여성, 미성년 여성은 물론, 여성 수감자들까지 아우르는 보다 견고한 연대를 구축하는 것이다.

카리요는 이렇게 강조했다.

"특히 칠레에서 전국적으로 극우 세력과 반대파들이 득세하고 있는 이때, 페미니즘이 현실적인 해결책이라는 점을 보여줘야 합니다."

칠레에서 시행된 여론조사는 가톨릭교회의 영향력이 약화되었음을 분명히 보여준다. 게다가 교계 내부에서 점점 더 늘어나는 소아성애 추문은 이러한 불신을 더욱 심화시키고 있다. 반면, 개혁에 우호적인 일부 신교 종파들은 성장세를 보이고 있으며, 여성 목회자 두 명이 이미 페미니스트 모임에 참여한 바 있다. 그러나 일부 파시스트 성향의 집단은 여전히 페미니스트, 레즈비언, 트랜스젠더를 폭력적으로 비난하고 있다.

한편, 정치 지형이 재편되면서 극우 인사들이 언론과 선거에 진출하기 쉬운 환경이 조성되었다. 예를 들어, '공화주의 행동' 소속의 호세 안토니오 카스트 의원은 '젠더 이데올로기'를 규탄하고, '질 떨어지는 페미니스트'들을 비난하며, 낙태에 강력히 반대했다. 그는 자신을 가톨릭 신자이자 민족주의자라고 밝히며, 가정을 지키는 여성이야말로 '진정한 칠레 여성'이라고 주장했다.

글 · 프랑크 고디쇼 Franck Gaudichaud

1 강간으로 인한 임신의 경우, 산모의 건강이 위태로운 경우, 태아가 생존 불가능한 경우
2 「Un entrepreneur multimillionnaire à la tête du Chili 대부호 기업가, 칠레의 수장이 되다」, 〈La Valise diplomatique〉, 2010년 1월 19일, www.monde-diplomatique.fr
3 Hervé Kempf, 「Au Chili, le printemps des étudiants 산티아고의 봄은 번져간다」, 〈르몽드 디플로마티크〉 프랑스어판 · 한국어판 2011년 10월.
4 Nicole Forstenzer, 『Politiques de genre et féminisme dans le Chili de la postdictature, 1990-201 독재 정권 이후 칠레의 젠더 정책과 페미니즘, 1990~2010』, L'Harmattan, coll. 〈Anthropologie critique〉, Paris, 2012.
5 칠레 국립통계연구소, 산티아고, 10~12월, 2017.
6 http://cf8m.cl/encuentros
7 www.nomasviolenciacontramujeres.cl
8 「Los verdaderos sueldos de Chile 칠레의 실질 임금」, Fundación SOL, Santiago, 2018, www.fundacionsol.cl.

아랍 여성들의 #미투 운동

아크람 벨카이드 Akram Belkaïd

〈르몽드 디플로마티크〉프랑스어판 편집장. 알제리 출신의 언론인이자 작가. 저서로는 『L'Algerie, un pays empeche (en 100 questions) 알제리, 어려운 처지의 나라(질문 100가지)』(2019), 『Pleine Lune sur Bagdad 바그다드의 보름달』(2017) 등이 있다.

아랍에서 일렁이는 분노의 물결

알제리, 이집트, 쿠웨이트 등 아랍권 각지에서 여성에 대한 각종 폭력과 추행을 성토하는 목소리가 높다. 인터넷과 SNS를 통해 영향력이 더욱 확대되는 여권운동은 가부장제의 폐단 및 가혹한 법제에 대한 새로운 인식을 촉구한다. 이에, 각국 정부는 이런 반발이 정치권으로 확대되는 것을 차단하고자 촉각을 곤두세운 분위기다.

2020년 10월 3일, 알제 동부 교외지역의 폐쇄된 주유소에서 '샤이마'라는 19세 여성이 싸늘한 시신으로 발견됐다. 범인은 그녀를 강간한 후 칼로 찌르고 불태웠다. 체포된 범인은 2016년에도 이미 이 여성을 강간한 적이 있다고 시인했다. 사람들은 동요했고, 언론에서도 이를 크게 보도했다. 인터넷에서도 "내가 샤이마"라는 슬로건이 확산되며 범인의 처벌을 요구하는 비난이 수없이 쏟아졌다. 이를 두고 여권운동 진영에서는 여성 대상 폭력의 구조적 특성을 인식해야 한다고 호소했으며, 일각에서는 사형 집행을 다시 시작해야 한다는 주장이 거세졌다.[1]

이에 '알제리 페미사이드(Féminicides Algérie)' 사이트[2]의 공동 운영자 위암 아레스는 "논의의 방향을 한 곳으로 집중해야 한다"라고 지적했다. "이 같은 비극이 벌어질 때마다 우리는 이것이 '페미사이드(Femicide)', 즉 여성 살해라는 점을 주지시키고자 노력했다. 유엔의 정의대로 오직 '여성이라는 이유로' 살해를 당하는 것이다."

해당 사이트의 집계에 의하면, 2021년 1/4분기에만 23명의 여성이 살해됐다(2020년 한 해 55명).

"침묵했던 사람들이 입을 열기 시작했다"

2020년 11월 중순, 알제리에서는 15분짜리 아랍어 동영상이 배포됐다. 여배우들이 한 명씩 차분하게 발언을 이어가는 영상이었다.[3] 그녀들은 "자전거는 오빠에게 돌려주고 집에 들어가", "남자는 완벽한 존재다", "결혼하면 대학은 그만둬야지", "아직도 저녁 준비 안했어?", "어른들이 너 족치려고 벼르더라", "그 여자가 맞을 짓을 했겠지" 등 여성들이 일상에서 겪는 혐오와 위협, 가부장적 명령들을 열거했다. 알제리에서 '단지 여성이라는 이유만으로' 모욕을 당하고, 남자들의 '경고'를 무시하면 지속적인 괴롭힘을 당하기도 한다.

이 동영상은 높은 조회 수를 기록하며 여성 살해 문제, 사회적 금기에 대한 논의들을 일으켰다. 여성들은 직장, 거리, 대중교통에서 당한 성희롱, 성추행, 가정폭력을 폭로했고, 이에 여성들의 분노가 폭발했다. 영화 제작자 겸 작가이자 활동가인 하비바 자흐닌은 "알제리에서 여성 운동이 일어난 것은 최근 일이 아니다"라며, "그러나, 최근 SNS에서 일어나는 움직임 덕분에 그동안 침묵했던 사람들이 너도나도 입을 열기 시작했다"라고 설명했다. "여성 폭력이 사회 도처에 존재하며, 이는 우리 사회의 가부장적 성격에 기인한다는 점을 점점 많은 사람들이 인식하기 시작했다."

2017년 이후, 특히 다수의 여배우가 영화감독 하비 와인스타인 관련 폭로를 이어간 뒤[4] 미국에서 촉발된 미투(#Metoo) 운동은 전 세계적으로 영향을 미쳤다. 아랍권 국가 대부분에서 침묵의 금기가 깨졌으며, 그동안 쌓인 불만과 비난은 페이스북, 트위터, 인스타그램 등의 SNS를 통해 일파만파 퍼져나갔다.

물론 이전에도 비슷한 움직임은 있었다. 2012년, 룰라 카와드는 재직 중이던 암만 요르단 대학에서 성희롱 관련 단편영상을 촬영하는 4명의 여학생을 후원했다가[5], 학과장직에서 물러나

야 했다. 그러나 학생들이 만든 단편은 굉장히 보수적인 요르단 왕실에서도 상당한 반향을 일으켰다. 다만 그 당시 민중 반란으로 온 나라가 떠들썩했던 터라 영향은 미미했다.

그로부터 10년 후, SNS 이용자가 급증하면서 파급 효과도 증대됐다. 2021년 1월 말 쿠웨이트에서는 인스타그램 팔로워 260만 명을 보유한 패션 전문 인플루언서 아시아 알파라지가 스냅챗 상에 분노의 동영상 하나를 올렸다.

"밖에 나갈 때마다 여인을 희롱하는 누군가를 목격한다.(…) 당신들 남자들은 부끄럽지도 않은가? 성희롱에 시달리는 이 나라의 상황이 정말 지긋지긋하다." 그러자 쿠웨이트 여성 네티즌들도 연이어 관련 포스팅했고[6], 의사 샤이마 샤모가 만든 인스타그램 계정을 통해서 #Lan-Asket(나는 침묵하지 않는다)란 해시태그 아래 영어와 아랍어로 된 다수의 경험담이 쏟아졌다.

가해자를 고발했다가 살해된 피해 여성들

시발점이 됐던 샤이마 샤모 역시 "우리는 이제 각자의 의사를 표현하고, 함께 손을 잡고 서로를 지켜줘야 한다. 용납할 수 없는 일이 벌어지고 있기 때문이다"라는 글을 올렸다. 쿠웨이트는 물론 아라비아 반도의 다른 지역에서도 각종 경험담이 쏟아졌다. 기혼 여성, 미혼 여성, 미성년자, 대학생, 직장인, 가정주부 할 것 없이 수많은 여성들이 사회 도처에서 성희롱을 겪고 있음이 밝혀졌으며, 동남아시아 출신 가사도우미 일부도 증언에 동참했다. 쇼핑몰과 대학, 직장, 공공장소, 이슬람교 사원 인근 등 여성에 대한 성희롱은 장소를 가리지 않았다.

#Lan-Asket(나는 침묵하지 않는다) 운동은 2021년 4월 20일을 기점으로 다시 한번 크게 번졌다. 쿠웨이트 여성 파라흐 아크바르가 자신을 추행했던 남자에게 어린 두 자녀 앞에서 납치되어 피살된 사건이 발생한 것이다.[7] 여성들의 비극은 여기서 끝나지 않았다. 몇 주 후에는 튀니지 북서부 케프 지역에서 26세 여성 레프카 셰르니가 남편에게 살해됐다. 그녀는 남편이 폭력을 일삼자, 병원 진단서를 근거로 남편을 고소했다. 관할 경찰서에서 실랑이를 벌이던 중, 셰르니의 남편은 "고소를 취하하지 않으면 목을 졸라버리겠다"라고 협박했고, 다음 날 그녀를

다섯 발의 총으로 살해했다.

　그러자 2019년 대선 때 등장했던 해시태그 #EnaZeda (MeToo)가 다시 한번 SNS를 휩쓸었고, 이와 더불어 태만한 튀니지 당국에 대한 원색적인 비난도 쏟아졌다. 5월 20일 국회 청문회 자리에 선 법무장관 대행 하스나 벤 슬리만은 2019~2020년 법원에서 4,000건이 넘는 폭력 사건이 다뤄졌다고 했으나, 내무부가 집계한 6만 5,000건의 고소 건수에 비하면 터무니없이 적은 숫자였다. 레프카 셰르니의 사망 후 수많은 튀니지 여성들이 분개했고, 가해자를 고소해봤자 되레 피해자의 위험만 가중된다는 결론을 내렸다.

　쿠웨이트 여성들의 생각도 마찬가지였다. 파라흐 아크바르 역시 가해자를 고소했다가 결국 목숨을 잃었기 때문이다. 알제리에서는 2021년 5월 17일 밤 보르지 바지 모크타르(사하라) 시 외곽의 사택에서 여교사 아홉 명이 한 무리의 남성들에게 강간당했는데, 피해 여성들은 본인들의 위험 상황에 대해 네 차례나 당국에 신고했던 것으로 밝혀졌다. 여성 노조에서는 치안이 불안한 이 같은 생활환경을 규탄하는 한편 당국의 무대응을 개탄했다.[8]

이집트 여성 99.3%, "성희롱 당한 적 있다"

　의사인 나르예스 아우아디에 의하면 "용기 있게 고소까지 제기하는 여성들은 사실 극히 드물다. 레프카 셰르니의 사례처럼 다들 법원 판결이 더디고 주변 가족으로부터 회유 압박을 받으리란 사실을 잘 알기 때문이다. 아랍 사회에서 성희롱을 고소하려면 먼저 수치심을 자각하라든가 가족의 명예를 생각하라는 등 남자들의 강압적인 태도부터 극복해야 한다."

　모든 아랍 국가들은 여성에 대한 폭력과 희롱을 처벌하기 위한 법제를 갖추고 있다고 떠벌리지만, 2017년 이후 다수의 여성 운동 조직이 실시한 주요 캠페인에서 밝혀진 사실은 두 가지다. 첫째, 법이 있어도 이를 무시하는 경우가 많기 때문에 여성 살해범이나 폭력적인 남성들 중 다수가 법을 무서워하지 않거나 설령 체포되더라도 금세 풀려난다는 점이다. 둘째, 법제 자체가 미비한 경우가 많다는 점이다. 모로코와 튀니지 정도를 빼면 아랍 연맹 회원국은 모두 1979

년 유엔이 채택한 여성차별철폐협약(CEDAW)에 대해 유보적인 입장이다. 이 때문에 여성 운동 조직에서는 이 협약을 기준으로 당국에 적절한 법제를 요구할 수가 없다. 게다가 아랍 연맹 내에는 유럽의 '여성에 대한 폭력 방지 조약' 같은 구체적인 법조문도 존재하지 않는다.

2017년부터 여성 폭력 방지를 위한 수준 높은 법적 장치를 갖춘 튀니지를 포함해 그 어떤 아랍 국가도 가정폭력을 명확히 처벌하진 않는다. 심지어 이집트에서는 교리를 들먹이며 가정폭력이 합법적이라는 궤변까지 서슴지 않았다.[9] 걸프 지역 군주제 국가의 경우, 가정 내에서 자행되는 폭력을 막기 위한 법 규정 자체가 존재하지 않는다. 알제리에서는 상간죄에 해당하는 한 여성을 살해해도 정상 참작을 받을 수 있다. 이라크, 시리아와 마찬가지로 요르단에서도 법원은 '명예'를 살리기 위한 범죄였을 경우 가족 간의 '원만한 해결'을 허용한다.

2019년부터 이뤄진 가족부 조사 결과 여성 2명 중 1명이 폭력을 경험한 모로코에서도 강간의 피해자는 감히 고소를 제기하지 못한다. 혼외 성관계를 가졌다는 점을 들어 법원의 조사를 받을 수도 있기 때문이다. 웹상에서 미투 운동(#TaAnaMeToo)이 이어지며 규탄의 목소리가 높아지는 이유다.

모하메드 디아브 감독의 2010년 영화 〈678버스의 여인들〉에서처럼 이집트에서의 성희롱은 거의 재앙 수준이다. 2013년 유엔 조사에 의하면, 질문에 응한 이집트 여성 99.3%가 성희롱을 당한 적이 있다고 밝혔다.[10] 이집트는 아랍 지역 국가 가운데 미투 운동이 특정 범죄를 규탄하거나 포괄적인 운동 수준에 그치지 않고 특정 개인을 지명하며 전개되는 유일한 나라다. 2020년 7월에는 '폭력 경찰(Assault Police)'이란 인스타그램 계정에서 카이로 미국 대학(AUC) 졸업생인 부유층 자제 한 명에게 성희롱 및 강간죄를 묻기도 했다. 당시 그가 아무런 처벌도 받지 않고 저지른 만행에 대해 증언할 수 있었던 여성은 무려 50명이 넘었다.

"그래도 한 걸음씩 나아가고 있다"

사태가 심각해지자, 이집트 하원에서는 2021년 7월이 돼서야 결국 성희롱을 경범죄에서 중죄로 바꾸는 법안을 승인했다. 저명한 이슬람 경전 해석가 차우키 알람 역시 경고 수위를 높였다. 그는 "성희롱은 이슬람 율법으로 금지된 가장 끔찍한 죄악들 중 하나로 여성의 품행을 이유로 정당화될 수 없다"라고 지적했다.[11] 하지만 사람들이 과연 이 말에 귀를 기울일까? 2020년 7월 "몸에 착 들러붙는 짧은 의상은 성희롱의 근거가 된다"라고 주장해 몇 주간 철퇴를 맞았던 이맘 압달라 로슈디도 다시 SNS에서 활개를 치고 다닌다. 게다가, 수많은 사람들이 그를 지지하고 있다.

여권운동은 정부에 어떤 영향을 미칠까? 하비바 자흐닌은 "그래도 이런 운동이 자국 내 표현의 자유가 존재함을 확인시켜줬다"라며 긍정적으로 평가한다. 그리고는 덧붙였다. "하지만, 정부는 몇 가지 법에 있어서는 양보하는 모습을 보이다가도, 여권운동이 보다 포괄적인 정치적 요구로 확대되는 순간 강압적으로 돌변한다."

가장 상징적인 예는 여성 운동가 다수를 탄압한 사우디아라비아의 사례였다. 사우디 여성의 자동차 운전면허증 취득 권리와 더불어 남성에 대한 독립권을 주장하던 활동가 루자인 알 하스룰은 이후 사우디의 점진적인 민주화를 요구하는 대범함을 보였다. 그 결과 2018년 3월 체포돼, 2년간 임시 구금소에 수감됐다.

구금 기간 중 온갖 고문과 성적 학대를 당한 루자인은 반테러 법정으로부터 5년 8개월의 징역형을 선고받았다가 다행히 2021년 2월 석방됐으나, 이와함께 출국금지 명령이 내려졌다. 루자인의 경우, 조국 근대화의 유일한 주체를 자처하는 왕세자 모하메드 빈 살만의 반감을 산 게 결정적인 화근이었다.[12]

이집트에서 여권운동 조직을 이끄는 모즌 하산은 다음과 같이 개탄했다.

"아랍권 국가에서 정부가 보내는 메시지는 단 하나다. 고분고분하게 살아야 국가의 보호를 받을 수 있다는 것이다. 그런데, 고분고분하다는 것 또한 자신들의 가부장적 정의에 의한 게 아니던가?"

그렇다면, 이 모든 상황에 대한 남성들의 생각은 어떨까? 이 질문에, 하비바 자흐닌은 일단 웃었다. 그리고는 "여권운동이 사회를 뒤흔들고 문제의식을 유발하는 것은 사실이다. 미투 운동의 여파는 분명 존재한다. 게다가 여권운동에 대해 호의적인 남성들도 적지 않다"라고 대답했다. 그리고는 다음과 같이 덧붙였다. "하지만 항상 의견 충돌은 존재한다. 특히 여성의 품행 등 구체적인 문제에 대한 의견은 여전히 분분하다. 이를 유혹의 행위로 간주하는 이들이 있기 때문이다. 부부의 가사 분담 문제는 말할 것도 없다. 그래도, 이 사회가 한 걸음씩 앞으로 나아가고는 있다."

글 · 아크람 벨카이드 Akram Belkaïd

1 알제리 법원에서는 테러 사건에 대해 여전히 사형을 선고한다. 하지만, EU-알제리 제휴 협정을 위한 초반 협상이 체결된 1993년 이후 단 한 건도 사형이 집행되지 않았다.
2 http://feminicides-dz.com
3 「Campagne des comédiennes algériennes contre les violences faites aux femmes 여성 폭력 근절을 위한 알제리 여배우들의 캠페인」, 2020년 11월 27일, 유튜브, Adila Bendimerad & Ahmed Zitouni(촬영), Adila Bendimerad & Leïla Touchi(극본).
4 Michel Bozon, 「Transformations de la sexualité, permanence du sexisme(한국어판 제목: 섹시즘의 오래된 미래)」, 〈르몽드 디플로마티크〉, 프랑스어판 · 한국어판 2018년 2월.
5 「이것이 내 사생활이다」, (아랍어)유튜브, 2012년 12월 1일.
6 Justine Clément, 「Les femmes du Koweït impulsent leur #Metoo 미투 운동 추진하는 쿠웨이트 여성들」, 〈Orient XXI〉, 2021년 6월 24일, https://orientxxi.info
7 Khitam Al-Amir, 「Kuwait : Man sentenced to death by hanging for killing Farah Akbar」, 〈Gulf News〉, Dubaï, 2021년 7월 6일.
8 「Ce qui s'est passé à Bordj Badji Mokhtar n'est pas un cas isolé 보르즈 바지 모크타르 사건, 누구에게나 또 일어날 수 있다」, 〈Liberté〉, Alger, 2021년 5월 19일.
9 Samar Samir, 「Egyptians re-voice rejection to "marital rape"」, 〈Egypt Today〉, Cairo, 2021년 6월 20일.
10 「Étude sur les moyens et méthodes pour éliminer le harcèlement sexuel en Égypte 이집트 성추행 근절을 위한 수단과 방법 연구」, 유엔 보고서, 2013년 5월 23일.
11 「Mufti describes harassment as "major sin"」, 〈State Information Service〉, 2020년 12월 12일, https://www.sis.gov.eg
12 Florence Beaugé, 「Une libération très calculée pour les Saoudiennes(한국어판 제목)사우디, 위로부터 시작된 여성 해방」, 〈르몽드 디플로마티크〉 프랑스어판 · 한국어판, 2018년 6월.

'세계여성운동사'를 빛낸 '사회주의 할머니들'

크리스틴 고드시 Kristen R. Ghodsee

펜실베이나 대학 러시아·동유럽학과 교수이자, '인류학 대학원 그룹(Graduate Group of Anthropology)'의 멤버.
주요 저서로 『Pourquoi les femmes ont une meilleure vie sexuelle sous le socialisme
왜 여성은 사회주의 체제에서 더 나은 성생활을 누리는 것일까』(Lux, 2020)가 있다.

동구권과 남반구의 잊혀진 페미니스트들

오늘날 페미니즘의 역사는 화려한 언론의 조명을 받고 있지만, 지금도 여전히 보이지 않는 사각지대가 존재한다. 동구권 국가 여성들의 업적이 바로 그런 경우다. 당시 동구권의 수많은 여성단체는 남반구의 구 식민지 국가들과 손을 맞잡고, 전 세계 양성평등의 진전에 중추적인 역할을 했지만, 이들의 이야기는 좀처럼 조명되지 않고 있다.

당신이 만일 서구에 거주하며 일하는 여성이라면, 불가리아인인 엘레나 라가디노바나 아나 두루체바, 혹은 잠비아인인 릴리 몬제, 치베샤 칸카사 같은 이름이 자못 낯설게만 느껴질 것이다. 하지만 오늘날 여러분이 지금과 같은 권리를 누리게 된 것은 어느 정도 이 여성들의 노고가 있었기에 가능한 일이었다.

여러분이 이 여성들의 이름을 들어본 적이 없는 것은 아마도 냉전의 승리자들이 동구권과 남반구 여성이 세계 여성운동사에 기여한 업적을 역사에서 말끔히 지워버렸기 때문이다. 소련 붕괴 이후 서구는 승승장구했고, 사회주의 이념에 기반한 다양한 실험들이 남긴 수많은 소중한 유산들은 기억 저편으로 사라져 갔다.

그 결과 오늘날 사회주의 체제에 대한 우리의 기억은 오로지 권위주의 체제, 빵집 앞에 길게 늘어선 인파, 굴라크(Gulag. 구소련 시절 존재했던 강제노동수용소 체계), 해외여행 규제, 비밀

▲ 안젤라 데이비스(가운데). 출옥 후 엘레나 라가디노바(오른쪽)와 함께(1972)

경찰 따위로만 남게 된 것이다.

사회주의, 근대화, 여성의 권리

서구인은 러시아나 동유럽 국가들이 신속하게 근대화된 시기가 사실 사회주의체제 시절이
었다는 사실을 종종 외면한다. 가령 1910년 제정 러시아의 기대수명은 약 33세로, 당시 프랑

스(49세)에 비해 매우 짧았다. 그러나 1970년 소련의 기대수명은 68세로 이전의 2배에 달했으며, 프랑스(71세)와의 차이도 눈에 띄게 줄었다. 게다가 소련은 1918년 법률적으로 양성평등을 헌법에 명시했고, 1920년에는 세계 최초로 낙태를 합법화했다.

또한 훗날 서구가 비로소 보육 문제에 관심을 가지고 여성교육을 위한 대대적인 투자에 나서기 이전에, 이미 소련은 집단보육시스템에 아낌없는 재정을 지원했다. 비록 중앙집권시스템은 시시때때로 다양한 문제를 일으키기도 했지만, 동구권 국가들은 제2차 세계대전 이후 눈부신 과학과 기술의 발전을 이룩해냈다. 특히 이 과정에는 많은 여성들이 기여했다.

물론 상황이 녹록한 것은 아니었다. 가부장 문화의 영향으로 동구권 국가의 여성들은 유상노동과 더불어 남성이 원하지 않는 가사노동을 떠맡는 이중고에 시달렸다. 게다가 물자난으로 기본적인 생필품을 구하는 일이 히말라야 등정만큼 어려웠다. 심지어 일회용 기저귀나 여성 위생용품은 아예 구경조차 할 수 없었다.

정치권력과 경제권력의 상층부도 대개는 남성의 차지였다. 그럼에도 괄목할 만한 발전이 이뤄졌다. 1945년 이후 소련과 동유럽의 여성들은 대대적으로 경제활동에 참여하게 되었다. 반면 서구에서는 여전히 여성의 활동이 가사나 종교 생활 등으로 제한되던 시기였다.

냉전 시대, 동구권 여성의 높은 사회적 지위는 상대 진영의 경쟁심리를 자극했고, 서구에서도 여성의 지위가 개선되는 촉매제 역할을 했다. 1942년, 미국의 시민들은 소련의 젊은 여성저격수 루드밀라 파블리첸코(나치 병사 309명을 저격)의 눈부신 활약에 그만 넋을 잃고 말았다. 당시 파블리첸코는 미국을 방문해 영부인 엘리노어 루스벨트의 접견을 받기도 했다.

그러나 미국 정부가 본격적으로 소련 여성 해방에 대해 위협감을 느끼기 시작한 것은 소련이 인류 최초의 인공위성 스푸트니크호를 쏘아 올린 1957년부터였다. 이러다가 혹 소련이 남녀를 가리지 않고 미국의 2배가 넘는 인재를 대동한 끝에 결국 우주 정복에서 미국을 앞지르고 마는 것은 아닐까? 미국 정부는 이듬해 곧바로 여성의 과학교육에 막대한 예산을 책정하는 내용을 골자로 한 국방법을 통과시켰다.

1961년 12월 14일, 존 F. 케네디 대통령이 행정명령 제10980호에 서명하며, '대통령 직속 여성 지위 위원회' 탄생의 초석을 마련했다. 서문에 명시된 법령의 취지는 국가안보였다. 사실 미국 정부는 전시에 대비해 예비 여성인력이 필요했다. 또한 미국 지도층은 자국의 가정주부들이 삶에 대한 좌절감 속에서 사회주의 이상에 끌려 행여 '빨갱이들'과 손을 잡을까 두려워했다.

1963년 6월 17일, 〈뉴욕 헤럴드 트리뷴〉과 〈스프링필드 유니언〉의 1면에는 각기 「금발의 소련 여성, 우주로 간 최초의 여성이 되다」, 「소련, 최초의 여자 우주비행사를 궤도 위로 쏘아 올리다」라는 타이틀이 대문짝만하게 실렸다. 두 신문에는 'CCCP'라는 글자(키릴 문자로 '소련'의 약자(USSR)에 해당)가 새겨진 우주복을 입고, 환하게 미소를 짓고 있는, 26세의 발렌티나 테레시코바의 사진이 실렸다. 1963년 6월 18일, 니콜라 비슈네 기자도 〈르몽드〉지의 지면을 빌려, "기술의 진보가 요구하는 가장 어려운 분야에서도 여성이 남성과 당당히 어깨를 겨룰 수 있다는 사실을 러시아인들이 몸소 증명했다"라고 썼다.

사실상 서구 지도자들이 여성 해방이 전통적인 가정 질서에 미칠 여파를 두려워하던 동안, 소련은 여성을 우주 궤도로 쏘아 올리는 쾌거를 이루었다. 1972년 뮌헨 올림픽에서는 소련 여성 선수들이 대거 금메달을 휩쓸며 눈부신 활약을 펼쳤고, 같은 해 미국 정부도 여성 스포츠 육성에 본격적으로 나섰다.

동구권이 하나둘 성과를 거둘 때마다 자본주의 국가들 역시 뒤따라 새로운 대책을 내놓았다. 1970년대 초까지 소련과 그 동맹국들은 국제연합(UN) 내에서 여성 지위에 관한 논의를 주도했으며, '국제민주여성연맹(WIDF)' 산하 여러 조직에서도 핵심적인 역할을 담당했다. WIDF는 1945년 좌파 여성운동가들이 파리에서 창설한 단체로, 40여 개국이 회원으로 참여하고 있었다.

그러나 대개 남성 지도자가 이끄는 서구 정부들은 정작 WIDF를 '공산당 비밀조직'으로 취급했다. WIDF의 미국 지부에 해당하는 '미국여성대회'는 미 의회 '반미행위조사위원회'의 표적이 돼 1950년 끝내 해체 수순에 들어갔다. 1951년 1월, WIDF는 파리에 있던 소재지를 다른 곳으로 옮겨야 했다. WIDF의 회장이자, 프랑스 지부('프랑스여성연합')의 대표를 겸임하고 있던 외제니 코통이 인도차이나 식민전쟁에 반대하는 운동을 벌인 게 화근이었다.

▲ 소피아(불가리아) 소재 '연대·지식·우정을 위한 학교'의 아프리카인과 아시아인들(1980)

마르크스주의 페미니스트들의 고충

동베를린에 새로이 둥지를 튼 WIDF는 전 세계 구 식민국가들을 위한 강력한 이익 수호 단체로 자리매김했다. 1960년대 말, WIDF와 그 산하 조직들은 아프리카와 아시아 대륙에서 탄생한 신흥국가들에 아낌없는 재정과 물자를 지원하며, 이들 국가들이 동유럽 국가들을 본받아 여성단체를 창설하도록 독려했다.

탈식민지 시대에 자원국유화 · 경제개발계획 · 사회복지서비스 발전 등과 연계된 사회주의 노선은 사실상 자본주의 체제가 강요하는 신식민주의의 대안을 제시했다. 당시 많은 남반구 독립 국가의 지도자들은 동구권 지도자들과 동맹을 형성했다. 소련의 팽창을 두려워하는 미국에는 그리 달갑지 않은 소식이었다.

한편 동유럽의 여러 여성단체는 아시아 · 아프리카 · 라틴아메리카에 출현한 여성단체와 손을 맞잡고, 기존의 페미니즘 이론에 과감히 반기를 들었다. 예를 들면 그들은 여성들이 또 다른 형태의 억압과 불평등을 낳는 경제 · 정치 체제 속에서도 여성 문제에 대한 해법을 충분히 모색할 수 있다는 기존의 견해에 이의를 제기했다.

WIDF의 주도하에, 특히 UN 여성지위위원회(CSW) 루마니아 대표의 제안에 따라, UN은 1975년 '국제 여성의 해'를 선포했다. 전 세계 정부가 여성 지위에 대해 관심을 갖게 하려는 게 목적이었다. 이어 '국제 여성의 해'는 'UN 여성 10년' 행사로까지 규모가 확대됐고, 이에 따라 멕시코(1975) · 코펜하겐(1980) · 나이로비(1985)에서 세 차례 중대 회의가 개최됐다. 동구권과 남반구의 여성들은 손을 잡고 UN과 합심해 역사에 길이 남을 진보적인 정책을 추진했다. 그럼에도 사회주의 국가가 여성 해방에 공헌한 사실이 조용히 기억의 저편으로 사라지게 된 까닭은, 서구에서 페미니즘의 의미가 점점 협소하게 해석되었기 때문이다.

마르크스주의에 기반한 페미니스트들은 20세기 내내, 그리고 오늘날에도 비판에 시달리고 있다. 인종과 젠더 문제에 무관심하며, 다른 사회적 문제보다 계급투쟁을 우선시한다는 비판을 받고 있는 것이다.

하지만 계급투쟁의 목소리를 높였던 구 사회주의 동유럽 국가들은 오히려 서유럽 국가에 견줘 실제로는 여성 해방이나 탈식민지 운동에 훨씬 더 적극적이었다. 남쪽의 티라나(알바니아의 수도)에서 북쪽의 탈린(에스토니아 수도)에 이르기까지, 부다페스트에서 블라디보스토크에 이르기까지, 심지어 더 나아가 중국·베트남·쿠바·니카라과·예멘·탄자니아·에티오피아와 같은 나라까지도, '일하는 어머니'라는 소련의 이상향은 각국의 정부가 탁아소나 공공급식, 그 외 각종 여성 지원책에 재정을 지원하는 계기를 마련했다. 당시 미국에서는 여전히 남성의 전유물로 통하는 대학의 문호를 개방하고, 일터에서도 균등한 기회를 누릴 수 있게 해달라며 여성들이 투쟁을 벌이고 있었다.

하지만 사회주의 국가들은 이미 일과 가정의 양립을 보장하기 위한 각종 개혁안을 시행하고 있었다. 멕시코와 코펜하겐 대회에 WDIF 미국 대표로 참석했던 아본 프레이저는 이렇게 증언했다.

"미국 대표단을 포함해 그 누구도 인정하지 않으려 했지만, 사회주의 진영의 여성들은 적어도 법률적 측면에서만큼은 서구 여성들보다 많은 권리를 누리고 있다는 것이 확실했다."

1975년 제1차 UN 세계여성대회 개최를 앞두고, 각국은 행사 목표를 두고 공통된 합의에 이르지 못했다. 미국과 프랑스를 비롯한 많은 서구 여성들은 주로 법률적·경제적 평등에 집중하기를 원했고, UN 회원국들이 양성차별에 대한 구체적인 해결책을 마련해주길 기대했다.

가령 당시 미국에서는 여학생의 하버드·예일·프린스턴 대학 입학이 금지되어 있었으며, 컬럼비아 대학이 여학생에게 문호를 개방한 것도 1981년 이후의 일이었다. 많은 서구 국가의 여성들은 소득 평등, 노동 평등, 성차별에 대한 법적 보호 장치 마련을 요구하며 치열한 투쟁을 벌였다. 그들은 자율적인 삶을 희생하면서 가정을 돌보는 것이 여성이 '타고난' 역할이라는 문화적 편견을 철저히 깨부수기를 원했다.

하지만 이들과 달리, 세계 질서의 재편이나 신식민주의에 대한 저항 같은 문제는 여성 권리 신장과는 무관하다는 인식이 강했다. 프랑스 대표단을 이끈 단장이자, 발레리 지스카르 데스탱 정부에서 여성지위담당 정무차관을 지낸 프랑수아즈 지루는 이렇게 선언했다.

"만일 이 행사의 의제가 교묘하게 국내외 정치 문제로 흘러간다면, 그것이 아무리 시급하고, 중대하고, 고결한 이상을 다루는 의제라 할지라도 '국제 여성의 해' 행사는 한낱 사기극에 불과하다고 할 것이다.[1]

빌마 에스핀 데 카스트로의 연설

반면 동구권 대표단의 입장은 달랐다. 그들은 세계여성대회가 양성 불평등의 근원이 될 수 있는 모든 문제를 해결하는 장이 되기를 기대했다. 특히 여성, 나아가 모든 시민이 처한 현실을 개선하기 위해서는 사회 · 경제적 발전이 필수적이며, 이를 위해 식민지 시대의 유산인 대기업을 국가가 수용하고 자원을 국유화해야 한다는 아프리카 · 아시아 · 라틴아메리카 여성들의 호소에 적극적인 지지를 보냈다.

멕시코 세계여성대회에는 총 133개국 대표단이 참가했으며, 이 중 113개 단체에서 여성이 대표단장을 맡았다. 소련은 세계 최초의 여성 우주비행사 테레시코바를 대표로 내세웠고, 불가리아는 제2차 세계대전 당시 최연소 여성 유격대원이자, 친나치 왕정에 맞서 싸운 농생물학 박사 엘레나 라그디노바를 대표로 임명했다. 잠비아는 영국 식민지배에 맞선 독립운동의 영웅 치베사 칸카사를 대표로 선정했으나, 그녀는 개인 사정으로 아쉽게도 행사에 참석하지 못했다. 쿠바의 대표로는 초대 혁명가이자 동시에 피델 카스트로의 형 라울 카스트로의 아내, 빌마 에스핀 데 카스트로가 참석했다. 그녀는 이 자리에서 자신의 섬나라가 여성 해방에서 이룩한 발전상을 소개했다. "우리는 이미 세계여성대회가 부르짖는 모든 것을 이뤄낸 나라다. 우리는 우리의 경험을 다른 나라의 여성들과 나누고자 한다. 여성도 국민의 일원이다. 여러분 여성들이 직접 정치를 논하지 않는다면, 결코 그 무엇도 바꿀 수 없다." 1960년, '쿠바여성연맹'을 창설하고 수백만 명의 회원을 거느렸던 그녀는 연단에 서서 이같이 말했다. 미국은 처음에는 남자를 대표단 단장으로 임명하려고 했다. 먼저 미국 국제개발처(USAID) 처장, 대니얼 파커가 내정됐다. 사실상 미국은 세계여성대회가 여성에 관한 '주제'를 함께 토론하는 자리라고 여겼다. 그런

만큼 남성도 충분히 한창 현안이 되는 여성 문제에 대해 자국의 입장을 완벽하게 대변할 수 있다고 판단했다. 그러나 페미니스트들의 항의가 빗발쳤고, 결국 패트리샤 후타르가 대표단의 공동 단장으로 함께 임명됐다. 심지어 당시 미 정부는 토론이 지나치게 정치 쟁점화되는 상황을 우려하며, 영부인 엘리자베스 포드의 참석도 반대한 터였다. 반면 동구권의 여성들은 뜨겁게 달아오른 지정학적 현안에 직접 개입함으로써, UN 지도부나 외무부 등에서 남성이 휘두르는 영향력을 견제할 수 있기를 바랐다.

"인종차별과 성차별은 동전의 양면"

한편 남반구 국가를 대표하는 여성들은 경제 개발, 식민주의, 인종차별, 제국주의, 그리고 전 세계적 차원의 부의 재분배 문제에 대한 발언권을 요구했다. 사실상 아파르트헤이트가 여전히 시행 중인 남아프리카나, 빈곤과 폭력, 국채 문제로 시름하는 구식민지 국가들에서, 양성평등을 목 놓아 외치는 것이 과연 무슨 소용이 있겠는가?

아프리카 국가의 대표들은 인종차별 철폐를 성차별 해소만큼이나 중대한 과제로 간주했다. "두 문제는 동전의 양면과도 같다." 가나 고등법원 판사이자 자국 대표단의 단장을 맡았던 애니 지아게의 말이다. 지아게는, 미국이 민주적인 선거를 통해 당선된 칠레의 대통령 살바도르 아옌데를 축출하기 위해 아우구스토 피노체트 장군의 쿠데타를 지원하고, 베트남을 무단 침공했음에도 불구하고, 정작 미국의 여성들은 오직 모든 대화의 초점을 양성평등에만 맞추려 한다며 좌절감을 드러냈다.

1975년 발표된 "변화하려면 여성의 말을 경청하라"라는 제목의 호소문에서 그녀는 이렇게 선언했다. "여성의 내면에 자신의 고유한 자유를, 다른 모든 종류의 억압으로부터 해방되기 위한 투쟁과 결부시키려는 의지를 불러일으키지 못한다면, 여성 해방은 사실상 아무런 의미가 없다. 해방된 여성은 자신의 조국이 다른 사람들을 억압하는 것을 결코 용납할 수 없다. 전체 인구의 3분의 1이 전체 부의 3분의 2를 차지하고 있는 세계에서, 이제 부유한 나라들은 삶의 방

▶ 루벤 수리아니노프 ///
〈세계여성회의〉(포스터), 1963

식을 바꿀 필요가 있다.”[2]

이처럼 사회주의 국가들과 남반구 국가의 여성들이 단단히 결속함에 따라, 서구 여성들은 점차 이데올로기적 문제에 직면하게 되었다. 그들은 남반구 여성들이 자유주의 페미니즘이나 제국주의적 사고방식에 비판적인 시선을 보내고 있다는 사실에 적잖은 충격을 받았다. 실제로 남반구 여성들은 자신들이 자본주의를 억압의 근원으로 간주하는 데 반해, 미국과 그 동맹국의 여성들이 이를 무시한다고 느끼며 불만을 표출했다.

"우리는 북미 페미니스트들이 놀라는 모습을 똑똑히 지켜봤다. 그들은 전 세계인이 자신들처럼, 가부장이 여성 억압의 주된 원인이라고 믿는 줄 알았다. 제3세계 여성이 미국의 베티 프리단보다 마르크스를 더 가까운 인물로 여긴다는 사실에 깊은 충격을 받은 것이다."

공식적인 멕시코 세계여성대회와는 별도로 열린 비정부기구(NGO) 포럼에 참석한 미국 정치학자 제인 쟈케트는 이렇게 회고했다.[3]

물론 비공식적인 토론 현장에서는 사회주의나 공산주의를 지지하는 서구 페미니스트들도 다수 만나볼 수 있었다. 대표적인 인물로는 흑인 여성 운동가인 안젤라 데이비스와 클라우디아 존스가 있었다.

"모든 여성은 친구"라는 이상과 현실

하지만 그들의 사상은 정작 동서 경쟁을 중시하던 공식 대표단의 높은 장벽을 넘지 못했다.

아본 프레이저는 1987년, 멕시코 대회를 이렇게 회고했다.

"미국의 여성들은 자신들이 비난의 표적이 될 수 있다는 사실을 깨달았고, 일부는 깊은 충격을 받았다. 미국의 새로운 페미니즘 운동은 그동안 모든 여성이 하나의 민족처럼, 같은 대의를 위해 단결한 친구들이라고 가르쳐왔다. 그러나 최초로 열린 세계대회에서 그들은 현실이 이상과 다를 수 있다는 사실을 목격했다. 이 깨달음은 일부 여성들에게 깊은 실망과 분노를 안겨주었다."[4]

멕시코 세계여성대회 이후, 많은 국가들이 새로운 법제를 마련하고, 통계 자료를 수집하며, 여성 문제를 전담하는 정부 부처 및 기관을 신설했다. 여성 보호를 위한 각종 제도는 여러 여성 외교관과 운동가들의 노력 덕분에 소유권, 상속, 육아, 국적 등 다양한 영역으로 확대되었다.[5]

각국은 육아휴직, 공공 탁아소, 가족수당, 가정과 일의 조화를 위한 지원책 등을 보편화하기 시작했다. 1980년 코펜하겐에서는 다수의 UN 회원국이 '여성에 대한 모든 형태의 차별철폐 협약'(CEDAW)에 서명했다. 그러나 미국을 비롯해 이란, 수단, 소말리아 등 일부 국가는 오늘날까지도 이 협약을 비준하지 않고 있다.

'UN 여성 10년'(1975~1985) 기간 동안, WIDF는 남반구 여성운동가들의 국제 회의 참가를 통합적으로 지원하고 조율했다. 남반구의 여성들은 아에로플로트, 발칸 에어, JAT 유고슬라브 항공 등 동구권 항공사들의 항공권 후원 덕분에 멕시코, 코펜하겐, 나이로비에서 열린 세계여성대회에 참석할 수 있었다.

1977년에는 WIDF와 쿠바여성연맹이 여성의 UN 요직 진출을 위한 직업 역량을 기르기 위해 아바나에 교육기관을 설립했고, 1980년에는 아프리카와 아시아 출신 여성 활동가들을 위한 유사한 기관이 불가리아 소피아에 신설되었다. 1985년에는 WIDF와 불가리아 여성위원회가 공동으로, 나이로비 세계여성대회와 동시에 열린 비정부기구(NGO) 포럼에 아프리카 여성 100여 명이 참여할 수 있도록 숙박비와 식비를 지원했다.

이 여성들은 시시때때로 갈등을 빚는 와중에도 나름대로 초국적 네트워크망을 구축했다. 잠비아에서 페미니즘의 거두로 추앙받던 릴리 몬제는 모스크바에서 첫 국제회의를 경험했다. 코펜하겐과 나이로비 세계여성대회에 잠비아 대표단으로 공식 참가하는 한편, 주프랑스 대사를 역임하기도 한 그녀는 2012년 인터뷰에서 서구 제국주의와 맞서 싸우기를 원하는 아프리카 여성들에게 동구권 국가들이 얼마나 다양한 지원을 해줬는지에 대해 다음과 같이 증언했다.

"동구권 국가들과의 협력은 우리에게 큰 힘이 돼줬다. 때로는 그들이 이곳에 오기도 하고, 또 때로는 우리가 저들에게 가기도 하면서 서로를 방문했다. 그 밖에도 동구권 국가들은 우리가 사회주의 국가에서 공부할 수 있도록 장학금을 제공하거나, 국제대회에 참가할 수 있도록 경비를 지원해줬다." 사회주의 국가들이 여성운동가 지원에 적극적으로 나서자, 이에 뒤질세라 미국 정부도 남반구에 위치한 여러 자유주의 페미니즘 단체들—주로 양성평등 문제에 집중하는 단체들—에 대한 재정 지원을 시작했다.

남반구 여성들은 자국이 소련 혹은 미국 중 어느 편에 서 있는지에 따라, 두 강대국의 경쟁 속에서 '떨어진 콩고물'이라 할 수 있는 다양한 재정적 혜택을 누릴 수 있었다. 덕분에 1975년부터 1985년까지 만 10년 동안, 그들은 수많은 국제 행사에 참여할 수 있는 기회를 얻게 되었다.

돈, 시간, 영어…기록의 빈부격차

2010년, 우리가 처음 세계 여성운동에 대한 연구를 시작했을 당시만 해도, 이토록 역사가 미국과 서구 동맹국들에 유리한 방향으로 왜곡되었으리라고는 전혀 상상하지 못했다. 당시 동구권과 남반구의 여성들은 굳게 결속해 UN 내에서 상당한 영향력을 행사했을 뿐 아니라, 그들의 국제적 연대는 오늘날까지도 깊은 흔적을 남기고 있다. 그런데도 어째서 이들의 공로는 세계 여성사 속에서 조용히 지워지고 만 것일까?

그 첫 번째 이유로, 공산주의 정권들이 '민주주의'와 자유무역 체제로 급격히 전환한 사실을 들 수 있다. 2010년과 2017년, 우리가 불가리아에서 만난 여성들은 월 200유로에 불과한 쥐꼬리만 한 연금으로 간신히 생계를 이어가고 있었다.

1990년대 중반, 불가리아의 은행들이 줄줄이 파산하면서 그동안 모아둔 저축을 모두 날려버렸고, 침대 매트리스 속에 감춰두었던 현금마저 하이퍼인플레이션의 여파로 한순간에 휴지조각이 되었다. 공공서비스는 붕괴됐고, 의료 시스템은 해체되었으며, 약값은 끝없이 치솟았다.

반면, 냉전의 승리자들은 이런 시련을 겪지 않았다. 세 차례에 걸쳐 세계여성대회에 참가했던 미국 여성들의 대부분은 상류층에 속했으며, 여전히 안정적으로 돌아가는 국가에 거주하는 특권을 누렸다. 2007년, 아본 프레이저는 자신과 남편이 '은퇴 황금기'를 보내고 있다고 증언했다. 그들이 "육체적 건강과 저축 예금, 연금, 사회보장제도의 혜택을 두루 누리는 것은 물론, 급박하게 마음을 쓸 일도 없었기" 때문이다.[6]

그들에게는 'UN 여성 10년'의 역사를 연구하고, 회고록을 집필할 만한 충분한 시간과 자원이 있었다. 그들은 여성의 역사를 대중에게 널리 알리는 데 관심이 깊었고, 역동적인 페미니즘 서브컬처가 살아 숨 쉬는 사회에서 영어로 된 기록을 풍부하게 남겼다.

▲ 〈3월 8일: 가정 노예제에 반대하는 여성노동자 반역의 날〉(포스터), 연대미상

서구의 여성운동가들은 종종 넓은 영향력과 인맥을 활용해, 자신의 기록을 기록보관소나 역사학회에 기탁했고, 이는 젊은 세대 연구자들이 손쉽게 접근할 수 있는 기반이 되었다. 그 대표적인 예가, 2018년 94세와 100세로 세상을 떠난 두 명의 미국 여성이다. 이들은 'UN 여성 10년'을 이끈 주역으로 기억된다.

그중 한 명은 〈뉴욕타임스〉 부고란에까지 실리는 영예를 누린 아본 프레이저였다.[7] 그녀가 멕시코와 코펜하겐에서 열린 세계여성대회에 미국 대표단으로 참석하며 집필한 연설문과 보고서 등 총 80여 개의 서류함은 '미네소타 역사학회'에 소장되었다.

다음은 멕시코 세계여성대회와 나란히 열린 비공식 세계여성연례회의를 주최한 밀드레드 퍼싱어였다. 그녀 또한 사후, 자신의 개인 문서를 버지니아주 홀린스대학 부속 윈덤 로버트슨 도서관에 기증했다. 이 기관들은 모두 디지털 아카이빙 인프라를 갖춘 곳이었다.

덕분에 많은 연구자들은 원저자의 자료를 구하기 위해 발품을 팔아야 했던 힘든 수고를 덜 수 있었다. 퍼싱어의 'UN 여성 10년' 관련 활동 기록은 〈알렉산더 스트리트 프레스〉가 제공하는 웹 자료집 '세계 여성 및 사회 운동'을 통해 디지털 문서 형태로 열람할 수 있다.

반면, 동구권과 남반구의 여성들은 그런 종류의 스포트라이트를 거의 받은 적이 없었다. 1982년부터 1990년까지 동베를린에서 WIDF 회계 업무를 담당했던 불가리아 여성 아나 두르체바는 2014년 심장마비로 생을 마감했다.[8]

불가리아여성위원회 위원장을 지냈고, 나이로비 세계여성대회에서 총보고관으로 활동한 엘레나 라가디노바 역시 2017년 10월, 잠든 사이 조용히 세상을 떠났다.[9] 과거 잠비아 여성여단을 이끌었던 치베사 칸카사도 2018년 타계했다.[10] 이 세 여성의 활동을 기록한 개인 문서와 회고록은, 우리가 소유권자의 허락을 받아 일부 문서를 복사하고 보존하지 않았다면, 아마도 영원히 역사의 뒤안길로 사라졌을 것이다.

이들의 이름은 종종 기억의 저편으로 잊히곤 하지만, 그들은 이윤보다 인간의 기본적 욕구가 우선시되는 세상, 보다 평등하고 평화로운 세계를 향한 열망으로 연대했던 이들이었다. 그들은 사회주의 이상 아래 하나로 결집해, '자유무역'이라는 이름 아래 자행되는 온갖 불평등에 맞서 싸웠다.

　당시의 이 연대는 냉전이라는 역사적 조건을 능숙하게 활용하며, 전 세계 여성 권리의 진전을 위한 발판을 마련했다. 우리의 '사회주의 할매들(Red Grandmas)'은 지금과는 전혀 다른 세계가 충분히 가능하다고 믿었다. 비록 이제 그들의 목소리는 더 이상 들을 수 없지만, 그들의 꿈만은 오래도록 살아남기를 기원한다.

글 · 크리스틴 고드시 Kristen R. Ghodsee

1 Jennifer Seymour Whitaker, 'Women of the World : Report from Mexico City', 〈Foreign Affairs〉, 제24권, 제1호, New York, 1975년 10월.
2 http://bcrw.barnard.edu/archive/miltarism/listen_to_the_women. pdf.
3 Jane Jaquette, 'Crossing the line : From academic to the WID office at USAID', dans Arvonne S. Fraser et Irene Tinker (sous la dir. de), Developing Power : How Women Transformed International Development, The Feminist Press at CUNY, New York, 2004.
4 Arvonne S. Fraser, The UN Decade for Women : Documents and Dialogue, Westview Press, Boulder (Colorado) & London, 1987.
5 어떤 나라에서는 다른 나라 남자와 결혼하는 여성은 자국의 시민권을 상실하고, 자녀는 남편의 국적을 따라야 한다. Warda Mohamed, 「Femmes arabes, l'égalité bafouée 평등권을 우롱당하는 아랍 여성들」, 〈르몽드 디플로마티크〉 프랑스어판 2014년 1월호 · 한국어판 2013년 12월호.
6 Arvonne Fraser, 『She's No Lady : Politics, Family, and International Feminism』, Nodin Press, Minneapolis, 2007년.
7 Neil Genzlinger, 'Arvonne Fraser, who spoke out on women's issues, dies at 92', 〈뉴욕타임스〉, 2018년 8월 10일.
8 'A death in the field', 〈Savage Minds〉, 2015년 1월 8일. http://savageminds.org.
9 'The youngest partisan', 〈Jacobin〉, 2017년 1월 12일, www.jacobinmag.com.
10 'Freedom fighter and politician Mama Chibesa Kankasa has died', 〈Lusaka Times〉, 2018년 10월 29일.

카이엘 /// 〈정화〉, 2021

박성아 /// 〈위안〉, 2021

02

'보이지
않는 손'들이
판을 뒤엎다

어떤 여성들은 가정이라는 그늘진 사적인 공간에, 또 어떤 여성들은 한낮의 공적 공간 속에 자리하고 있다. 이 거대한 분리는 21세기 들어 다소 과장되어 보일 수도 있다. 그러나 지난 수십 년간 사회적 변화에도 불구하고 그 의미는 여전히 유효하다. 전 세계적으로 여성들의 유급 노동 참여는 증가했지만, 그에 비례하여 가사노동의 상당 부분이 가장 가난한 여성들, 특히 이주 여성들에게 떠넘겨졌다. 그들은 낮은 임금과 불안정한 일자리에 내몰리며, 현대 사회에서 새로운 프롤레타리아트의 얼굴이 되어가고 있다.

재평가되는 선사시대 여성의 공헌

마릴렌 파투마티스 Marylène Patou-Mathis

프랑스 국립과학원 연구소장, 국립자연사박물관 인간환경부 소속.
『L'homme préhistorique est aussi une femme. Une histoire de l'invisibilité des femmes 선사시대 인간은 여성이기도 하다.
여성 은폐의 역사』(Allary Éditions, 2020년)의 저자. 본문은 이 책에서 발췌했다.

만약 여성 선조들이 라스코 동굴 벽화를 그리고, 들소를 사냥하며, 도구를 만들고 다듬었다면 어땠을까? 초기 선사시대 연구자들은 19세기의 가부장제와 그 '신성한 질서'를 연구 대상에 그대로 투영했다. 그 결과 선사시대에도 여성이 남성보다 열등한 지위에 있었다는 신화를 만들어냈다. 그러나 이제는 과학적 접근을 통해 이러한 전제를 벗어나, 인류 진화의 과정에서 '제2의 성'이라 불려온 여성의 역할을 새롭게 조명해볼 필요가 있다.

구석기 시대에 여성이 남성보다 사회적 지위가 낮았다는 가설을 뒷받침할 만한 고고학적 증거는 존재하지 않는다. 오히려 고고학자들 가운데는 여성의 조형물이 다양하게 나타난다는 점에 주목하여, 신앙의 중심에 있던 여성들이 당시 사회에서도 높은 지위에 있었을 것이라고 시사하기도 한다.[1] 그러나 일부 사례에서 그러한 점이 확인될 수도 있지만, 그렇다고 여성의 높은 지위가 단지 신앙적 이유에서만 가능했을 것이라는 논거는 다시 생각해볼 필요가 있다. 당대 사회가 모계사회, 더 나아가 모권사회였다는 견해를 지지하는 연구자들도 있다.

일반적으로 '모권사회'와 '모계사회'는 혼동되기 쉽다. 모권사회는 여성이 사회적·법률적 권한을 가지는 체제를 의미하고, 모계사회는 어머니를 중심으로 혈통이 이어지는 사회 구조다. 어원적으로 살펴보면, 그리스어 'arkhein'은 '지도하다', '지배하다'를 뜻하며, '모권'이라는 개념에는 여성의 지배가 내포돼 있다. 지배적인 여성과 그 후손을 중심으로 서열이 형성되는 구조는 여러 동물 종, 특히 인간과 유사한 영장류인 보노보 등에서도 관찰된다.

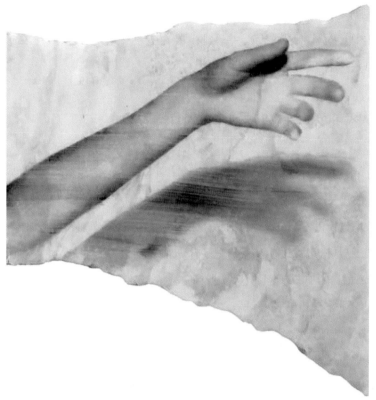

◀ 앨리스 구타르드 ///
〈손의 그림자〉, 2018

　중국 윈난성 외딴 계곡에 거주하는 티베트계 소수민족인 모쒀(摩梭)족은 1990년대까지 모권사회의 특성을 유지했지만,[2] 현재는 그러한 제도가 거의 사라졌다. 그럼에도 전 세계에는 수많은 모계중심 사회가 존재했고, 지금도 일부는 여전히 그 체계를 이어가고 있다.

　고대 이래 대부분의 문명에서 남성은 여성보다 우월한 경제적 · 사회적 권력을 누려왔다. 많은 전문가는 인류의 기원부터 사회가 남성 중심이었을 것이라고 단언한다. 이들은 19세기 사상가들이 제기한 '부권제 이전의 모권제'라는 주장에 대해서도 강하게 반박한다.

　선사시대 사회에 모권제가 존재했는지에 대한 논의는 150여 년 전부터 이어져 왔으며, 오늘날까지도 찬반양론이 팽팽하게 맞서고 있다. '본원적인 형태의 모권제'는 신화에 불과하다고 보는 견해가 여전히 우세하지만, 신석기 시대부터, 부권제가 자리 잡기 전까지 일정 기간 모권적 질서가 실재했다고 주장하는 학자들도 존재한다.[3]

선사시대 인도 유럽은 모계 중심 사회였나?

씨족 사회의 혼거(混居) 특성상 아이의 생물학적 아버지를 확실히 알 수 없었기에, 혈통은 어머니를 통해 확인할 수밖에 없었다. 폴란드의 인류학자 브로니스와프 말리노프스키(1884~1942)와 스위스의 법률가 요한 바흐오펜(1815~1887)은 초기 인류 사회에서 모계 혈족이 중심적 역할을 했다고 보았다. 바흐오펜은 1861년부터 고대 신화와 여행기, 특히 북아메리카 식민지였던 누벨 프랑스(현 캐나다)로 선교를 떠난 예수회 수도사 조제프 프랑수아 라피토의 기행문을 참고해, 선사시대는 모권이 작동하는 '여성 권력의 시대'였다고 주장했다. 그는 여성들이 '고귀한 여신'에 대한 숭배를 중심으로, 모성의 '신비'를 활용해 부족을 조직하고, 권력을 어머니로부터 딸에게 계승했을 것이라 설명했다.

원시 시대에 모권제가 존재했거나, 최소한 사회적으로 남녀가 평등한 구조가 형성되었을 가능성은 19세기 말 많은 인류학자와 철학자들에 의해 제기된 바 있다. 이들은 경제의 중심축이 포식(수렵·채집)에서 생산(농업·축산)으로 이동하면서 남성이 점차 권력을 쥐고 부계 혈족 중심의 사회와 부권제를 정착시켰다고 보았다. 이러한 관점은 일부 인류학자들의 연구를 통해 20세기 초까지 이어졌고, 1930년대 이후 다시 주목을 받기 시작했다.

선사시대 사회의 구조는 시간의 흐름에 따라 변화했을 것이다. 씨족 중심의 사회에서 정착형 '가모장제(家母長制, Matriarchy. 가정이나 사회의 중심 권력이 여성, 특히 어머니에게 집중되는 사회 체계-역주)'로, 다시 유목 생활이 부부 중심 가족제로 발전했다는 가설도 제시되었다. 러시아 고고학자 표트르 에피멘코가 주장한 이러한 선형적 계보는 몇 가지 오류로 인해 오늘날에는 폐기된 상태다.

30년 후, 청동기 시대(기원전 2200년~기원전 800년)를 전문적으로 연구한 고고학자 마리야 김부타스는, 선사시대 인도·유럽 사회가 여성 중심(모계) 사회였다고 주장했다.[4] 그녀에 따르면 이러한 사회는 약 2만 7,000년 동안 지속되었으나, 기원전 약 3,000년 무렵 중앙아시아 스텝 지대에서 유목 민족들이 등장하면서 점차 사라지게 되었다.

바위에 인공 동굴을 만들어 고인을 매장하는 전통을 가진 '지하' 지중해 문명 또한 모계 혈족 사회로 분류되며, 기원전 3500년경 자취를 감춘 것으로 보인다. 김부타스는 기마 민족들이 이들 모계 사회의 원주민들에게 부권 중심의 호전적인 체제를 강요했을 것이라고 설명했다.

그러나 이 가설은 학계에서 여전히 논란이 되고 있다. 가장 큰 반론의 근거는, 무기와 성벽의 잔해 등을 분석할 때, 기마 민족들의 침략 이전부터 이미 해당 사회가 방어 체계를 갖추고 있었으며, 전쟁보다는 상대적으로 평화로운 방식으로 세력을 확장한 것으로 보인다는 점이다.

재산이 확대되면서 남성의 비중이 커져

1980~1990년대부터 일부 미국 역사학자들은 선사시대 사회가 모계 혈족 중심이었으며, 가부장제 사회보다 훨씬 평등하고 평화로웠고, 위계질서도 덜 강조되었다고 주장했다. 그러나 이러한 주장에 반대하는 연구자들도 적지 않았다. 이들 대부분은 모권사회에 대한 서술이, 양성 간 지배나 우열이 존재하지 않았던 '황금시대'를 상상하는 낭만주의적 시각에서 비롯된 '기발한 신화적 상상물'에 불과하다고 보았다.[5] 프랑스의 역사인류학자 에마뉘엘 토드 또한, 바흐오펜이 주장한 '여성 권력의 정치'는 환상이라며, 오히려 "여성의 지위는 모계 혈족사회보다 혈족 구분이 없는 사회 제도 안에서 더 높았다"[6] 라고 지적했다. 이는 곧, '본원적인 형태의 모권제'는 신화에 지나지 않는다는 주장을 뒷받침한다.

모권제를 비판하는 이들은, 경제적·사회적으로 평등한 전통 사회라 해도 남녀 간 관계는 여전히 불평등했다는 사례들을 들어 이를 반박한다. 하지만 모권제를 옹호하는 연구자들 역시, 현존하는 또는 과거의 다양한 민족/집단에 대한 현지 조사와 사례 연구(즉, 에스노그래피)를 바탕으로 그 가능성을 주장해왔다. 그런 사회가 압도적으로 많았는지는 확언할 수 없지만, 남아프리카의 '산족'(예전에 부시맨으로 불렸던, 남아프리카의 수렵·채집 민족으로, 평등한 성 역할과 공동체 중심의 비위계적 사회 구조를 유지해온 것으로 알려져 있다. 인류 초기 사회 구조를 이해하는 데 중요한 사례로 인류학자들의 주목을 받는다-역주) 처럼 양성 간 권력이 비교적 균형을 이룬 사회가 실제로 존재했다는 점은 부정할 수 없는 증거로 남아 있다.

모권제는 존재한 적이 없다!"는 선언이 실린 1992년 11월호 전문지 〈역사〉는, 왜 많은 연구자들이 가부장제가 처음부터 인류 사회의 본원적 형태가 아니었을 수도 있다는 가능성, 그리고 수렵·채집 사회가 시대 변화나 경제적 이유로 점차 가부장제로 바뀌었을 가능성을 충분히 검토하지 않는지를 되묻게 한다.

인류가 정주 생활을 시작하고 채소를 재배하며 가축을 기르기 시작하면서, 구석기 사회에서는 거의 존재하지 않았던 '재산'이라는 개념이 생겨났다. 그에 따라 이 재산을 지키는 역할이 필요해졌고, 이 역할은 신체적으로 더 강하거나 그렇게 인식된 남성에게 주어졌다. 이후 점차 남성들은 수확물과 가축 떼를 소유하게 되었고, 그것을 자녀에게 물려주기 위해 부계 중심의 사회 구조를 형성했을 것으로 추정된다.

올리비아 가잘레, "양성 간 질서를 최초로 전복시킨 것은 남성"

인류학자 클로드 레비스트로스는 『친권의 기본 구조』(1949)에서, 부권이 확대되면서 자녀의 소속과 통제권이 점차 아버지에게로 이양되었다고 주장했다. 이러한 현상은 사회가 체계화되는 과정에서 나타난 변화였다. 혈통에서 중시되는 기준이 어머니에서 아버지로 바뀌면서, 부권 사회의 등장은 시간문제였다고 볼 수 있다.

따라서 신석기 시대에 관찰되는 경제적·사회적 변화는 남성과 여성 간의 관계를 크게 뒤흔들었을 가능성이 크다. 철학자 올리비아 가잘레의 지적대로, 어쩌면 이 관계 전복의 시점이 바로 가부장제 사회의 출발점이었을지도 모른다. 이와 관련하여 그녀는 다음과 같이 말했다.

"양성 간 질서를 최초로 전복시킨 것은 여성이 아니라 남성이었다. 여성들의 권리와 자유가 훨씬 더 방대하고, 여성성이 존중받고 신성시되던 공존의 세계가 막을 내리면서, 여성을 열등한 존재로 여기고 속박하며 권력을 빼앗는 남성 중심의 세계가 구축되었다. 새로운 문명이 시작되면서 남성성이 우월하다는 서사가 등장했고, 그 서사는 이후 신화(이미지와 상징), 형이상학(개념), 종교(신의 법), 과학(생리학) 등을 통해 세기를 거듭하며 공고히 다져졌다."[7]

사회주의 철학자 겸 경제학자였던 프리드리히 엥겔스는 1884년에 발표한 저작에서, 모계 혈통보다 부계 혈통이 점차 중시되면서 여성들이 지배받는 존재로 전락하게 되었으며, 이러한 모권의 전복을 "여성의 역사적 참패"라고 규정했다.[8] 그로부터 120여 년이 지난 후, 에마뉘엘 토드 역시 부계 우선 원칙이 복잡한 가족 형태를 발전시키며 유라시아 전역으로 확산되었다고 지적했다.

여성, 신석기 시대 초창기 농업사회를 일궈

이는 곧 이전에는 다른 형태의 혈통 원칙이 존재했음을 의미하며, 그 변화의 반작용으로 여성의 지위는 하락했고, 문화 전승에서 여성의 역할 역시 점차 축소되었다는 해석이다. 모권제가 드문 이유 또한 남성 지배 구조의 보편화로 설명할 수 있다. 그리고 폭력적인 형태로 드러나는 여성의 복종은 단순한 문화적 요소가 아니라, 성별에 따라 분화된 노동 구조가 낳은 결과라는 분석도 가능하다.

구석기 시대 사회에서 아이를 낳아 기르는 여성은 씨족의 영속에 있어 중요한 역할을 맡았다. 아이의 친부를 확신할 수 없었기에, 모계혈통만은 분명했다. 여성들은 경제적 주체로서 매우 다양한 활동을 했으며, 아마도 남성과 동등한 사회적 지위를 가졌고, 상징적인 가정의 영역에서는 남성보다 더 높은 지위를 누렸을 것이라 짐작할 수 있다.

그 근거로는 구석기시대 미술에서 여성의 재현이 중심을 차지하고 있다는 점을 들 수 있다. 상식적으로, 이들 사회에서 양성 관계가 평등했다면, 여성이 지배하는 모권제 사회나 남성이 지배하는 부권제 사회가 존재했다고 단정할 만한 단서는 없다. 모계혈통 대신 부계혈통이 우선시되기 시작한 계기는 신석기시대에 등장했을 가능성이 있지만, 일부 지역에서는 모계사회가 여전히 존재했다.

신석기 시대 초기의 농업사회는 여성이 중심이 되어 형성했다.[9] 여성들은 채소를 가꾸고 괭이와 맷돌 등 농기구를 만들어냈다. 기원전 6000년경, 식량이 풍부해지고 마을이 생기면서 인구가 급격히 늘었고, 정착 사회가 본격화되었다. 이후 목축과 개간 기술이 발전하며 남성들이 점차 농업을 주도하게 되었고, 여성은 가사노동에 더 집중하게 되었을 것이다. 재산 축적이 가능해지면서 남성의 사회적 지위는 더욱 강화되었고, 이는 엘리트와 군인 같은 특권 계층의 등장, 성별 역할 분담의 고착화, 부계 중심 문화와 시집살이 확대로 이어졌다.

여성, 인류 진화 과정에서 중요한 역할을 해내

사회에서 여성의 입지를 전복시킨 이런 변혁은 기원전 5000년부터 부장품 구성에서 감지되기 시작했고(성별 간 차이가 심화되었고, 여성의 부장품은 남성의 것보다 품목이 적었다) 여성 유해(遺骸)의 상태에서도 이 점이 드러났다. 무거운 짐 지기, 잦은 임신 등 고된 육체노동으로 인한 질병뿐만 아니라 저단백 식단(전분질 식품과 채소 위주의 식단으로 충치가 더 많았다)으로 인한 영양결핍, 폭력으로 인한 외상 흔적 등이 여성에게 더 많았다.

다만 모든 여성이 이에 해당되지는 않는다. 호사스럽게 치장을 하고 질병이나 상흔이 거의 없는 여성의 묘도 있다.[10] 당시 여성들의 상황은 사회적 지위에 따라 차이가 컸던 것으로 보인다.

150년이 넘는 시간 동안, 선사 시대의 유물은 당대 여성들의 존재, 특히 경제 영역에서의 영향력을 과소평가하는 방식으로 해석되어 왔다. 그러나 최근 새롭게 발굴된 유물들은 인류 진화 과정에서 여성 또한 남성 못지않게 중요한 역할을 수행했음을 보여주고 있다.

글 · 마릴렌 파투마티스 Marylène Patou-Mathis

1 Piotr Efimenko, 『La société primitive 원시사회』(1953); Claudine Cohen, 『La moitié "invisible" de l'humanité préhistorique 선사시대 인류의 '보이지 않는' 반쪽』 colloque Mnemosyne, Lyon, IUFM, 2005.

2 Cai Hua, 『Une société sans père ni mari. Les Na de Chine 아버지도 남편도 없는 사회, 중국의 모쒀족』, PUF, Paris, 1997.

3 Ernest Borneman, 『Le Patriarcat(Perspectives critiques) 부권제 사회(비판적 전망)』, PUF, 1979.

4 Marijas Gimbutas, 『Bronze Age Cultures of Central and Eastern Europe』, De Gruyter Mouton, 1965

5 Cynthia Eller, 『The Myth of Matriarchal Prehistory. Why an Invented Past Will Not give Women a Future』, Beacon Press, Boston, 2000.

6 Emmanuel Todd, 『L'origine des systèmes familiaux, tome I : L'Eurasie 가족 제도의 기원, 1권: 유라시아』, Gallimard, Paris, 2011.

7 Olivia Gazalé, 『Le Mythe de la virilité 남성성의 신화』, Robert Laffont, Paris, 2017.

8 Friedrich Engels, 『L'origine de la famille, de la propriété privée et de l'État 가족, 사유재산, 국가의 기원』, 1884.

9 Jacques Cauvin, 『Naissance des divinités, naissance de l'agriculture : la révolution des symboles au néolithique 신성의 탄생, 농업의 발생: 신석기 시대 상징의 혁명』, Flammarion, Paris, 1998.

10 Anne Augereau, 「La condition des femmes aux néolithiques. Pour une approche du genre dans le Néolithique européen 신석기 시대 여성의 조건, 유럽 신석기 시대의 젠더 접근」, 박사학위 지도자격 심사 논문, 국립예술사연구소, 2019년 1월 28일.

인도의 가사도우미 폭동, 이례적인 사회적 파장

쥘리앙 브리고 Julien Brygo

〈르몽드〉 특파원. 『Boulots de merde ! Du cireur au trader 망할 놈의 직업: 구두닦이에서부터 트레이더까지』를
올리비에 시랑과 공동으로 저술했다. 『Enquête sur l'utilité et la nuisance sociales des métiers
직업의 유용성과 사회적 뉘앙스에 관한 설문조사』(La Découverte, Paris, 2016)의 저자.

"그들은 날 쓰레기통에 버리겠다고 위협했어요"

인도의 가사도우미들은 이제 백만장자들뿐 아니라 늘어나는 신흥 중산층 가정을 위해서도 일하고 있다. 이들 대부분은 빈곤한 농촌지역 출신이며, 실질적인 노동권이나 사회적 보호를 거의 누리지 못한 채 일하고 있다. 그런 가운데 가사도우미의 수는 점점 더 증가하는 추세다. 이들이 고용주에 맞서 저항하는 일은 드물지만, 2017년 7월 저녁, 일부 가사도우미들이 분연히 일어섰다. 이 사건 이후, 일부 고용주들은 가사도우미 채용 시 보다 안전하고 법적으로 관리되는 용역 업체와 계약을 고려하고 있다.

'그 사건'이 일어난 지 한 달이 지났다. 어린 원숭이들과 다람쥐들이 끽끽거리며 뛰놀고, 노을로 붉게 물든 하늘 위로 새 떼가 날아오르는 한 공원에서 조흐라 비비[1]는 그날의 일이 어떻게 벌어졌는지를 회상했다.

그날, 조흐라는 평소처럼 고용주의 집에 도착했지만, 도착하자마자 따귀를 맞고 황급히 도망쳤다. 그러나 곧 붙잡혀 휴대폰도 빼앗긴 채, 고용주의 고급 아파트에 밤새도록 갇혀 있어야 했다. 그리고 날이 채 밝기도 전에, 그의 동료 가사도우미들은 복수를 외치며 몽둥이와 돌을 들고 고용주의 아파트로 들이닥쳤다. 만 29세의 조흐라 비비는 인도 뉴델리 외곽도시 노이다의 21개 동 고급 아파트 단지에서 일하는 5백여 명의 가사도우미 중 한 명이다. 2017년 7월 12일, 조

▲ 쥘리앙 브리고 /// 〈인도 가사도우미의 노동운동〉, 2017

흐라는 고용주 하르슈 세티의 집에 갔다.

"나는 매일 새벽 5시 반이면 일어나 고용주의 집에 7시 전에 도착해 그들의 아침 식사를 차려준다. 우리 가사도우미들은 '사모님'들의 가사를 대신해 그들의 시간을 상당 부분 절약해준다. 8가구를 돌며 가사도우미로 일하고 있는데, 한 달에 약 1만 7천 루피(한화 약 30만 원)를 받는다. 이 일을 12년 전부터 해왔다. 큰아들과 남편, 그리고 내가 벽돌공으로 일하며 이 고급 아파트, '마하군 모던' 단지 건설에 참여했다. 이 아파트 입주가 완료됐을 때, 나는 단지로 들어가서 주민들에게 나를 가사도우미로 채용해달라고 했다."

전례 없는 '가사도우미 폭동'에 경악한 인도 부유층

그해 7월 13일 이후 경찰 수배 중이던 조흐라 비비와 그의 남편 압둘은 노조원이 7천 명에 달하는 비등록 노조 '가렐루 캄가르 유니언(GKU)'이 소유한, 노이다 시에서 멀리 떨어진 비밀 아파트에 숨었다. 7월 12일과 13일 밤, 경찰은 조흐라 비비의 남편의 요청에 따라 하르슈 세티의 자택을 방문했다. 아내를 찾지 못한 남편 압둘은 다음 날 새벽, 동료 도우미들과 이웃에게 이 사실을 알렸고, 결국 전례 없는 규모의 집단행동으로 인도의 부유층을 경악시켰다.

'불필요한 문제를 피하고자 힌두교도의 행색을 하기 위해' 주황색 쿠르타(인도의 전통의상) 를 입고 두 손은 깍지를 낀 채, 가르마에는 주황색 가루를 뿌린 조흐라 비비는 인구 대부분이 이슬람교도인 서부 벵갈 지역에서 대도시로 이주한 수만 명의 주민 중 한 명이다.

수도권 지역인 노이다 시에는 콘크리트로 쌓아 올린 마천루들이 밝은 미래를 향한 약속처럼 하늘을 향해 끝없이 솟아오르고 있다. 냉방이 완비된 시원한 공기, 초고속 인터넷, 올림픽 규정에 맞춘 현대식 수영장, 그리고 개인 경비원과 가사도우미들이 곳곳에 배치되어 있다. 델리의 과열된 부동산 시장과 인구과밀에서 벗어나 이주해 온 프리랜서, 고위 간부, 유력 인사, 의사, 변호사 등으로 이루어진 폭넓은 '중산층'이, 바로 이 고층 건물처럼 인도의 '글로벌 클래스'라는 꿈을 현실로 구현하고 있었다.

미국 〈포브스〉지에 따르면, 2016년 인도에는 억만장자가 총 101명으로, 미국, 중국, 독일에 이어 네 번째로 많았다. 그러나 이 외곽 지역의 고급 아파트 단지는 초부유층만을 위한 공간은 아니다. 서구식 라이프스타일에 매력을 느낀 부유층이 선호하는 곳이기도 했다.

'로마노 아파트'는 "노이다에 사세요, 로마의 향취를 느끼세요"라는 광고를 내걸었고, '제이피 그린 리조트'는 "또 다른 공간, 또 다른 세상"이라는 슬로건으로 홍보했다. 그리고 이 고급 리조트 단지의 발치에는, 슬레이트로 지은 판잣집에 모여 사는 가사도우미들의 거주지가 자리하고 있었다.

마하군 모던의 (맨해튼, 베네치아, 에테르니아 등) 여러 동 그리고 테니스 코트, 그늘진 정원, 미니 골프 코스 등 대리석을 바른 환상의 경관 속에서 그해 7월 13일의 아침은 다른 날들과 전혀 다를 바가 없었다. '사모님'들이 아이들을 학교에 데려다주거나 요가수업에 갈 준비를 하는 동안, 남편들은 스마트폰으로 올라나 우버 택시기사들을 불러 델리로 출근할 준비를 했다. 사모님들이 집 청소를 가사도우미들의 빗자루에 맡기는, 여느 날과 다를 게 없어 보이는 아침이었다. 그러나 이날은 달랐다. 건설노동자, 인력거꾼, 채소 장수 등 빈민촌의 이웃과 수백 명의 가사도우미들이 그들의 남편들까지 동원해 아파트 단지의 문을 부수고 들이닥친 것이다. 이들의 목표는 위험에 처한 조흐라 비비를 구출하는 것이었으나, 이 시도는 순식간에 '폭동'으로 변모했다.

'시간 외 수당'을 요구하러 갔을 뿐인데…

고용주의 집에서 사건이 일어난 그 시각, 조흐라 비비는 모호한 태도를 보였다. 바로 그날 집주인, 아파트 주민들, 그리고 마하군 관리사무소는 각각 '폭동' '사유물 손상' '살인미수' 등의 혐의로 그녀를 신고했다. 반면, 조흐라의 남편이 집주인 세티가 자신의 아내를 '감금'했다는 혐의로 낸 신고는 '폭동'이 일어난 지 10일 후 불기소 처분됐다.

"나는 단지 그날, 약 700루피(한화 약 1만 2천 원)의 미지급 급여를 받으러 갔을 뿐이다. 그런데, 고용주인 세티 여사가 내 따귀를 때리고 밀친 후 '쓰레기통에 던져버리겠다'고 위협했다. 나는 내 근무시간을 초과해서 했던 세탁에 대한 보수를 요구했을 뿐이다. 그런데, 세티는 '훔쳐 간 1만 7천 루피를 내놓으라'며 소리를 질렀다. 나는 아무것도 훔치지 않았다. 세티는 내 얼굴을 몇 차례 때린 후, 나를 경비원에게 신고했다. 그리고 내가 가사도우미로서 다른 가정에서 하는 일도 못 하게 하겠다고 했다. 나는 밤새도록 마하군 모던 아파트에 갇혀 있었고, 새벽이 되어 경비원이 와서야 풀려날 수 있었다."

여태껏 인도의 상류계급은 이토록 많은 도우미들이 집단행동을 하는 것을 본 적이 없었다. 주민 산디아 굽타 여사는 〈뉴욕 타임스〉의 기자에게 이렇게 말했다. "도우미들은 우리 목 속의

가시 같다. 삼킬 수도, 뱉어낼 수도 없는 그런 존재다."²

폭동이 일어난 지 한 달이 지난 어느 날, 나는 마하군 모던 아파트의 안내소를 찾았다. 햇살이 환히 들어오는 안내소 벽에는 마하군 마에스트로, 마하군 매너, 마하군 맨션 등 10여 개에 이르는 대규모 개발 프로젝트들의 모형과 조감도가 장식돼 있었다.

마하군의 커뮤니케이션 담당자 매니시 판데이는 아파트 단지의 장점을 자랑스럽게 늘어놓았다. "쇼핑센터에는 총 64개의 상점이 입점할 예정입니다. 단지 내에는 초등학교가 있고, 테니스장, 수영장, 농구장, 피트니스 센터 등 여가 시설도 완비돼 있습니다. 이곳에는 약 2,600명이 거주하고 있으며, 전체 부지는 25헥타르 규모입니다. 아파트는 전형적인 형태로, 137제곱미터(약 46평)의 주거공간에 침실, 주방, 거실이 각각 하나씩 있습니다."

그러나 정해진 근무시간도 없이, 쉴 곳조차 없이 아침부터 밤까지 아파트 단지를 오가며 일하는 가사도우미들에 대해 언급하자, 그의 표정이 일순 어두워졌다.

"도우미들을 위한 '하녀 전용 공간'이 없는 건 사실입니다. 하지만, 그게 이 고급 아파트 단지의 명성에 흠이 되는 건 아니지 않겠습니까? 아파트에 대해 부정적인 내용은 쓰지 말아 주세요. 지난달 사건도 언급하지 마시고요. 지금은 모든 것이 원래대로 돌아왔습니다. 우리 쪽 경비원 120명이 상황에 완벽히 대응했습니다."

사건 다음 날, 지역 당국은 이번 '폭동'의 참가자로 추정되는 벵갈 출신 지역민들 소유의 마하군 모던 입구 과채(果菜) 노점상 수십 개를 철거했다. 1만 루피(한화 약 17만 원)의 입주비와 700루피(한화 약 1만 원)의 월세를 지역유지에게 내야 하는 노동자들이 모여 사는 빈민촌에서는 58명의 남성이 체포되고 폭행당했으며, 그들의 판잣집은 경찰에 의해 파괴 되었다.³

공동체적 연대의식을 보였던 빈민촌에는 이제 체포나 구금, 혹은 실업에 관한 공포가 자리 잡기 시작했다. 조흐라 비비의 이웃, 아미나 비비는 이렇게 회상했다.

"그날 아침, 우리는 동료를 찾기 위해 모였다. 조흐라 비비에게 무슨 일이 벌어졌는지 아무도 알지 못했다. 경비원들에게 쫓겨나온 조흐라의 창백한 얼굴을 보고서야 우리는 무언가 심상치 않다는 걸 알았다. 조흐라는 그날 밤 아파트 안에 갇힌 채, 여러 차례 폭행을 당한 것이었다."

▲ 쥘리앙 브리고 /// 〈인도 가사도우미의 노동운동〉, 2017

아미나 비비의 남편은 8월 말 현재까지도 여전히 풀려나지 않은 '폭도' 13명 가운데 한 명으로, 노이다에서 차로 몇 시간이나 떨어진 다스나 감옥에 수감 중이다. 재판은 올해 안에 열릴 예정이지만, 그전까지는 가족들은 장기 수감으로 이어지지 않을까 노심초사하며 하루하루를 보내야 할 것이다.

세계 가사도우미 60% 증가, 고용 형태에 변화

2011년, 해당 주제에 관해 최초의 국제 노동협약을 도입한[4] 국제노동기구(ILO)에 의하면,

전 세계 가사도우미의 수는 1995년에서 2011년 사이에 60%나 증가했다. 전 세계 가사노동 시장에서 가장 인기 있는 인력은 필리핀 노동자들이다. 이들은 프랑스를 포함한 유럽 전역에서 20세기 중반까지 존재했던 하녀, 곧 24시간 노동자를 모델로 양성되었기 때문에, 비교적 높은 임금을 받는다. 하지만 인도는 이들을 굳이 수입할 필요가 없다.[5] 인도 대도시의 고급 아파트에서 파트타임으로 일하고 있는 수백만 명의 가사도우미들은 대부분 비하르, 자르칸드, 우타르 프라데시, 아삼, 서벵골 등 낙후된 지방 출신이다. 이 여성들이 도시로 대거 이주한 데에는 빈곤이라는 이유도 있지만, 성대한 결혼식 비용도 주된 원인 중 하나다.

중앙아시아의 경우처럼, 인도에서도 여성의 가족이 지참금뿐만 아니라 결혼 비용 대부분을 부담해야 하기 때문이다.[6] 마하군 모던 단지의 21개 동 중 한 곳. 샤라드는 13층 주방에서 얇게 민 빵 반죽을 자신감 넘치는 손놀림으로 철판 위에 올렸다. 반죽은 타닥타닥 소리를 내며 익어 갔고, 표면에 거품이 솟으며 노릇노릇 먹음직스럽게 부풀어 올랐다. 그렇게 구워진 '차파티'(납작 빵의 일종)는 곧바로 빵 바구니 속으로 들어갔다. 일에 몰두한 샤라드의 얼굴에서는 경계심이 엿보였다. 이 집의 주인 사비타[7]는 "샤라드는 당신들과 말을 섞지 않을 겁니다"라고 단호하게 말했다.

조흐라 비비의 고향인 쿠치 베하르와 말다 지역 출신 가사도우미들은, 이번 사건 이후 이 아파트 단지에서 일할 권리를 박탈당했다. '폭동' 이후, 아파트 관리사무소는 단지 출입이 금지된 가사도우미 140명의 명단을 작성했다. 사비타는 이렇게 덧붙였다. "폭동에 가담한 대부분은 CCTV 영상과 언론 보도를 통해 신원이 확인됐어요. 샤라드는 예외예요. 우리가 그를 계속 고용하겠다는 추천서를 제출했기 때문이죠. 그러니 그에게 말을 걸지 않는 게 좋을 겁니다."

사비타는 대학교수이며, 남편 안슈만 또한 뉴델리에서 영문학을 가르치고 있다. 이 부부는 자신들을 마르크스주의자라고 소개했다. 이들은 이번 사건에서 드러난 착취의 규모보다도, 이슬람교도인 조흐라 비비와 그녀의 동료들을 향해 쏟아지는 수많은 언론 보도와 인터넷 커뮤니티, SNS의 비난에 더 큰 당혹감을 느꼈다고 말했다.

"이 가사도우미들은 방글라데시인이 아니라 인도인입니다. 이들은 투표권과 노동권을 가진 시민들이고, 불법체류자도 아니며, '지하드'(이슬람에서 '신을 위한 노력'이나 '정의로운 투쟁'을 의미하는 개념으로, 내면 수련부터 무장투쟁까지 폭넓게 해석된다. 그러나 서구에서는 종종 테러나 극단주의적 폭력행위와 동일시되기도 한다-역주)를 벌이러 온 것도 아닙니다!"

인도에서 종교 문제는 대단히 민감한 사안인 만큼, 사비타와 안슈만 부부는 조흐라 일행에게 퍼붓는 인종차별적 발언과 혐오 표현에 강한 불쾌감을 드러냈다.

프리드리히 엥겔스, 피에르 부르디외, 프랑수아 미테랑을 언급하던 이들 부부는 GKU 노동운동가 알로크 쿠마르와 함께하는 식사 자리를 마련했고, 쿠마르는 우리를 자신의 숙소로 이끌었다. 샤라드는 거기에 없었다. 안슈만은 "마치 에어컨처럼, 가사도우미들은 사람들의 필요 때문에 여기 있는 것이다. 그들이 없는 삶은 상상하기 어렵다. 씻지 않은 그릇들이 쌓여 있고, 바닥도 더러운 집 풍경은 생각하기도 싫다"라고 솔직하게 말했다.

7월 13일의 '폭동'이 이토록 큰 반향을 얻은 이유는, 인도를 비롯한 전 세계에서 가사도우미들의 집단적 행동이 극히 드물었기 때문이다. 또한, 이제는 인도의 상류층이 자신들과 도우미들 간의 관계를 더는 무시할 수 없는 상황에 놓였기 때문이기도 하다. 과거에는 도우미들이 고용주 가족에 완전히 편입된 상주 형태였다면, 이제는 시간당 급여를 받는 파트 타임의 형태로 바뀌고 있다. 이제 고용주들은 더 이상 상주 도우미를 원하지 않는다. 그들은 단지 집안일을 누군가에게 맡기고 시간과 편안함을 사려고 한다. 안슈만은 가사도우미의 현실을 이렇게 분석했다. "인도의 대도시에는 다른 도시에서 이주해온 가사도우미들이 넘쳐난다. 거의 매일 도우미를 갈아치울 수 있을 만큼 공급이 풍부한 현실이다. 그러니 지속적인 인간관계는 더 이상 성립되지 않는다. 과거에는 고용주 가족이 가족처럼 24시간 상주하는 '하녀'와 함께 생활하고 성장했으나, 이제는 파트타임 도우미를 손쉽게 고용하고 해고 또한 손쉽게 한다. 그야말로 베란다에서 소리쳐 부르기만 하면, 얼마든지 일꾼을 찾을 수 있다. 이런 것이 중산층의 일상이며, 인도인이 살아온 봉건적 문화의 일부를 이룬다."

베란다에서 소리쳐 불러서 고용할 수도 있지만, 도우미를 고용하는 데 가장 많이 쓰이는 방법은 '왓츠앱'이라는 애플리케이션이다. 이 앱은 스마트폰을 통해 서로 긴밀히 연결된 2,600명

주민들 간에 일종의 인트라넷을 형성한다. 이름, 업무 능력 등 도우미 관련 정보를 공유하는 일종의 커뮤니티인 것이다.

버스도 타기 힘든 박봉, 그리고 폭력

사비타와 안슈만의 월수입은 약 20만 루피(한화 약 350만 원, 인도 평균임금의 약 20배)라고 한다. 이들은 그중 3천 5백 루피(한화 약 6만 원)를 청소 도우미에게 지급하는데, 도우미는 아침과 저녁 1일 2~3시간 집의 먼지를 털고 설거지를 하며 바닥을 닦는다. 요리 도우미는 4천 루피(한화 약 7만 원)를 받는데, 매일 저녁을 준비해 차려놓은 뒤 집을 나선다.

"우리 집 도우미들은 우리가 가사에 할애하는 시간을 줄여주고, 일과 가족과의 생활에 더 집중하게 해준다. 하지만 그들은 임금이 너무 낮아 버스요금도 부담스러워 한다."

그럼, 이들 부부가 임금을 더 주면 될 일 아닌가? 하지만 그들은 여러 차례 강조한다. 자신들이 도우미들에게 주는 급여는 서부 벵갈의 평균임금보다 '이미' 5배가 높다는 것이다. 이런 논거는 도우미의 박봉에 대한 고용주의 자책을 가라앉히는 데 도움을 준다. 가사노동에서부터 IT서비스에 이르기까지, 비서직에서부터 수많은 분야에 이르기까지, 인도의 노동자들은 양측이 비공식 합의로 협상하는 데 익숙하다.

13억 인구를 자랑하는 인도의 노동시장은 약 80%가 비공식적 경로에 의존하며, 가사노동 하청은 인도 사회의 엔진을 돌리는 윤활유 같은 존재다. 대부분 하층 카스트 출신인 가사도우미들은 그들의 구체적인 권리에 대해 법적 보호를 받지 못하고 있다. 인도 통계청 조사에 의하면, 이 가사도우미들의 숫자는 450만 명에 달하며 그중 3백만 명이 여성이다.

그러나 노동조합과 인권단체는 이 숫자를 2천만으로 추정하고 있는데, 만일 그 추정이 맞다면 인도는 세계 제1위의 가사노동자 보유국인 셈이다. 2014년 여성아동부의 어느 조사에 의하면 3,511명의 가사노동자가 폭행 혐의로 자신의 고용주를 고소했다. 3,511명. 이 숫자 이면에는 감히 고용주를 고발할 엄두도 못 내는 수만 명의 여성이 숨어 있으며,[8] 가장 극단적인 폭력

만이 침묵을 깬다고 볼 수 있다.

일례로 2017년 3월 10일, 노이다와 비슷한 규모의 위성도시 구르가온에서 란지타 브라흐마라는 17세 소녀가 고급 아파트 칼튼 에스테이트 11층 베란다에서 바깥으로 추락사했다. 뱅크 오브 아메리카 메릴린치 인도 부지사장의 아내 소날 메흐타가 란지타를 밀친 것이다. 법의학 감식에서 수많은 얼굴 상처가 지적됐음에도, 지역 수사관들은 자살이 유력하다고 판단했다.[9] 자살교사(인도 형법 306조)에 관한 잠재적인 소송일자는 아직 잡히지도 않았다.

"이런 고급 아파트 단지에서는 이런 사건이 비일비재하다. 피해자는 언제나 경찰과 고용주에게 약자인 이주여성들"이라고 안슈만은 지적했다. "지난 7월 13일 사건은 이념적인 것이 아니다. 일부 고용주의 악의에 대한 반응일 뿐이다."

한편 노동운동가 쿠마르는 그와 다른 의견을 표명했다.

"이들의 폭동은 완전히 이념적이다. 가사노동자들, 요리사들, 나아가 일부 진보적 고용주들 간의 동맹을 구축해 임금인상과 불공정한 보복, 일상의 폭력을 척결하고자 싸웠다는 점에서 그렇다. 사회적 투쟁은 언제나 이렇게, 자신의 밥줄을 지키겠다는 것 외에 특별한 구호 없이 시작된다. 중요한 것은 동료들끼리 합심하고 협력해서 그들의 권리를 위해 투쟁했다는 점이다. 제대로 된 권리가 없는 만큼 동등한 권리를 갖기 위해서가 아니라 인간으로서의 권리, 그리고 노동자로서의 권리를 위해 투쟁했다. 우리 노조는 대치 상황이 끝난 후에 도착했다. 이들의 운동을 조직화하고, 이들을 또 다른 투쟁에 연결하며, 특히 조흐라 비비와 그의 남편, 투옥된 13명의 시위 참가자처럼 언론에 가장 많이 노출된 사람들을 보호해주기 위해서다."

"CCTV를 설치해 가사도우미를 감시하라"

한 통신회사 간부인 아눕 메호로트라는, 가사도우미를 고용하는 이들의 입장을 대변하며 인터뷰에 응했다. 응접실에서 우리를 맞이한 그는 고용주들 사이에 널리 퍼져 있는 감정을 드러냈다. "그 사건은 계급 간의 충돌이 아니라 단순한 범죄 공모입니다. 누군가가 조직한 공격이었어요. 하루아침에 어떻게 수백 명이 모일 수 있겠습니까? 이 모든 걸 계획한 배후가 따로 있습니다. 누군가가 폭도들을 끌어모으고, 이들을 부추겼어요. 그들은 대화를 하려는 마음도 없었고, 진실을 알고 싶어 하지도 않았습니다. 그저 한 가족을 해치려 한 겁니다. 그 정도로 상황은 심각했습니다."

노이다 시에서 폭력 사건이 언론의 주목을 받은 것은 이번이 처음이 아니다. 지난 십여 년간 가장 크게 보도된 사건은, 2008년 이탈리아 자동차 부품업체 MNC 그라치아노 트라스미시오니 인도 지사장 랄리트 키쇼르 차드하리의 피살 사건이었다. 차드하리는 해고를 통보받은 노동자 200명이 일으킨 폭동에서 몽둥이에 맞아 숨졌다.

델리의 한 병원에서 간부로 일하는 자그지트 싱은 고개를 끄덕이며 말했다. "자신을 증오하는 가사도우미를 왜 아침저녁으로 집에 들이고, 밥을 짓게 하고 설거지를 시키겠습니까? 저는 저를 고용하는 사람을 미워할 수 없을 것 같아요. 그렇다면 그 일을 그만두는 게 맞죠. 어쨌든, 예정대로라면 작게 끝났을 일이 이렇게 거대한 불길로 번지고 말았습니다."

고용주들은 경찰을 비롯한 사회 각계각층의 전폭적인 지원을 받았다. 경찰은 주민들, 그리고 중앙당국과 협력해 '신뢰 향상' 회합을 주최했다. 2017년 7월 16일에는 나렌드라 모디 행정부의 문화부 장관이자, 반이슬람 반유대 반서구 발언으로 악명 높은 마헤시 샤르마[10]가 현장을 찾았다. 그는 폭동에 가담한 이들이 인도 사회에서 철저히 배제될 것이라고 단언했다.

"세티 가족은 무고합니다. 그들에게는 어떤 의혹도 없습니다. 폭동을 일으킨 무리는 이 가족을 해치고, 심지어 살해하려고 모인 것입니다. 저는 그들이 향후 몇 년간 보석으로 절대 석방되지 않도록 개인적으로 확실한 조치를 취하겠습니다. 우리는 세티 가족의 이름으로, 이 일에 모든 힘을 다할 것입니다."[11]

그 사건 이후, 마하군 단지의 주민들 사이에서는 새로운 관행이 자리 잡기 시작했다. 병원 간부로 일하는 자그지트 싱은 씁쓸한 표정으로 말했다.

"우리는 식기세척기를 공동 구매했고, 이제는 전문 대행업체에서 인력을 고용합니다. 우리 집에 오는 사람들에게 일을 주는 건 괜찮지만, 그들과 어떤 관계도 맺지 않을 겁니다. 이름도 알 필요 없고, 차 한 잔도 내줄 생각 없습니다. 꼭, 미국처럼 말이죠."

이처럼 완벽한 하청제도로의 전환은 인터뷰에 응한 조호라 비비의 고용주 세티 여사가 이미 결심한 바이기도 했다. 사건이 벌어진 날, 세티 여사의 집은 산산이 깨진 유리창, 엉망이 된 주방 가구, 수십 명의 가사도우미들이 침범한 베란다로 난장판이 됐다. 초등학교 교사로 일하고 있는 세티 여사는 여전히 그 끔찍한 기억에서 벗어나지 못하고 있었다.

"그날 나는 정말 죽는 줄 알았어요. 학교에서는 학생들에게 올바른 가치와 도덕, 그리고 내면의 기쁨에 대해 가르칩니다. 나는 본래 매우 긍정적인 사람이지만, 이 일을 겪고 나서 인류에 대해 부정적인 시선을 갖게 됐습니다."

그 사건 이후, 세티 여사는 더 이상 지인을 통해 가사도우미를 채용하지 않고, '미국식' 청소업체인 '저스트클린'을 이용하고 있다. 그녀는 가사도우미들에 대한 분노를 숨기지 않았다.

"그들은 다정한 언어를 이해하지 못하며, 매정하다. 우리도 힘들게 일하는 사람들이다. 누가 그들에게 우리를 죽일 권리를 줬나? 그들은 큰 돌멩이와 쇠몽둥이를 들고 왔고, 우리는 45분간 화장실 안에서 문을 잠그고 있어야 했다. 그들은 나를 죽이고 강간하려 했다. 아예 작정하고 범죄를 저지르려는 사람들은 그 누구도 막을 수 없다. 그게 바로 프랑스나 바르셀로나에서 벌어졌던, 그 어떤 끔찍한 테러와 같은 일이 아니겠는가? 우리에게는 경비가 있지만, 400명이 한꺼번에 문 앞에 몰려들면 아무것도 할 수 없다."

폭동의 주범이 방글라데시인이며 지하디스트(이슬람 극단주의 무장 조직원)일 수 있다는 가능성에 관심이 쏠린 가운데(그러나 우리가 만났던 고용주들은 이 같은 가능성을 완전히 반박했다), 마하군 모던의 충돌사건은 인도의 상당수 아파트 단지에 큰 반향을 일으켰다. 지난 7월 22일에는 첸나이(과거 이름은 마드라스)에서 50여 명의 가사도우미들이 조호라 비비와 연대 시위를 조직했다. 또한 기자 아카시 조시는 이런 기사를 작성하기도 했다.

"2017년 7월 30일, 구르가온의 한 고급 아파트 단지 주민들은 임금 상승을 요구하는 가사도우미들의 외침에 잠을 깼다. 그중 한 주민은 집 안에서 꼼짝할 수 없었다며 노이다 사건 이후 신중하게 행동하게 됐다고 밝혔다."[12]

노이다의 또 다른 아파트 관리사무소는 10여 가지의 권유 사항을 작성해 주민들에게 보냈다. 그중에는 "도우미의 전과기록을 확보할 것", "가사도우미를 채용하기 전, 집의 보안상태가 최상인지 확인할 것", "집 안 공동구역에 CCTV를 설치해서 당신의 부재 시에도 도우미의 모든 언행을 녹화할 것" 등이 있다.

인도의 부유층을 중심으로 형성된 비공식 경제사회는, 어쩌면 수많은 장벽과 개인 경비원, 24시간 작동하는 감시 시스템 없이는 성립될 수 없는 구조일지도 모른다.

글 · 쥘리앙 브리고 Julien Brygo

1 인도 서부 뱅갈에서 '비비'는 기혼여성의 이름에 붙이는 호칭이다.
2 Cf. Suhasini Raj, Ellen Barry, 「At a luxury complex in India, the maids and the madams go to war」, 〈뉴욕타임스〉, 2017년 7월 15일 자.
3 Cf. Maya John, Sunita Toppo, Manju Mochhary, 「Noida's domestic workers take on the "madams". A report from ground zero」, 〈Kalifa〉, 2017년 8월 2일, http://kafila.online
4 2011년 6월 16일 가결된 가사노동자 관련 189번 협약은 2014년 9월 5일에 발효됐다. 180개 회원국에서 오직 24개국만 이 협약을 2017년 9월 1일 비준했는데, 여기에는 인도도, 프랑스도 포함되지 않는다.
5 Julien Brygo, 「Profession, domestique 직업, 가사노동」, 〈르몽드 디플로마티크〉 프랑스어판·한국어판 2011년 9월호 참조. 동제목의 다큐멘터리(C-P Productions, 2015)도 참조.
6 Juliette Cleuziou, Isabelle Ohayon, 「Ruineux mariages au Tadjikistan 타지키스탄의 초호화 혼례식」, 〈르몽드 디플로마티크〉 프랑스어판 2017년 8월호, 한국어판 2017년 11월호 참조.
7 가명. 이슬람교도 부부가 보복을 두려워했기에 가족의 성은 가명으로 처리했다.
8 「Noida's domestic workers take on the "madams"…」, op. cit.
9 Cf. Rashpal Singh, 「Protest at police station against death of a domestic help from Assam」, 〈Hindustan Times〉, New Delhi, 2017년 3월 12일.
10 Cf. 「Le ministre qui voulait purifier la société indienne 인도 사회를 정화시키길 바라는 문화부」, 〈Courrier international〉, Paris, 2015년 10월 18일.
11 Pathikrit Sanyal, 「By siding with flat owners, Union minister Mahesh Sharma has shown ugly class bias」, 〈Daily O〉, 2017년 8월 18일, www.dailyo.in
12 Cf. Aakash Joshi, 「An immoral subsidy」, 〈The Indian Express〉, Noida, 2017년 8월 6일.

카이엘 /// 〈버닝〉, 2025

사각지대에 놓인, 여성 노동의 고통

세실 안제예프스키 Cècile Andrzejewski

기자. 주로 여성의 권리, 보건, 노동, 불평등 등에 관해 〈르몽드 디플로마티크〉와 〈메디아파르〉, 〈파리 마치〉 등에 기사를 쓰고 있다.

가정방문 노인 돌보미로 일하는 베아트리스 불랑제는 어느 날 일을 그만둬야 한다는 의사의 권고에 눈물을 쏟았다. "제가 이 일을 정말 좋아했거든요." 베아트리스가 미소를 지으며 말했다. 화창한 토요일 아침, 파드칼레에서 만난 그는 우선 차를 내왔다.

숟가락으로 찻잔을 젓는 동안, 그는 여기저기 아픈 곳을 털어놓았다. 인공 어깨관절에서, 어깨관절염, 척추관협착증, 수근관절염까지, 한 마디로 성한 곳이 없었다. "수술을 담당한 의사 선생님은 모든 문제가 무거운 하중 때문이라더군요." 52세의 그녀는 담당의사로부터 "이미 몸은 노인"이라는 말까지 들었다고 했다.

10년간 한 바지제조업체 생산라인에서도 일했던 그녀는 매일 여러 차례 노인들의 집을 방문하여 거동이 불편한 그들을 부축하고 세면, 식사, 수면 등을 도왔다. "따로 교육을 받지는 않았어요. 모두 현장에서 배웠죠. 제가 돌보던 분들 중에는 체중이 꽤 나가시는 분들이 많았어요. 그렇다 보니 결국 어깨가 망가지고 말았죠." 2015년 2월, 그녀는 한 노부인을 욕조 밖으로 부축하다가 그만 어깨를 다치는 사고를 당했다. "뼈가 완전히 으스러졌어요. 병원에서 어깨관절 제거 수술을 받아야 했죠."

베아트리스의 경우처럼 업무상 재해를 입은 여성들이 점차 늘어나고 있다. 프랑스 노동환경개선청(ANACT)에 의하면, 2001~2015년 휴직을 동반한 업무상 재해 발생률은 전체적으로는 약 15.3% 감소했지만, 여성 재해의 비율은 오히려 늘어난 것으로 조사됐다. 같은 기간 남성의 비율은 28.6% 감소한 데 반해 여성은 28% 증가한 것이다.[1]

남녀 간 업무상 재해 비율이 현격한 차이를 보이는 이유는 어느 정도 프랑스 내 일자리 변화와도 관련이 깊다. 먼저, 전통적으로 남성의 일로 여겨지던 위험도 높은 일자리가 대거 사라졌다. 이에 반해 여성들은 전통적으로 여성 직종으로 여겨지는 일자리에 대거 진출했다. 문제는, 여성 직종의 고충이 아직 사회적으로 제대로 인정받고 있지 못하다는 점이다.

그 밖에도 노동의학의 역사에 비춰서도 이유를 설명해볼 수 있다. 업무상 '고통의 정도(pénibilité · 난도)'라는 개념은 건설 · 화학 · 제철업 같은 분야에서 처음 창안됐다. 그런 만큼 고된 노동을 규정하는 기준이 남성적일 수밖에 없다. 그러니 "젠더 측면에서 연구가 수행된 적은 거의 없다"라는 게 2010년 경제사회환경이사회의 설명이었다. "업무상 위험요인이 여성 건강에 미치는 영향은 표면상 잘 드러나지 않습니다. 그만큼 우리 사회는 이 문제를 무시하거나 제대로 평가하지 않거나, 혹은 최소한만 고려하는 것이죠."[2]

'난도' 기준의 업무 고통 판단은, 여성 노동 문제를 왜곡시켜

2015년 도입된 '고통예방 개인계좌 제도'는 고난도 노동의 종류를 모두 10가지 항목(수동으로 무거운 짐을 취급하는 작업, 소음, 야근 등)으로 정리했다. 각 요인의 노출 정도를 점수로 환산해 기준 점수에 도달하면, 동일 임금만 받고도 시간제로 전환해서 일하거나, 조기퇴직을 하거나, 무료로 직업교육을 이수하는 권리를 누릴 수 있다.

하지만 당시 채택된 10가지 기준 중 유일하게 여성 노동자의 비율이 높은 항목은 반복 작업뿐이었다. 반복 작업으로 고통받는 노동자의 비율은 남성 노동자가 7.6%인 데 반해, 여성은 9.2%에 달했다.[3] 다른 9가지 항목의 경우, 여성이 혜택을 누리기엔 문턱이 너무 높아 보였다.

가령 여성 출납원의 경우, 시간당 약 1톤의 상품을 스캐너로 입력하는 일을 하면서도, 정작 무거운 짐을 운반하는 고된 노동으로 인정받지 못한다. 한해 최소 600시간 동안 15kg의 중량을 들거나 날라야 하는 해당 기준을 충족하지 못하는 것이다.

대체 여성들의 작업이 해당 기준을 충족하지 못하는 이유는 뭘까? 먼저 출납업무 등의 여성 직종의 경우, 시간제 고용 비율이 높다. 또한 업무상 고통의 정도를 측정하는 방식도 이 직무 종사자들에게 불리하다. 누적 중량이 아니라 단위중량으로 업무의 고통 강도를 측정하기 때문이다. 그러니 이 업종에 종사하는 여성 노동자들은 대개 공식요건의 레이더망에는 잘 잡히지 않는 것이다.

불행하게도 앞으로 이 여성 노동의 어려움은 적극적으로 해결되기보다 조용히 묻힐 가능성이 크다. 왜냐하면 정부가 '고통예방 개인계좌 제도'를 비판적으로 바라보는 가운데, 최근 노동법 개정 법률명령을 통해 해당 제도를 '예방 직업계좌 제도'로 개정했기 때문이다. 이에 따라 기준이 되는 항목은 한층 줄어들거나 사라질 것으로 예상된다. 물론 이 "여러 직업의 위험요소에 관한 예방과 노출 영향평가 관련" 법률명령에도 앞선 10가지 기준이 거론돼 있다.

그러나 앞으로 그 가운데 어떤 항목을 유지하고 제외할 것인지는 향후 법령으로 규정할 것을 명시하고 있다. 이런 상황에서 총리는 일찌감치 그중 4가지 요건, 즉 무거운 짐 운반, 불편한 자세, 진동기기와 화학적 위험을 해당 항목에서 제외할 뜻을 비치기도 했다. 사실 여성 출납원의 업무 중 무거운 짐 운반 항목만 인정받지 못하는 것은 아니다.

"이 노동자들은 대개 팔신경얼기(목과 어깨 부위에서 팔로 뻗어 나가는 척수신경이 서로 얽혀 형성한 신경 다발로 팔, 어깨, 손의 운동과 감각을 조절하는 역할을 한다-역주)가 눌리는 흉곽출구증후군으로 많은 고통을 받고 있습니다. 그러나 안타깝게도 이 질환은 직업병 목록 제57호에는 등재돼 있지 않지요."

정신분석가로 활동 중인 직업환경의학 전문의 마리 프제가 말했다. 1972년 작성된 이 목록은 근골격계 질환과 관련한 직업병을 정리해놓은 것이다. 근골격계 질환이란 주로 저강도의 반복적인 작업으로 인해 발생하는 병으로, 특히 여성의 발병위험이 높은 질환이기도 하다.

근골격계 질환은 18세기 초 이탈리아의 의학 교수 베르나르도 라마치니가 제빵사, 방직공, 필경사 등이 많이 걸리는 것으로 확인한 질병이다. 19세기에도 세탁이나 재단을 하는 여성들에게서 널리 발견됐다.[4] 1955년 근골격계 질환 중 일부가 사상 처음으로 직업병으로 인정받았다. 대표적인 예가 공기 해머나 진동기기의 사용으로 발생한 근골격계 질환이었다.

그러나 그것은 어디까지나 남성 직종의 경우에 국한됐다. 이후 직업환경의학 전문의와 행정 당국이 업무상 고통의 정도가 높은(고난도) 직종(광부, 타이피스트, 생산라인에서 일하는 남녀 노동자, 도축장이나 통조림 공장에서 일하는 노동자 등)을 새롭게 밝혀냈다.

그러나 "주로 여성과 외국인 노동자가 주류를 이루는 반복 작업 종사자들은 다른 노동자로 자주 교체되는 경향이 있어 문제의 심각성이 잘 드러나지 않는다"라고 에브리 대학 부교수 니콜라 하츠펠드가 지적했다.[5] 따라서 근골격계 질환이 총체적으로 직업병으로 인정받기까지는 20년이란 세월이 더 걸리게 된다. 먼저 토목 현장의 노동자들이 잘 걸리는 무릎 수종부터 시작해, 몇 년에 걸쳐 팔꿈치, 손목, 손 등에 발생하는 건염이나 신경압박 등 여성 일자리와 관련이 깊은 질환도 차차 직업병으로 인정받았다.

하지만 파리 사무실의 큼지막한 책상 앞에서 만난 노동법 전문 변호사 라셸 사이다는, 이 같은 성과가 여성은 물론 남성에게도 이중적인 의미를 지닌다고 강조했다.

"업무의 고통을 '난도'라는 기준으로 판단하는 건 문제를 흐릴 위험이 있습니다. 노동자가 실제로 겪는 고통을 축소하고, 유해한 노동으로 인한 피해를 근절하고자 한다는 식의 주장은 그저 말장난일 뿐이에요."

사회학자 파스칼 마르살라는 한 걸음 더 나아가 다음과 같이 지적했다.

"예를 들어 유리 제조업체에서 일하는 노동자를 생각해보세요. 그들의 일을 '고통의 난도'가 아니라 '발암 물질과 화상의 위험에 노출된 작업'이라고 표현해보면 어떨까요? 아마도 지금의 상황을 방치해선 안 되겠다는 생각이 즉각 들 겁니다."

청소, 장보기, 돌보기는 노동이 아니라 일상?

법과 제도가 개선되었음에도, 현실 세계에서 여성 노동에 대한 편견은 여전히 사라지지 않았다. 힘을 요하는 육체노동과 달리, 섬세함을 요구하는 반복 작업은 결코 고통의 정도가 높은 노동으로 간주되지 않는다.

직업환경의학 전문의 마리 프제는 한 아스파라거스 생산업체의 사건을 맡았을 당시, 해당 업체의 작업 공정을 직접 관찰하며 여러 문제점을 포착했다. 그의 관찰에 따르면, 수확 노동자들은 하루에도 몇 시간씩 들판에서 아스파라거스를 수확했고, 그렇게 모은 아스파라거스는 컨베이어 벨트를 타고 이동해 수많은 일용직 여성들의 손으로 넘어갔다. 여성 노동자들은 여린 손으로 아스파라거스를 바구니에 담았는데, 문제는 수확 노동자들이 무기계약직인 반면 이 여성 노동자들은 바구니 개수에 따라 임금을 받는 방식이었다.

더욱 심각한 것은 허리를 굽혀 아스파라거스를 따는 것도 아닌, 그저 아스파라거스를 세척하는 일을 맡은 여성들 사이에서조차 근골격계 질환이 마치 전염병처럼 퍼져 있다는 사실이었다. 마리 프제는 당시 상황을 이렇게 회고했다.

"당시 저는 이 노동자들이 근골격계 질환을 겪을 수밖에 없는 세 가지 요인을 발견했습니다. 바로 반복적인 동작과 빠른 리듬, 정교한 움직임이었죠. 물론 남성들이 하는 일이 훨씬 육체적으로 고된 것이 사실입니다. 그러나 그만큼 힘든 노동이라는 사실을 인정받습니다. 반면 여성들은 상품성을 최대화하기 위해 예쁜 채소 바구니를 만들려고 섬세한 작업을 하며, 너무 높이 설치된 컨베이어 벨트 때문에 많은 불편을 겪고 있었습니다. 그러나 그 공로는 인정받지 못하고, 보수도 바구니 개수에 따라 받았습니다."

훗날 이 업체 대표는 컨베이어 벨트의 높이를 낮추고, 사무실 한쪽에 가장 예쁜 바구니를 만든 직원의 사진을 내거는 등 나름대로 개선의 노력을 보였다. 그러나 결코 일용직 노동자를 무기계약으로 전환하는 일은 없었다.

이처럼 근시안적인 태도는 청소노동자나 대인 서비스를 제공하는 직종에서 더욱 두드러진다. 그들의 고된 노동은 마치 여성의 본질적 속성인 양 여겨진다.

프랑스 사회, 여성 노동자가 처한 위험을 무시해

파드칼레 지역의 한 유치원에서 유치원 교사 보조 업무를 하며 사실상 잡다한 일을 도맡고 있는 자네트[6]는 아이들의 용변을 도와주는 일이 얼마나 고된 일인지 설명했다. 교실 정돈을 하지 않을 때도 그녀는 늘 몸을 쪼그리거나, 아이들을 굽어보거나, 손바닥만 한 작은 의자에 앉아 있어야 했다.

광산지대의 한 어린이집에서 보조 교사로 일하는 마르틴 역시 분통을 터뜨렸다. "성인용 의자 하나 받는 데 얼마나 오래, 끈질기게 요구했는지 몰라요. 아이들이 온몸으로 매달리면, 그 무게를 그대로 받아내야 해요."

사실 팔걸이 의자는 아이들에게 젖병을 물릴 때도 무척 유용하게 쓰인다. 그런데 어린이집에는 그런 팔걸이 의자가 단 하나뿐이었다.

그곳에서 몇 킬로미터 떨어진 문화센터에서 일하는, 아름다운 금발의 실비[7] 역시 청소노동자의 고된 일상을 들려줬다. 그녀는 오전에는 사무실과 화장실을, 오후에는 공연장을 청소하며 하루를 보낸다고 했다.

"맨바닥에 쪼그리고 앉아 바닥에 붙은 껌을 하나하나 떼어냅니다. 진공청소기 선이 너무 짧아, 무거운 본체와 전선 릴을 양팔에 끼고 종종거리며 방을 옮겨 다녀야 해요."

게다가 예전에는 위층 음악 교실로 계속 물동이를 나르는 일도 맡았다고 한다.

"위층에 수도시설이 설치된 건 이제 겨우 3년 전 일이에요. 예전에는 더러운 물을 갈기 위해 양손 가득 물동이를 들고 계단을 오르내려야 했죠. 하지만 아무도 그런 고생을 알아주지 않아요."

직업환경의학 전문의 마리 프제는 이러한 현상을 다음과 같이 설명했다.

"고용주들은 대체로 여성 노동을 하찮게 여깁니다. 여성이 청소를 하고, 장을 보고, 아이와 환자를 돌보는 일은 노동이 아니라 일상이라고 생각하는 겁니다."

몽토방 지역에서 직업환경의학 전문의로 활동하는 나딘 카이는 소음의 사례를 예로 들었다.

"산업 현장에서는 소음의 정도를 측정하는 게 일반적입니다. 그런데 탁아소나 학교에서는 소음을 측정하지 않아요. 담당자들이 아이들이 내는 소음은 어쩔 수 없는 것이라고 여기는 거죠. 하지만 칸막이나 방음벽을 설치하는 정도의 조치는 충분히 고려해볼 수 있지 않을까요?"

산업계에서 그랬던 것처럼, 이 분야에서도 결국 여성 일자리를 어둠에서 끌어낸 것은 노동운동이었다.[8]

"1990년대 여성 간호사들의 저항 덕분에 우리는 간호사들이 단순히 환자를 돌보는 것뿐만 아니라, 무거운 체중을 견뎌내는 육체노동까지 감당하고 있다는 사실을 비로소 인식하게 됐습니다. 이전까지는 간호사의 업무를 대체로 연민 어린 시선으로만 보는 경향이 강했지요."

프랑스 노동환경개선청(ANACT)에서 '젠더, 평등, 보건 및 노동 환경' 사업을 담당하고 있는 플로랑스 샤페르는 이렇게 설명했다.

그녀는 또 다른 측면에서도 주목할 필요가 있다고 지적했다.

"우리는 고객이 여성과 남성 노동자를 대할 때 사용하는 언어가 어떻게 달라지는지도 연구해보았습니다."

몬트리올 퀘벡대학교에서 강의하는 인간공학 전문가 카렌 메싱은 이 연구와 관련해 브라질 콜센터 사례를 예로 들었다.

"현실은 분명했습니다. 고객들은 여성 노동자에게 더 심하게 언어적 괴롭힘을 가하거나 거칠게 반발했습니다. 여성의 말에는 더 자주 꼬투리를 잡고, 더 공격적인 언사로 응답했지요."

실제로 관리자급이 아닌 여성 노동자들은 고객을 직접 응대하는 경우가 많다.

이들은 늘 고객이나 환자와 상호작용해야 하며, 상대방은 대개 정신적으로 불안정하거나 취약한 상태에 있는 경우가 많아, 이로 인해 극심한 스트레스에 시달릴 수밖에 없다.[9]

최근 미디어를 통해 여성 노동자가 겪는 사회적·심리적 위험에 대한 보도가 증가하면서, 이 문제의 존재 자체는 많은 이들이 인식하게 되었다. 그러나 정작 이 노동자들이 겪는 고통을 사회적으로 인정하고 공론화하는 경우는 여전히 드물다.

플로랑스 샤페르는 이렇게 지적했다.

"오늘날 업무상의 고통 정도, 즉 노동의 난도를 말할 때, 심리적 고통이나 스트레스, 감정노동, 그리고 고객과의 관계에서 오는 어려움 등은 거의 논의되지 않습니다. 하지만 이런 심리적 부담도 무거운 짐을 드는 일이나 야근을 하는 것처럼 동일하게 다뤄져야 합니다."

그렇다면 이러한 문제의 원인은 단지 여성이 남성보다 약하기 때문일까?

샤페르는 전혀 그렇지 않다며 단호히 선을 그었다.

"그것은 여성이 맡고 있는 일자리 때문에 생기는 고통이지, 여성이라는 존재 자체의 문제는 아닙니다."

결국 여성 노동을 힘들게 만드는 것은 여성의 유약함이 아니라, 여성 노동자가 처한 위험을 사회가 외면하고 무시하는 현실이다.

글 · 세실 안제예프스키 Cècile Andrzejewski

1 Florence Chappert, Patricia Therry, 「Photographie statistique des accidents de trajet et des maladies professionnelles en France selon le sexe entre 2001 et 2015, 2001~2015년 성별에 따른 프랑스 내 업무상 재해와 직업병 현황」, 프랑스 노동환경개선청, 파리, 2017년 3월.
2 「La santé des femmes en France 프랑스의 여성 보건」, 경제사회환경이사회 보고서, 파리, 2010년
3 Mélanie Mermoz, 「Compte pénibilité. La santé des femmes dans l'angle mort 고통계좌. 여성보건의 사각지대」, 〈L'Humanité Dimanche〉, 생드니, 2016년 2월 4일.
4,5 Nicolas Hatzfeld, 「TMS: un demi-siècle pour ètre reconnus 근골격계 질환: 반세기에 걸친 인정의 역사」, 〈Santé & Travail〉, 제69호, 파리, 2010년 1월.
6,7 인터뷰 대상자들의 요구에 따라 가명을 사용.
8 Pierre Souchon, 「그들에게도 노동조합을」, 〈르몽드 디플로마티크〉 프랑스어판 · 한국어판 2011년 9월.
9 하원 산하 여성권익대표단의 플로랑스 샤페르 청문회.

"마담, 일을 하셔야 합니다"

뤼시 투레트 Lucie Tourette

기자. 주로 사회 문제에 초점을 두어 〈르몽드 디플로마티크〉와 〈메디아파르〉 등에 기고를 하고 있다.

복지정책의 덫에 걸린 여성들

2008년, 프랑스 정부는 기존의 한부모수당(API)을 폐지하고 이를 능동적 연대 소득(RSA, Revenu de Solidarité Active. 실업수당보다 적은 급여를 받고 재취업하는 실업자에게 그 차액을 정부가 보전해주는 제도-역주)체계에 통합시켰다. 이 같은 사회복지개혁 이후 정부는 수급자인 싱글맘들을 집요하게 취업전선으로 내몰기에 바쁘다. 설상가상으로 정부 지원 일자리까지 급격히 축소되면서 싱글맘들은 현실적으로 감당하기 어려운 취업 요구와 함께, '좋은 엄마'라는 역할까지 떠안아야 하는 이중고를 겪고 있다.

오트루아르 지역 퓌앙블레 인근에 사는 부아 베크리 부인은 2000년대 말 남편과 헤어졌다. 50세가 가까운 나이에 남편을 따라 프랑스로 이주할 때까지, 그녀는 내내 가정주부로 살았다. 그러나 베크리 부인은 결국 집을 뛰쳐나왔다. 남편의 폭력을 더 이상 견딜 수 없었기 때문이다. 그녀의 조카는 "(그녀는) 집을 뛰쳐나온 덕분에 목숨을 건질 수 있었다"라고 증언했다. 뜬눈으로 며칠 밤을 지새운 부인은 지친 몸을 이끌고 첫째 자녀를 찾아가 몸을 의탁했다. 막내딸은 당시 10세에 불과했다. 막내딸은 당시 어머니와 사회복지사 사이에 오간 대화를 기억했다.

"사회복지사가 어머니에게 대뜸 하는 말이, 일을 해야 한다는 거였어요. 어머니는 관절염과 당뇨병을 앓고 있고, 프랑스어도 전혀 모르시는데도요. 어머니는 사회복지사를 다시 찾아가 도저히 생계를 잇기 힘들다고 하소연했어요. 하지만 그때도 '일을 해야 한다'는 말만 반복하더군요."

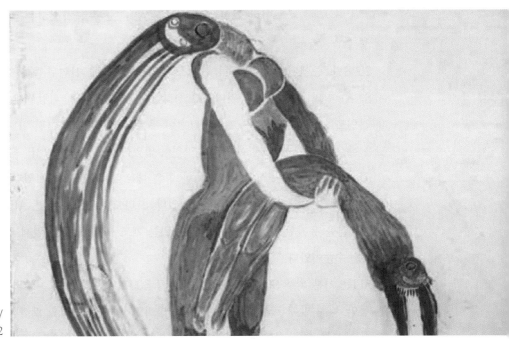

▶ 루이즈 부르주아 ///
〈역할 바꾸기〉, 1992

혼자 가정을 책임지는 다른 수많은 여성처럼 베크리 부인도 꼭 1년 동안 증액된 RSA 혜택을 입었다. 그리고 1년 후 기존의 RSA로 돌아갔다.

연령과 무관하게, 자녀를 부양하는 한부모 가정은 기존의 RSA에 일정액이 증액된 사회급여를 받을 수 있다. 일반적인 RSA나 증액된 RSA나 기본원칙은 기본소득 보장이다. 홀로 자녀를 부양하는 경우 가장 어린 자녀가 3세가 될 때까지, 혹은 이혼 시점에 3세 이상 자녀가 있는 경우 1년 동안 증액된 RSA 급여혜택을 누린다. 기타소득은 수령액에서 공제된다.

자녀 한 명을 키우는 한부모는 최대 966.99유로까지 지급받는다. 2018년 말, 200가구가 증액된 RSA 급여혜택을 받았다. 그 중 96%가 여성이었다. 수급자의 절반은 30세 이하였다. 부양 인원으로 치면, 전체 인구의 1%에 해당하는 68만 3,200명이 증액된 RSA 혜택을 누렸다.[1]

엄마 역할을 강조하는 API, 노동을 강요하는 RSA

2008년, 증액된 RSA(능동적 연대소득)가 1976년에 신설된 한부모수당(API)을 대체했다. 처음에는 단지 명칭만 바뀐 것이라고 생각한 이들이 많았다. 퓌앙블레에 거주하는 파리다 부카바 부인도 그랬다. 2007년, 그녀의 남편이 두 살과 세 살이던 어린 자녀 둘을 남기고 세상을 떠났을 때, 부카바 부인에겐 아무런 수입원이 없었다. 당시 그녀는 API 수급 대상이 되었다.

API 제도를 최초 구상한 인물 중 한 명은 베르트랑 프라고나르였다. 당시 그는 프랑스 정치인 시몬 베유 위원의 비서로 일하고 있었다. 프라고나르에 따르면, API만으로도 '어느 정도 적절한'[2] 삶을 유지할 수 있었다고 한다. API는 제도 도입 당시 종일제 일자리의 순 최저임금[3]과 맞먹는 수준이었다.

API는 기본 최대 900프랑에, 자녀 1인당 300프랑씩 추가로 지급되었다. 이 수당은 일정 기간 동안, 다시 말해 프라고나르의 표현을 빌리면 "사회에 복귀할 때까지" 지급되었다.

이 제도는 수급 희망자들에게 노동 참여를 전제로 하지 않았다. 그리고 수급 희망자 대부분은 자녀가 있는 여성들이었다. 당시 사회 통념도 '자녀가 있는 여성은 직장에 복귀하기 어렵다'라는 것이었다. 이후 RMI(최저통합수당)나 RSA 같은 제도에서는 "경제적 자립"이 중요한 목표로 제시되었지만, API만큼은 여전히 수급자들이 언젠가는 자연스럽게 재취업할 수 있을 것이라는 믿음 아래 운영되었다. 프라고나르 역시 "여성들이 곧 사회에 복귀할 수 있으리라는 생각이 당시에는 지배적이었다"라고 회상했다.[4] 이는 실업률이 전체 활동인구의 3.6%에 불과하던 시절의 이야기였다.

그러나 1990년대 말, 실업률이 10%로 치솟았다. "노동에 대한 동기 저하가 새로운 위험요소로 등장했고, 현실을 충분히 고려하지 않은 사회보장제도가 도마에 올랐다." 프랑스 국립산업예술대학(CNAM) 부교수로 재직 중인 경제학자 안느 에이두가 회고했다. 종종 '모성급여'로 간주되는 API는 본래 일정한 가계소득을 보장하기 위해 도입됐지만, 결국 출범 32년 만에 RSA와 통합됐다.

프랑스 경제전망연구소(OFCE) 소속 경제학자 엘렌 페리비에는 "API와 RMI의 실질적인 구매력은 불리한 지표 반영 방식 탓에 시간이 갈수록 악화됐다"[5]라고 지적했다. 즉 SMIC(프랑스의 법정 최저임금. 매년 물가와 경제 지표에 따라 자동 조정되며, 모든 업종에 적용된다-역주)이 아닌 물가만을 반영했던 탓이었다. 오늘날 자녀 1명을 부양하는 한부모 가정은 최대 966.99유로에서 주택지원수당을 공제하면 831,44유로를 받는다. 즉 API가 최초 도입됐을 당시 수준, 종일제 최저임금에 준하던 금액과는 거리가 한참 생긴 셈이다. 이런 상황에서 '사회복귀'는 요원한 일이다.

API가 여성이 종일제로 온전히 어머니 역할에 전념하도록 장려했다면, RSA는 노동을 강조한다. 즉, RSA 수급자는 '사회편입', 즉 노동을 약속해야만 하는 것이다. 증액된 RSA든 아니든, RSA 수급자에게는 오늘날 구직활동 의무가 명시된다. "우리는 신규 수급자에게 체계적으로 권리와 의무에 대해 상세히 알려주려고 한다"라고 오트루아르 지역 RSA 담당자 마르틴 알리베르가 설명했다. 수급자는 '상호약정'을 체결하고, 분기별로 소득을 신고해야 한다.

다른 농촌지역 도의회 소속 사회복지사인 프랑수아즈 게랭은 '활성화 정책'(적극적 구직활동을 해야만 지원금을 받을 수 있다는 의미)이 자신의 일에 미치는 영향에 대해 다음과 같이 확신했다.

"사회복지는 뒷전이고 오로지 고용만 중시되는 겁니다. 이제는 RSA를 수령하는 사람에게 가장 먼저 앞으로 무슨 일을 할 것인지 물어봐야 하죠." 알베르도 똑같은 지적을 했다. "이 제도의 목적은 사람들에게 경제적 자립수단을 빼앗는 것입니다."

노동시장에 초점을 맞춘, 이런 정책 변화는 여성 수급자를 가정으로부터 벗어나게 해줄 것처럼 보이기도 한다. 하지만 이상과 현실의 간극은 커지고 있다. 일반적인 RSA든, 증액된 RSA든 수급자들을 '아무 일터에나' 내모는 경향이 있다. RSA를 수령하는 싱글맘들은 대개 젊고 직업숙련도가 낮다. 그런 그녀들이 할 수 있는 일은 어떤 것들이 있을까?

퓌엉블레는 도청이 있는 행정중심지로 생산업체, 즉 공장이 드물다. 저숙련 여성에게 취업가능한 분야는 보건업이나 요식업인데, 대개 저녁이나 야간 근무가 많은 업종이다. 즉, 어린 자녀가 있는 여성들에게는 적합하지 않다. 더욱이 직업훈련기관도 드물다. 결국, 여성들은 면대면

서비스나 청소를 하게 된다. "그런데, 이런 일자리는 노동조건이나 지위가 상당히 불안정하다"
라고 에이두가 지적했다.

성실한 노동자이면서 충실한 엄마…이중고에 시달리는 여성들

보육문제와 취약한 구직 네트워크를 지닌 이 여성들에게 '일을 하라'는 요구는 현실적으로
무리일 수밖에 없다. 2018년 에두아르 필립 총리가 정부지원 일자리를 30% 축소하고, 이어
2019년 장 카스텍스 후임 총리가 추가로 8%를 줄이면서, 사태는 사실상 '재앙' 수준에 이르렀
다고 게랭은 평가했다. 시청이나 학교 등에서 일하는 1~2년짜리 계약직 파트타이머는 그나마
싱글맘들에게 가정생활을 병행할 수 있는 일자리였다.

하지만 이제는 탄력적인 노동시간 운영과 맞춤형 지원으로 취약계층의 재기를 돕던 자활작
업장조차, 이제는 정규직이나 계약직, 임시직 혹은 직업훈련 등으로의 가시적인 고용 성과를
수치로 증명해야 하는 제도적 압박에 놓여 있다. 이로 인해 노동시장 진입 기회는 상대적으로
역량이 뛰어난 수급자에게만 돌아가는 경향이 심화되고 있다.

반면 싱글맘들에게는 취업장벽이 높고, 보육문제가 늘 걸림돌이 된다. 보육에 대한 도움을
받을 수 없는 여성들은 일을 포기해야만 한다. 노동시간이나 근무조건이 수시로 바뀌는 일을
할 경우, 체계적으로 보육계획을 세우기 어렵다. 또한 대중교통수단이 열악한 지역에 거주하는
이들은 운전면허가 있어야 일을 할 수 있다. 1989년 설립된 단체 '노동편입교육'(FIT)은 사회
적 취지에서 설립된 운전학원이다. 이 단체가 운영하는 플랫폼 '모빌리테 오트루아르'의 관리
자인 카롤 라딕스에 의하면, 이 학원에서 연수를 받는 사람의 40%는 싱글맘이다.

"싱글맘은 대개 자신감이 부족합니다. 과다한 스트레스가 운전 연수에 걸림돌이 됩니다." 이
단체는 최대한 싱글맘을 배려해 목요일과 방학기간을 제외한 낮 시간대에만 운전교습을 실시
하고 있다.

"일부 임시직 알선업체의 경우 운전면허증이나 차량이 있어야만 등록이 가능하고, 면허증이

없으면 가사도우미 직업훈련도 받을 수 없습니다. 청소 도우미의 경우 면허증이 없으면 주당 5~6시간 밖에 일할 수 없지만, 면허가 있으면 더 많은 시간을 일할 수 있죠."

라딕스가 이같이 증언했지만, 설령 면허를 취득하더라도, RSA 수당만으로는 자동차 구입이 현실적으로 어렵다. 일부 일터는 직원들에게 차량을 빌려주기도 하나, 그 임대료를 임금에서 공제한다. 한편 여성들은 가정 밖에서는 일해야 한다는 사회적 요구를, 가정 안에서는 '좋은 엄마'가 돼야 한다는 역할 기대를 동시에 감당해야 한다. 15년째 5명의 자녀를 키우며, RSA와 자활작업장(Chantier d'insertion, 노동능력이 낮은 취약계층에게 사회통합을 목적으로 일자리를 제공함으로써 노동능력을 향상하고 노동시장에 진입할 준비를 하게 해준다-역주)과 콜센터를 전전하고 있는 56세의 크리스틴 주르드는 자녀들이 다니는 여러 학교의 교무주임들과 나눴던 대화를 떠올렸다.

"학교에서는 아이에게 조금만 문제가 생겨도, 교무주임들은 언제나 '싱글맘 가정이 다 그렇다'라는 말을 입버릇처럼 반복합니다." 가정 심리치료상담가인 장프랑수아 르 고프 역시 이 점을 지적했다. 무슨 문제가 생기면 사람들은, 아버지의 부재, 나아가 "권위의 부재"[6]를 운운하며 가정의 형태를 문제 삼기 일쑤라는 것이다.

결국 이러한 상황 속에서, 엘린 페리비에는 API와 RSA의 통합이 "전통적인 가정 모델의 강화"(싱글맘처럼 전통적이지 않은 가족 형태에 대한 지원은 줄이고, '남편은 일하고 아내는 집에서 돌보는' 식의 전통적 가정을 이상적인 모델로 간주하는 효과-역주)로 이어지는 것이 결코 놀라운 일이 아니라고 지적했다. 페리비에 연구원은 특히 가정의 형태에 따라 여성에 대한 사회적 처우가 달라진다는 점에 주목했다.

"남편이 있는 여성은 가정 밖에서 노동을 해야 한다는 압박에서 비교적 자유롭습니다. 주부로서의 가사노동이 사회적으로 인정되기 때문이지요. 하지만 남편이 없는 여성은 곧바로 '활성화 정책'―즉, 노동시장 참여를 전제로 한 사회복지 정책의 대상이 됩니다."[7]

프랑스 사회는 여성이 배우자나 동거인의 소득에 의존하며 살아가는 것은 자연스럽게 받아들이는 반면, 남편과 이혼하거나 사별한 여성들이 국가의 연대에 기대어 생계를 이어가는 것은 부정적으로 본다.

결국 이 여성들이 생존을 위해 선택할 수 있는 유일한 길은 신속한 재혼뿐이라는 말인가?

오트루아르 지역에서 13세 아들과 사는 싱글맘 실비 쇼드롱은 다른 종류의 연대에 희망을 걸고 있다. 그녀는 지역 내에서 활발한 '노란조끼' 운동에 동참 중인데, "어려운 상황에 처한 싱글맘들이 서로 알찬 교류를 할 수 있어 좋다"라고 말했다. 그녀는 서로 의지할 수 있는 친구들을 많이 사귀었고, 특히 자가격리 기간 동안 많은 도움을 받을 수 있었다고 증언했다.

몇 달 전부터 그녀는 단기계약으로 야간근무를 전전하고 있다. 운동가 친구들을 자주 만나지는 못하지만, 그래도 '포괄적 보안법'(경찰관의 얼굴이나 신원을 알 수 있는 사진을 찍어 인터넷에 유포할 경우, 최대 징역 1년이나 6천만 원 벌금형에 처할 수 있게 한 법률-역주) 규탄 시위를 주시하고 있다고 말했다. 그녀는 시위가 본격화되어 일하기가 힘들어지면, 일을 그만두고 사회운동에 뛰어들 각오다.

"운동에 제대로 불이 붙으면, 나는 다시 투쟁에 동참할 것이다."

글·뤼시 투레트 Lucie Tourette

1　『Minima sociaux et prestation sociales-Ménages aux revenus modestes et redistribution - Edition 2020 최저생계비와 사회급여-저소득층 가정과 재분배-2020년판』, DREES(보건부 산하 조사연구통계평가국), 파리, 2020년.

2,4, Clément Helfter, 「La création de l'allocation parent isolé. Entretien avec Bertrand Fragonard 한부모수당(API) 제정. 베르트랑 프라고나르와의 인터뷰」, 〈Informations sociales〉, 제157호, 파리, 2010년.

3　슬라이드제 전 직종 최저임금제(SMIC)

5,7 Hélène Périvier, 「La logique sexuée de la réciprocité dans l'assistance 사회부조 상호성의 성적 메커니즘」, 〈Revue de l'OFCE 프랑스경제전망연구소 저널〉, 제114호, 파리, 2010년.

6　Jean-François Le Goff, 「Les familles monoparentales sont-elles les oubliées des thérapies familiales? 한부모가정은 가정심리치료상담의 사각지대에 놓여 있는가?」, 〈Thérapie familiale 가정치료〉, 제27권, 제3호, 제네바, 2006년.

▲ 카이엘 /// 〈도래〉, 2025

여성 노동자들이 지닌 뜻밖의 권력

피에르 랭베르 Pièrre Rimbert

〈르몽드 디플로마티크〉기자. 미디어비평 행동단체인 Acrimed에서 활동중이며, 별도로 대안 언론인 〈르플랑베〉를 발행하고 있다.
주요 저서로 『Libération, de Sartre à Rothschild 해방, 사르트르에서 로스차일드까지』(2005)가 있다.

수많은 프랑스 여성 노동자들이 원형 교차로에서 시위를 벌이는 장면은 많은 이들에게 충격을 안겨줬다. 시위 참가자들은 보건, 교육과 같은 기초 서비스 분야에 종사하는 여성들이었다. 그녀들은 2018년 가을에 대대적인 시위를 벌인 것에 그치지 않고 이제는 사회운동에서 소외된 계층을 대표하는 세력으로 거듭나고자 했다.

노란 조끼를 입은 여성들은 원형 교차로를 행진하면서, 자신의 일상에 대해 이야기하며 시위를 벌였다. 간호사, 간병인, 보모들은 그동안 음지의 여성 노동자들을 가려왔던 장막을 헤치고 나와 밝은 형광색의 옷을 걸쳐 입었다. 여성이자 노동자로서, 평균 노동시간의 2배에 가깝게 일하면서도 늘 박봉에 시달리는 그녀들이, 낙후되고 구멍이 숭숭 뚫린 사회복지체계를 고발하고 나섰다.

종사자의 대부분이 여성인 교육, 간호, 사회사업, 청소 등의 분야는 사회적 약자들을 책임지고 있는 핵심으로 눈에 잘 띄지는 않지만, 이 자유 사회를 실질적으로 지탱해 왔다. 이와 같은 기초 서비스들이 중단되면 프랑스라는 국가는 마비될 수밖에 없다. 누가 노약자, 유아, 아동, 청소를 책임질 것인가? 이들의 빈자리를 메우기 위해 경찰과 임원들이 나섰지만 아무 것도 할 수 없었다. 경찰학교에서는 노인을 씻기는 방법을 가르치지 않기 때문이다.

20세기 들어 가사, 종교, 자선 분야에서 유급노동 분야로 넘어온 이런 일들은, 담당자가 자리를 비우지 않는 한 그 중요성이 크게 부각되지 않는다. 하지만 나날이 증가하고 있는 수요에도 불구하고 이들에게 지속적으로 강요된 고된 노동과 턱없이 낮은 보수는 결국 집단적 분노와 저항으로 이어졌다. 호텔의 객실관리원들, 기차역의 청소부들, 간병인들, 요양시설 직원들, 의료계 종사자들은 2017년 말부터 차례로 파업을 이어가고 있고, 그 파업의 결과는 대부분 성공적이었다.

정기적으로 가족에게 일정 금액을 벌어다 주는 아버지로 대표되는 서민 또는 노동자는 20세기 노동자 계급을 상징하는 이미지로서 워낙 강력하게 각인돼 있어, 우리는 노동자 계급을 당연히 남성과 연관시키곤 한다. 프롤레타리아 계급을 이야기할 때 누가 선뜻 여성 노동자를 떠올리겠는가? 여성 노동자는 마치 사라진 사회적 종(種)처럼 언론에 의해 묘사되고 있지만, 여전히 전체 경제활동인구의 1/5 이상을 차지한다.

그러나 노동자 계급의 여성화는 지난 반세기 동안 일어난 수많은 변화들 가운데 가장 획기적인 것으로 꼽힌다. 이 변화는 특히 사회적 피라미드 구조의 가장 아래층에서 두드러지게 나타났다. 현재 프랑스에서는 전체 노동자 및 피고용자의 51%가 여성이다. 1968년 이 비율은 35%에 불과했다.[1] 50년 전과 비교했을 때 남성 노동자의 수는 거의 변하지 않았다. 1968년에는 1,330만 명이었고 2017년에는 1,370만 명이었다.

그러나 같은 기간 여성 노동자의 수는 710만 명에서 1,290만 명으로 대폭 증가했다. 이는 다시 말해 지난 50년 동안 새롭게 일을 시작한 사람들, 그것도 열악한 근무조건과 평균 임금보다 1/4에 불과한 저임금을 감수하면서 노동시장에 뛰어든 사람의 대부분이 여성이라는 뜻이다. 의료 및 사회복지 분야와 교육 분야의 여성 노동자 수는 1968년에는 50만 명이었으나, 2017년에는 200만 명으로 4배로 늘었다. 심지어 중학교와 고등학교의 여성 교사들은 제외한 수치다.

여성 노동자들의 조직화도 가능할까?

19세기에는 산업 프롤레타리아가 노동운동의 전략을 주도했다. 그러나 종사자의 대부분이 여성인 기초 서비스 분야가 급속히 성장하면서 이들의 잠재적 권력 역시 함께 확대되었고, 그 결과 새로운 형태의 사회적 갈등이 부상하고 있다. 아직까지 이러한 흐름이 정치활동이나 노조 활동으로 본격적으로 발전하지는 않았지만, 안팎으로 압력이 거세지면서 표면 아래 균열이 생기기 시작했고, 현재 두 가지 쟁점이 대두되고 있다.

첫 번째 쟁점은, 이 분야들이 최근에 뜻밖에 얻게 된 권력을 어떠한 조건에서 실제로 행사할 수 있을 것인가 하는 점이다.

두 번째는, 이들 분야가 하나의 집단으로 조직되고, 구체적인 대안을 제시할 사회적 동맹을 형성해, 다른 분야의 참여까지 이끌어낼 수 있을 것인가 하는 문제다.

그러나, 현 상황에서 이 가설은 신빙성이 없어 보인다. 기초 서비스 분야에 종사하는 여성 노동자들은 지위와 근무 조건, 근무 공간이 제각각 달라 집단화되기 어렵기 때문이다. '노란 조끼' 운동이 확산되지 못한 이유 역시 내부적인 분열 외에도 통합 요소에 대한 분석이 제대로 이뤄지지 않은 탓도 크다. 우선, 다수의 힘과 공동의 적부터 분석해보자.

노동력의 유지와 재생산을 담당하는 분야에 종사하는 여성 노동자들은 노동자 계급에서 중산층에 이르기까지 폭넓게 분포되어 있으며 일단 그 수가 방대하다.[2]

기업에 소속돼 일하는 여성 노동자(여성 청소부들은 18만 2,000명으로 집계된다)도 많지만 특히 개인 가정에서 직접적으로 서비스를 제공하는 경우가 많다. 가정부 50만 명, 보모 40만 명, 그리고 그 외에 가사업무를 담당하는 여성 노동자들이 11만 5,000명 있다. 공공기관에서 일하는 이들은 더 많다. 간호조무사 40만 명, 보육교사 및 의료-심리 보조사 14만 명, 행정직원을 제외한 서비스 담당자가 50만 명 이상이다.

여기에 소수이기는 하지만 이 분야의 남성 노동자들도 추가된다. 그리고 낮은 임금과 불규칙한 근무 시간에 시달리며 어려운 환경 속에서 크게 인정받지 못하는 업무를 수행하는 노동자들뿐만 아니라, 보건, 사회, 교육 분야의 '중간' 직업인들도 있다. 더 많은 임금을 받고, 교육 수준이 높은 이 직업군에는 간호사(40만 명), 초등 및 중등 교사(34만 명), 보육교사, 사회문화 분야 활동 강사, 특수교사, 재활치료사, 의료기술자 등이 포함되며, 현재 약 200만 명이지만 그

수는 점점 더 늘고 있다.

물론, 공공병원의 간호사와 개인 가정에 고용된 불법체류자 신분의 간병인 사이에는 커다란 간극이 존재한다. 그러나 남성들까지 합하면 총 경제활동인구의 1/4 이상에 달하는 이 분야 종사자들은, 공동의 서비스를 생산하고 있다는 점에서 같은 입장에 있으며 다음과 같은 몇 가지 공통점을 공유한다. 첫 번째로 의료, 사회복지, 교육 등 사람과 관련된 이 서비스들의 특성상 대체가 불가할 뿐만 아니라 해외 이전이나 자동화의 가능성도 작다. 왜냐하면 장기적인 인적 교류가 요구되고 케이스 별로 각기 다른 주의가 필요하기 때문이다.

두 번째로, 이 분야들은 모두 긴축정책의 영향을 받고 있다. 학교에서부터 요양시설에 이르기까지, 근무조건은 나날이 악화되고 있고 그만큼 갈등도 점점 늘고 있다. 세 번째로, 제철소 없이는 살 수 있어도 학교, 병원, 어린이집, 양로원이 없는 삶은 상상조차 하기 어려운 것이 현실이다. 이러한 인식은 기초 서비스 분야에 대한 사회적 지지의 확산으로 이어지고 있으며, 이 같은 공통 인식은, 기초 서비스 분야에 종사하는 프롤레타리아, 의료·사회·교육 분야의 중등 직업군, 중등교사와 같은 일부의 지적 직업군을 아우르는 잠재적인 사회적 동맹의 탄생 기반이 될 수 있다.

물론 이러한 동맹이 형성되는 과정에는 수많은 장애물이 존재하겠지만, 극복하려는 의지만 있으면 충분히 실현 가능한 일이다. 지금까지는 어떤 정당, 어떤 노조, 어떤 조직도 여성과 서민이 대부분인 이 분야를 전략의 중심에 놓거나, 그들의 걱정거리를 해결해주기 위해 노력하거나, 그들의 이익을 우선적으로 보호하려 하지 않았다.

사실, 가장 의식이 깨어있고 가장 잘 조직돼 있는 철도·항만·화물·전기·화학 분야의 노동운동 주동자들조차, 사회적 투쟁이 자신들을 통해서는 이뤄지지 않을 것을 이미 잘 알고 있고, 이는 2018년 철도개혁을 둘러싼 갈등에서도 여실히 드러났다. 1970년대 후반부터 프랑스 정치권은 그들의 요새를 무너뜨리고, 지위를 무력화하고, 기업을 민영화하고, 직원 수를 줄였다. 언론 또한 그들의 세계를 과거의 산물로 치부했다.

반대로, 사람을 상대하는 서비스와 공공 서비스 분야의 경우 별다른 조직도 없고 투쟁의 역사도 짧지만, 그들에게는 노동자 계급이 오랫동안 추구해왔던 그 무엇, 바로 미래가 있다. 현대 사회의 상징인 실리콘밸리의 다국적 기업들과 디지털 플랫폼들이 빠른 속도로 변화하는 동안, 노동계 역시 대대적인 여성화가 이뤄지는 '파격적'인 현대를 맞이했다.

두드러지는 노동계의 여성화 현상

게다가 노동계의 여성화 현상은 앞으로도 가속화될 전망이다. 미국의 노동부 통계청이 발표한 성장 가능성이 높은 직업목록에는 크게 두 가지 직업군이 포함됐다. 우선 첫 번째는 태양광 패널 또는 풍력 터빈 설치사, 석유생산플랫폼의 기술자, 수학자, 통계학자, 프로그래머와 같이 전형적으로 남성적인 직업들이다.

그리고 두 번째는 입주 간병인, 간호조무사, 의사 보조사, 간호사, 심리치료사, 운동치료사, 마사지사와 같이 전통적으로 여성이 많은 직업들이다. 2016년 프로그램 개발자 수요는 100만 명으로 예상되지만, 그에 비해 급여가 1/4에 불과한 입주 간병인과 간호조무사의 수요는 400만 명으로 추산된다.[3]

그러나 미국 피츠버그의 제철소에서 근무하던 사람이 제철소의 중국 이전으로 실직한 후, 어린이집 보조교사로 재취업하고자 할 경우 크게 두 가지 기본적인 문제가 있다. 우선, 사람들의 눈과 머릿속에, 그리고 기업과 기관에 뿌리 깊이 박힌 편견이다. 이 편견이 남성적인 근무 환경과, 가부장적 관습에 따라 대부분 여성의 일이라고 여겨지는 사회적 서비스 업종 사이에 벽을 만든다. 또한, 직업을 바꿀 가능성을 제한하는 학업적 한계도 있다. 경제주간지 〈이코노미스트〉는 2015년 5월 30일 자 특별기사 「The weaker sex」에서 "선진국의 남자 청소년들은 수학, 독서, 과학 3가지 기초과목에서 낙제할 가능성이 여자 청소년들에 비해 50% 높다"고 밝혔다. 반대로 여성의 경우 교육수준이 급격하게 높아지면서 더 쉽게 여러 직업을 오갈 수 있게 돼, 노동시장에서 좀 더 유리한 위치를 점하게 됐다.

20세기 말부터 학사학위자의 절반 이상이 여성이었다. 유네스코의 발표에 의하면, 학사학위자 중 여성의 비율이 프랑스는 56%, 미국은 58%, 폴란드는 66%다. 2016년에는 25~34세 프랑스 여성의 49%가 2년제 대학(전문기술자격증(BTS), 기술전문대학(DUT))이나 4년제 대학(학사, 석사, 박사) 수료자였으나 남성의 경우 38%에 불과했다.[4] 그럼에도 남성들은 연구직, 명예직, 권력과 관계된 직종, 급여가 높은 직종을 여전히 장악하고 있다. 그러나 대학 졸업자의 과반수를 차지하는 여성들은, 숙련된 기술을 필요로 하면서도 명성이나 돈과는 거리가 먼 서비스 업종에 상당수 종사하고 있다.

그러나, 고학력 여성의 증가는 수학, IT, 기초과학 분야의 '남초 현상'에 전혀 영향을 주지 못했다. 그 결과, 경제활동인구의 두 축인 여성과 남성 간 분야 및 계급적 차이는 점점 더 심화되고 있다. 여성들의 경우 학력은 나날이 높아지고 있음에도 대부분 불안정한 고용상태에 놓여 있으며, 의료, 사회복지, 교육 분야에 주로 종사하고 있다.

남성인력은 세계 경제를 좌지우지하는 투기 금융과 신기술 분야에 대부분 포진돼 있으며, 이 분야에서 남성의 비중은 오늘날 그 어느 때보다도 높다. 실리콘밸리 신생 기업들의 IT 인력 88%가 남성이고, 증권 거래소 애널리스트의 82%가 남성이다.[5]

완전히 상반되는 이 두 세계에서 하나의 세계는 다른 하나를 지배하고, 억누르고, 파괴한다. IT 분야의 대기업들이 '시장'의 긴축을 강요하고 탈세를 통해 국가 재정을 갉아먹은 결과로 요양 시설, 어린이집, 사회적 서비스의 인력과 자원이 줄어든다.[6] 그리고 그들의 활동이 그렇게 공공서비스를 무력화시키는 가운데, 다른 한 편에서는 은행가, 의사결정자, 개발자들이 수많은 도우미와 보조자, 강사들을 고용한다.

일반적으로 기업 대표, 고위 임원, 전문직 종사자들은 집안일을 입주 가정부에게 맡긴다.[7] 아마 이민자 출신의 가정부가 일을 그만둔다면, 이들이 가장 먼저 타격받을 것이다. 대학교수, 공증인, 의사, 페미니즘 사회학자는 과연 자신의 가정부에게 친절과 배려라는 도덕적 의무, 그리고 지난 세기 동안 남성이 여성에게 베푼 미덕을 상기시키며, 일을 계속해야 한다고 설득할 수 있을까? 여성 노동자, 중간 직업군, 초등 및 중등 교사들을 포함하는 기초 서비스 분야의 동맹이 고용주들로 구성된 상위 계층에 반대하는 방향으로 나아가야 하는 이유다.

타협이 힘든 상황 속에서, 조직화를 위한 조건

그러나, 그것이 가능할까? 그리고 어떤 조건들이 필요할까? 고립되고, 분산되고, 조직화 되어 있지 않은 상태에서, 평균 인구에 비해 이민자 비율이 높은 대인(對人) 서비스업 종사자 및 청소 노동자들의 수는 굉장히 많다. 그러나 통계적으로 많다고 해서 조직이 형성될 수 있는 것은 아니다. 통계표에 나타난 집단이 행동하는 조직으로 거듭나려면 공동체적인 의식과 정치적 계획이 필요하다.

이제까지의 사례들로 미뤄 봤을 때 노조, 정당, 사회단체 및 운동 측이 지위와 학력 수준의 차이를 넘어서서 간호사와 가정부가 함께 공감할 공동의 이익을 제시하는 역할을 맡아야 한다. 또한 역사적 요인, 미션, 투쟁을 규정함으로써 프랑스 〈BFM〉 TV(프랑스의 대표적인 24시간 뉴스 전문 채널)나 다른 전문가들이 임의대로 이야기를 만들어내지 않게 해야 한다. 그러려면 다음과 같은 두 가지 주제가 필요하다.

첫 번째 주제는, 이 집단이 가진 사회경제적인 중요성이다. 정부의 통계에서부터 언론에 이르기까지, 기초 서비스 분야에 종사하는 여성 노동자들은 생산의 개념으로 다뤄지지 않는다. 정책적으로 돌봄, 보건, 교육은 '비용'으로 간주된다. 일반인들이 이런 '관계적' 직업군에 배려, 친절, 공감과 같은 여성적 자질들을 연관 짓는 것과는 대조적이다.

여성 돌보미나 교사가 자신의 업무에서 이런 자질들을 활용한다고 해도, 그것이 그 업무의 전부는 아닐 것이다. 기초 서비스를 단순한 '비용'으로 치부하는 것, 그들의 업무를 노동자들이 생산하는 부가 아닌 헌신적인 여성들의 호의로서 인식하는 것은, 간호조무사, 간병인, 교사의 생산자로서의 정체성을 무시하는 처사다.[8] 공동체적 삶의 기초를 마련하고 해방과 자유의 부를 생산하는 일, 기초 서비스 분야에 대한 사회적 인식은 바로 이런 개념을 중심으로 새롭게 형성돼야 한다.

두 번째 주제는, 노동자들 전체에 공통적으로 해당되는 문제, 바로 인력충원의 문제다. 특히 응급실, 요양시설, 학교 등과 같은 필수 공공서비스 현장에서는 업무가 원활히 이루어지기 위해 인력 보강이 절실하다. 사람들에게 철도원이나 상품 배달원의 근무조건은 잠시 우려의 대상일 수는 있지만, 사실 피부에 와닿지는 않는다. 그러나 거동이 불편한 환자를 씻기는 시간을 줄인다든가, 지방의 산부인과를 없앤다든가, 정신질환 환자들을 돌보는 인력을 감축하는 문제로 이어질 경우, 이야기는 전혀 달라진다.

이러한 변화는 일상의 안전과 존엄에 직접적인 영향을 미치는 문제로, 사회 전체의 민감한 쟁점이 될 수 있다.

서비스의 품질은 투입된 인력의 수에 비례해 높아진다는 것을, 모두들 경험으로 알고 있다. 그러나 최적의 조건에서 업무를 수행하기 위해 더 많은 인력을 요구하는 일은, 의도는 당연히 선하고 긍정적이지만 그 과정은 가시밭길이 될 가능성이 높다. 이를 해결하기 위해서는 긴축정책, 적은 자원으로도 얼마든지 많은 성과를 낼 수 있다는 생각, 노동자들의 건강을 담보로 하는 생산성 향상의 문제를 건드려야 하기 때문이다.

게다가 죄의식을 불러일으키는 사설을 늘어놓으며 직원들에게 은근슬쩍 책임을 전가하면서 예산부족의 문제를 덮기도 한다. 일례로, 여전히 많은 요양시설들이 '인도주의' 교육을 실시하고 있다. 환자를 대할 때의 시선, 말투, 접촉에 있어서 시설이 원하는 방향을 규정해 놓은 일종의 '돌봄' 지침으로, 직원들은 이를 통해 인도주의적 자질마저 의심받게 되는 셈이다. 환자 학대 사건이 일어날 경우 그 주된 원인을 경비절감을 위한 인력감축 때문이 아닌 직원 개인의 자질부족 탓으로 돌리기 위해 명분을 미리 마련해 놓는 것과 같다.

기초 서비스 분야에 대한 자원 확충을 요구하는 일은 이익 창출과 긴축재정에 반하는 일이기 때문에, 해당 분야와 그 종사자들은 타협이 어려운 갈등 상황에 놓일 수밖에 없다. 1980년대의 자유주의 물결, 그리고 더 가깝게는 2008년의 세계 금융 위기를 겪으면서, 정치인, 중앙은행 관계자, EU 집행위원회, 첨단기술 분야의 엔지니어 출신 기업인, 국가재정을 담당하는 고위 공무원, 논설위원, 정통파 경제학자는 한목소리로 기초 서비스 분야에 대한 '비용'을 줄여야 한다고 주장했다.

이로써 결국에는 부유층의 이익을 위해 이 분야의 근무조건을 의도적으로 악화시킨 셈이 됐다. 마치 부유층이 행복해야 전체가 행복할 수 있다는 논리와도 같다. 그리고 이 집단은 자신들의 이익을 계속해서 추구하기 위해 에마뉘엘 마크롱을 수임자로 선택했다.

기초 서비스 분야의 여성 노동자들을 핵심 세력으로 하는 잠재적 동맹은, 이들이 병원, 가정, 치료실에서 이뤄지는 일상적인 행동 속에서 철학과 계획을 명확하게 구현할 때 비로소 구체화될 수 있다. 보건·교육·위생, 나아가 교통·주거·문화·커뮤니케이션 분야에 공공자금을 지원하는 일은, 자유를 저해하기는커녕 자유를 위한 선결 조건이다.

사람들의 기본적인 필요를 책임지고 나서는 것이 개인적인 만족감을 위해서가 아니라 공동체를 위해서라는 오래된 역설은, 여성 노동자들을 결집시켜 사회 전반적인 관심사를 대변하는 세력으로 나서게 하는 장기정책의 밑그림이 될 수 있다. 기초 서비스 분야 종사자들이 최적의 조건에서 임무를 수행할 수 있도록 그들에게 추가적인 자원을 할당함으로써, 도시 변두리 구역에 거주하는 노동자 계급에 그 혜택이 우선적으로 돌아가게 하는, 서비스 사회주의인 셈이다.[9]

왜냐하면 종사자의 대부분이 여성인 서비스 분야에서 동맹이 결성된다면, 모든 서민계급, 특히 세계화의 희생양이자 한때 보수주의로 돌아설까 고민하기도 했던 남성 노동자들까지 감싸 안아야 한다는 역사적 사명감을 가져야 하기 때문이다.

여성 노동자들의 정면 승부, 프랑스 정부 무릎 꿇어

여성 노동자들에게 이런 역사적 역할과 보편적 임무를 부여한다는 것이 비현실적인 판단일 수도 있다. 그러나 2016년 미 대선에서 도널드 트럼프가 승리할 가능성은 없다고 단언했었던 현실적인 판단도 결국에는 틀렸지 않은가. 당시 트럼프는 탈산업화로 타격을 입은 노동자 계급의 남성들, 보수주의 부르주아 계급, 학력이 낮은 중산층을 결집시키는 독특한 전략을 구사했었다.

트럼프의 전략을 간파한 언론과 정계는, 트럼프, 베냐민 네타냐후, 빅토르 오르반에게 표를 던진 보수적이고, 고리타분하고, 교양이 없고, 인종차별주의적인 남성 노동자 계급과, 마크롱을 비롯한 중도파 정당을 지지하는 교양 있고, 자유주의를 신봉하며, 개방적이고, 분별력이 있고, 진보적인 부르주아 계급의 대립 구도를 서구 사회의 한 단면으로서 해석했다.

그러나 이 두 양극단에 서 있는 지도자들도 시장 자본주의에 대해서는 공통된 열정을 가지고 있다는 사실은 이 단순한 대립구도에서 고려되지 않았다.[10] 이에 기초 서비스 분야에 종사하는 여성 노동자들은 또 다른 형태의 대립 구도를 제시해야 한다.

우선, 사회적 장벽의 한쪽에는 남성 중심의, 고학력 자유주의자들로 구성된 실리콘밸리의 IT 기업 대표들과 금융계 고위 임원들이 위치한다. 이들은 공공 자원을 약탈하고 조세 회피처를 드나들며, 페이스북 전 부사장이었던 차마스 팔리하피티야의 표현을 빌리자면, "사회적 조직을 분열"시키고 "사회의 기능을 파괴"하는 서비스를 만들어 판매한다.[11] 그리고 장벽의 다른 한편에는 여성 노동자 계급, 임금 노동자의 대표 주자, 공동체적 삶을 지지하고 부의 재분배를 요구하는 서비스 생산자가 있어야 한다.

"우리는 업무를 더 잘 수행하기 위해 추가적인 자원을 요구한다." 몇 주 전부터 간병인, 보육 교사, 간호조무사, 간호사, 교사, 청소부, 행정직원들은 이 같은 요구가 받아들여지지 않는다면, 바로 파업에 돌입할 것이라고 선언했다. 이는 마치 이제껏 가려져 있던 한 부분이 비로소 세상 밖으로 모습을 드러낸 듯했다. 임원, 지식인, 여성, 남성 할 것 없이 모두 본업을 그만두고 거동이 불편한 부모와 나이 어린 자녀를 보살펴야 할 터였다.

그러나 그들의 애교스러운 협박은 실패로 돌아갔다. 의회, 사무실, 언론은 등을 돌렸다. 한 요양 시설을 방문한 프랑스 총리는 파업 중이던 직원에게 침대 시트를 가는 데 1분이면 충분하지 않느냐며, 조사 결과가 그렇다고 거들먹거리며 말했다. 그녀는 총리의 말에 즉각 반박했고, 주변 사람들은 두 세계가 충돌하는 모습을 똑똑히 지켜봤다.

그러나 혼란의 5일이 지난 뒤 프랑스 정부는 결국 무릎을 꿇었다. 보편적 공공서비스에 관한 협상은 여성 노동자들에게 절대적으로 유리한 방향으로 진행돼, 이들의 운동은 서비스 업계의 인민 전선을 의미하는 '제2의 인민 전선'이라는 칭호까지 얻게 됐다.

글 · 피에르 랭베르 Pièrre Rimbert

1 「Enquête emploi 2017, 2017년 고용 조사」, Insee(프랑스 통계청): 1974년 사회적 자료, 파리.

2 Siggie Vertommen, 「Reproduction sociale et le féminisme des 99%. Interview de Tithi Bhattacharya 사회적 재생산과 99%의 페미니즘. 티티 바타차리아와의 대담」, 〈Lava〉, n° 5, 브뤼셀, 2018년 7월.

3 「Fastest growing occupations」, Bureau of Labor Statistics, Washington, DC, www.bls.gov

4 「Vers l'égalité femmes-hommes? Chiffres-clés 남녀평등을 향해? 주요 수치들」, ministère de l'enseignement supérieur, de la recherche et de l'innovation 고등교육 · 연구 · 혁신부, 파리, 2018년.

5 Kasee Bailey, 「The state of women in tech 2018」, DreamHost, 2018년 7월 26일, www.dreamhost.com / 「Renee Adams, Brad Barber, Terrance Odean, Family, values, and women in finance」, SSRN, 2016년 9월 1일, https://ssrn.com

6 Renaud Lambert & Sylvain Leder, 「L'investisseur ne vote pas 투기꾼들의 '먹잇감'이 된 정부」, 〈르몽드 디플로마티크〉, 프랑스어판 2018년 7월 · 한국어판 2018년 8월.

7 François-Xavier Devetter, Florence Jany-Catrice, Thierry Ribault, 『Les Services à la personne 사람을 상대하는 서비스』, La Découverte, 르페르 컬렉션, 파리, 2015년.

8 Bernard Friot, 「En finir avec les luttes défensives 기업은 더 이상 그들만의 것이 아니다」, 〈르몽드 디플로마티크〉 프랑스어판 · 한국어판 2017년 12월.

9 Pièrre Rimbert, 「Refonder plutôt que réformern 공공서비스를 붕괴시키는 '이상한 개혁'」, 〈르몽드 디플로마티크〉 프랑스어판 2018년 4월 · 한국어판 2018년 6월.

10 Serge Halimi & Renaud Lambert, 「Libéraux contre populistes, un clivage trompeur 포퓰리스트들과 자유주의자들의 기만적 대립」, 〈르몽드 디플로마티크〉 프랑스어판·한국어판 2018년 9월.

11 James Vincent, 「Former Facebook exec says social media is ripping apart society」, 〈The Verge〉, 2017년 12월 11일, www.theverge.com

카이엘 /// 〈당신이 하는 일을 사랑하세요〉, 2022

박성아 /// 〈스며들다〉, 2024

03

신체를
방어하며

여성들은 시민적 평등을 쟁취한 이후, 아이를 가질지 말지를 선택할 수 있는 권리를 얻었고, 이어 #미투(#MeToo) 운동을 통해 또 다른 전선을 열었다. 이를 흔히 '친밀함의 전투'라고 부른다. 전혀 새로운 개념은 아니지만, 성(性)에서의 평등과 신체의 자기 결정권을 되찾으려는 이 싸움은 여성들에게 깊이 각인된 남성 지배에 맞서는 것이다. 새로운 사회적 관계를 창조하기 위해서는 성폭력에 대한 강력한 제재가 필수이지만, 그것만으로는 충분하지 않다.

섹시즘의 오래된 미래

미셸 보종 Michel Bozon

사회학자 겸 여성학자. 국립인구연구소(INED) 선임연구원과 파리 사회과학고등연구원(EHESS)의
IRIS 연구소 연구 책임자로 활동하고 있다. 주요 저서로 『Pratique de l'amour. Le plaisir et l'inquiétude 사랑 행위, 즐거움과 우려감』
(2016), 『Age et sexualité 나이와 섹슈얼리티』(2015), 『Sociologie de la sexualité 섹슈얼리티의 사회학』(2009) 등이 있다.

2017년 가을, 할리우드 유명 제작자 하비 와인스타인의 성 추문이 보도되면서 그의 성희롱과 성폭력을 폭로한 피해 여성들의 증언이 소셜네트워크(SNS) 등을 통해 빠르게 퍼져나갔다. 이 사건은 성차별을 구조적 문제로 해석하는 계기가 됐다. 이런 해석에는 양성 간에 수직적 권력관계가 존재한다는 개념이 내포돼 있다. 즉, 양성 간에 어느 한쪽이 상대를 지배하며 자신의 이익을 우선시하거나 독점적으로 도모한다는 것이다. 성차별은 일부 남성의 고정관념이나 이상 징후가 아니다.

지성으로 타파하거나 치료할 수 있는 대상이 아니다. 다시 말하면, 성차별은 구조적 문제다. 따라서 다양한 영역에서의 여성 불평등은 성차별을 더욱 강화하는 역할을 한다. 이 불평등들이 서로 이어져 무시무시한 하나의 성차별 체계를 구축하고 결국 이를 무너뜨리기 어렵게 만든다. 가령 임금 차별, 여성의 높은 가사노동 부담, 직업적 불안정성, 정치·문화·스포츠계에서 차지하는 여성의 낮은 비중, 성차별적 언행과 성적 괴롭힘 등 온갖 불평등한 문제들이 서로 긴밀히 연결된 셈이다.

요컨대 성차별은 복합적으로 작용한다. 다양한 진원지를 중심으로 구축되기 때문에, 설령 한 영역(가령 교육 분야)에서 불평등이 약화되더라도, 성차별은 손쉽게 새로운 형태로 재구축된다. 게다가 불평등은 끊임없이 스스로 합리화하는 방식이나 이유를 바꿔가며 양성평등의 사상과 규범이 발전하는 데 지속적으로 방해가 된다.

▲ 박성아 /// 〈다크니스: 삶의 인내〉, 2021

따라서 성차별에 맞서는 투쟁 역시 그와 같이 '유연해질' 필요가 있다. 2017년 가을, 대중의 공분을 자아낸 성차별 행태는 모두 성(섹슈얼리티)과 관련돼 있다. 그렇다면 성이 성차별을 낳는 데 특별한 역할을 한 것인가? 혹은 성과 관련한 영역에서 남녀 관계가 급격히 악화된 것이 문제일까? 이제 고인이 된 프랑수아즈 에리티에[1]의 연구를 보면, 이 질문에 그렇다고 답할 수 있을지 모른다. 이 인류학자는 남녀의 신체적 차이와 생식(生殖)에 대한 관찰 결과를 놓고 볼 때, 젠더 간 불평등이 남녀의 태생적 차이에 그 뿌리를 두고 있다고 보았다.

이런 사상은 남성적인 것이나 남성을 상징하는 것들이 여성적인 것보다 훨씬 우월하다고 보는 어떤 불평등한 관념을 만들어냈다. 그 결과 직접 출산이 불가능한 남성은 여성의 후손에 대한 권리를 정당하지 않은 방식으로 부여받거나 빼앗게 되었다. 성(性)을 능동적 주체의 남성과 수동적 객체의 여성으로 설정하려는 이분법적 사고는 성별에 대한 차등적 의미화, 즉 남성과 여성에게 사회적으로 서로 다른 의미와 역할을 부여하는 '양성의 차별적 유의성'에서 기인한다.

이는 프랑수아즈 에리티에가 말한 이른바 "남성적 충동의 적법성(남성의 욕망이나 충동, 즉 성적 욕망, 지배욕, 주도권 추구 등을 자연스럽고 정당한 것으로 간주하며, 그 어떤 논쟁이나 반박이 불가능하다는 논리-역주)"을 이루는 모태가 된다고도 볼 수 있다. 말하자면 성적영역에서는 남녀의 신체적 차이와 남성성/여성성이라는 이분법적 개념을 토대로, 세월이 흘러도 변치 않는 뿌리 깊은 불평등이 존재한다고 볼 수 있다. 그러니 이런 '차이의 사상'과 그 영향들에 맞서 싸우는 일은 매우 힘든 일일 것이다.

성(性), 특히 여성을 둘러싼 지난 50년의 변화

그러나 현실의 성이 우리의 인식체계 속의 성만큼 결코 요지부동인 것은 아니다. 지난 50년 간 젠더와 섹슈얼리티 영역에서 깊고 큰 변화가 일었다. 덕분에 현대인의 성 인식과 성폭력에 대한 해석이 보다 현실적으로 구체화되었으며, 이를 토대로 프랑수아즈 에리티에의 인류학적 성찰 또한 보완할 길이 열렸다. 한 가지 분명한 사실은 여성에게 좀 더 많은 가능성이 열린 만큼, 남성에게도 평등에 저항하는 다양한 방식이 주어졌다는 점이다.

성차별에 대한 비판은 특히 섹슈얼리티 측면에서 양성이 좀 더 평등해진 현실에 기반을 둔다. 1960년대 이후 성에 대한 사회적 태도가 어떻게 변화했는지 중요한 몇몇 단계들을 짚어보자. 여성의 교육수준 향상, 노동시장 참여확대, 가정의 변화, 양성평등법 제정 등이 주요 변화들로 꼽힌다. 주로 여성에게 큰 영향을 미친 사회적 변화 속에서, 성적 태도도 변화했다는 점을 지적할 수 있다. 이런 변화들은 주된 권력관계를 뒤흔들 정도는 아니라 해도, 여성에게 운신의 자유를 명백히 주었다.

피임기술이 발전하고 대중화되면서(프랑스에서는 1970년대 이후), 생식을 위한 성행위와 그렇지 않은 성행위가 분리됐다. 여성의 생애에서 임신이 차지하는 시간도 단축됐다. 1980년대 이후 청년기가 길어진 것 역시 여성의 위상을 바꿔놓았다. 중등교육이 일반화되고 고등교육을 받는 사람이 증가하면서, 어느덧 청년기는 인생 항로에서 일종의 교육 시기이자, 결혼을 전제하지 않고도 성을 즐길 수 있는 시기가 됐다. 1960년대 이후 여성이 첫 성관계를 가지는 평균연령이 낮아지고(프랑스의 경우 17.5세)[2], 평균 혼인연령은 높아진 것이 그 이유였다.

가령 1972년 프랑스의 혼인은 41만 6,000건에서 2016년 23만 5,000건(그중 7,000건은 동성 간의 결혼)으로 줄었고, 여성의 평균 혼인연령은 35세로 높아졌다.[3] 1950~1960년대 초와 비교한다면 큰 변화였다. 그때까지 여성은 무조건, 특히 결혼 전에는 조신하게 살아야 하는 반면, 남성은 젊음과 쾌락을 만끽하며 지냈다. 한편 장년층의 성생활 시기도 연장됐다. 1970년에는 성생활을 즐기는 50세 이상 기혼여성이 50%에 그쳤지만, 2000년대에는 90%로 증가했다.[4]

폐경은 더 이상 성생활의 끝을 의미할 수 없게 됐다. 더욱이 1980년대 이후 결혼제도가 약화되면서 결혼과는 무관하게 성을 즐기는 생활방식이 자리 잡았다. 특히 여성의 변화가 두드러졌다. 가령 일생 동안 1명보다 많은 파트너를 경험하는 여성은 1970년대에는 1/3에 불과했지만, 2006년에는 2/3로 늘어났다. 더욱이 동성 파트너와 관계를 맺는 여성도 증가했다. 오늘날 현대인은 연인이나 배우자와 헤어지는 경우가 흔한 만큼, 여성도 혼인 여부나 자녀 유무와는 무관하게 새로운 파트너를 만나는 일이 남성만큼 흔해졌다.

한편 2000년대 새로운 통신기술의 등장은 가까운 사람들의 눈을 피해 새로운 연인이나 섹스 파트너와 다양한 만남을 가질 수 있는 환경을 조성했다. 젊은 여성의 경우, 이제 거의 남성과 대등한 수준이다.[5] 이들의 성생활은 가임기 기혼 커플이라는 틀에 갇혀 있지 않다.

또한 성관계에서도 불평등한 관행이 사라지고, 좀 더 평등한 성관계 관습이 나타나고 있다.[6] 1970년대만 해도 남성이 성관계를 주도한다고 답변한 남녀는 전체인구의 2/3에 달했다. 즉 폭력적이든 아니든, 남성의 결정으로 성관계가 이뤄졌던 셈이다.

그러나 2000년대 중반 이후, 서로가 원해서 마지막 관계를 맺었다고 응답하는 경우가 남녀 모두 4/5에 달했다. 더 이상 여성의 수동성이 표준적인 모델이 아니라는 말이다. 이제는 상호 간에 합의된 욕망을 전제로 한 관계만이 일반적이고 바람직한 성으로 인식된다. 이런 모델에 부합하지 않는 관계는 불만족스럽거나 혹은 폭력적인 섹스로 간주된다.

섹스의 형태도 한결 폭넓어지고, 파트너 간 상호성이 중요한 가치로 부각됐다. 지난 40년간 프랑스에서 실시한 대대적인 연구 조사에 따르면, 애무나 상호 성기자극(마스터베이션), 혹은 구강성교(오럴섹스)의 비율이 매우 높아졌다. 2000년대 통계를 보면, 25~49세 여성의 65%가 펠라티오(남성의 성기를 애무하는 구강성교·역주)를 간혹 또는 종종 즐기는 것으로 조사됐다.

커닐링구스(여성의 성기를 애무하는 구강성교·역주)를 즐기는 남성도 70%에 달했다. 더욱이 한 번 관계에서 파트너끼리 서로 펠라티오와 커닐링구스를 나누는 경우도 흔해졌다. 한편 삽입 없는 섹스가 그 자체로 온전한 쾌락의 원천으로 성생활의 일부가 되기도 했다.[7] 과거에는 상상조차 할 수 없었지만, 혼자 자위를 즐기는 여성 역시 상당수 증가했다.

마찬가지로 대부분의 여성(73%)이 포르노 영화를 시청한 적이 있는 것으로 조사됐다. 비록 주기적으로 시청하는 여성은 단 20%에 그쳤지만 말이다.[8] 1970년대~2000년대, 대체로 성생활에 만족한다고 답변하거나, 마지막 관계에서 오르가즘을 느꼈다고 응답(2000년대, 81%)한 여성이 현저히 증가한 현실은 여성이 상호적 관계 속에 더욱 적극적으로 성을 즐기는 현상과 관련이 깊다. 최근 수십 년 동안 남녀 간에 삶의 패턴이나 성적 관습이 서로 비슷해지고, 성을 대하는 태도 역시 훨씬 개방적으로 변했다.

성폭력·성차별의 근본적인 목적은 '권력 유지'

그러나 그렇다고 갑자기 남녀의 성적 태도를 평가하거나 측정하는 기준까지 동등해진 것은 아니다. 2000년대 설문조사를 보면, 응답자들은 남녀 간에 성적 동기를 이분법적으로 이해하는 것으로 나타났다.

가령 "남성이 태생적으로 성적 욕구를 더 많이 타고났다"라고 응답한 사람이 남녀 공히 2/3에 달했고, "사랑 없이도 성관계를 가질 수 있다"라는 문항에 "아니오"라고 답한 사람은 여성은 54%였지만(물론 전적으로 믿을 수는 없지만), 남성은 30%에 그쳤다.

현실의 변화와 달리, 여전히 상호적인 성적 관계에서 수직적 가치관이 널리 남아 있는 셈이다. 가령 여성이 여성성을 과시하는 것은 괜찮지만, 성적 욕구를 공공연히 표현하는 것은 금기사항인 것이다. 일부 심리학자들마저 동의하는 가장 지배적인 생각은, 여성은 남성이 요구할 때에야 비로소 자극을 받아 수동적 혹은 부차적으로 성적 욕구를 표출한다는 편견이다.

반면 남성은 절대적인 충동에 종속돼 있다고 본다. 섹슈얼리티에 대한 이런 수직적 인식에 따르면, 여성의 욕망은 남성이 일깨워주지 않는 한 대부분 조용히 잠들어 있다고 간주된다. 섹슈얼리티에 대한 수직적 가치관은 바로 이런 사실을 모토로 삼는다.

사랑에 기반하지 않은 욕망, 또는 동성애에 대한 욕망을 표출하는 여자는 방탕하다고 평가받거나 가차 없이 비판받는다. 모든 계층의 여성은 이런 식으로 자신의 평판이 훼손되는 것을 매우 두려워한다. 문제의 성차별 행위들에 사람들은 흔히 '발정 난 돼지' 등의 표현을 갖다 붙인다.

그러나 그것은 본질을 호도한다. 성폭력, 성희롱, 성과 관련된 욕설은 결코 참기 힘든 남성의 성적 충동에서 기인하는 것이 아니다. 그것은 "여성을 본연의 자리로 되돌려" 놓으려는, 여성에게 질서를 환기하고, 남성의 위상을 지켜내려는 일종의 궁색한 전략이자 폭력적인 언어의 방식이다. 여성은 이제 단순히 수많은 새로운 공간(직장, 정치계, 공적 공간, 새로운 형태의 소통 수단, 심지어 가족 등)에 등장만 한 것이 아니라, 그곳에서 높은 영향력을 행사하기까지 한다.

이러한 언어적 폭력과 괴롭힘(온라인 포함한)은 전통적인 권력 행사인 동시에, 현대사회에서 일상적으로 남녀가 접촉하는 환경에 매우 적합하게 개발된 일종의 현실적인 성차별 전술이기도 하다. 문제의 폭력 행위는 점차 확대되는 양성평등에 대한 반응, 한마디로 시대적 흐름을 역행하는 반동(反動)인 것이다. 이러한 반동은 수직적 관계와 지위를 재확인하는 역할을 한다.

프랑스국립인구연구소(INED)의 '폭력과 젠더 관계'조사[9] 결과가 담긴 한 연구 논문에서, 아망딘 르뷔글 연구원과 그의 동료들은 공적 공간에서 일어나는 폭력의 행태를 모두 다섯 가지 유형으로 구분했다. 욕설, 추근대기, 물리적 폭력, 성적 괴롭힘과 추행, 성폭행이 바로 그것이다. 특히 추근대기, 괴롭힘, 폭력 등 성적인 성격이 함의된 폭력으로 가장 큰 피해를 보고 있는 대상은 도시에 사는 젊은 여성들이었다. 그러나 사실 이런 행위는 '성적 욕구를 충족'하려는 목적보다는 여성에게 위협감이나 수치심을 주어 공적 공간이 남성의 전유물임을 알리는 방법으로 활용된다. 말하자면 일방적인 형태의 권력행위인 것이다.

공적 공간을 자주 드나드는 여성을 성적으로 비하하는 등의 욕설 행위도 마찬가지다. 여성을 해당 공간에서 몰아내기 위한 행위이다. 2017년 가을, 여성들의 폭로로 대거 드러난 직장 내 성차별적 행태 역시 여성에게 직업적 역량이 부족하고 남성에 종속돼 있다는 사실을 환기하려는 목적 아래 자행된 경우에 해당한다. 말하자면 직장 내 차별의 한 형태인 것이다.

따라서 섹슈얼리티 영역에서 성차별이 표출된다고 해서, 섹슈얼리티가 본래 성차별적 특성을 지니거나 성차별의 원인이 되는 것으로 이해해서는 안 된다. 혹은 소녀나 젊은 여성들이 섹슈얼리티에서 배제돼야 한다는 의미도, 현시대가 성적으로 더 폭력적이라는 뜻도 아니다. 오히려 성희롱과 성추행, 성폭력 피해에 대한 분노는 평등한 성 문화의 확대를 바탕으로 한 일종의 저항이자 '희생자를 비난'하던 과거의 인습에서 벗어나려는 움직임을 의미한다.

평등한 상호적 관계와는 거리가 먼, 성폭력과 성차별적 언행은 결코 성적인 목적만을 추구하지 않는다. 권력을 유지하고, 경계를 짓고, 젠더의 특권을 강화하고, 발언권이 확대된 여성의 지위를 하락시키려는 것이 주된 목적이다. 그러니 이런 폭력을 막는 것이야말로 우리가 모두 함께 해야 할 정치적 과업인 셈이다.

글 · 미셸 보종 Michel Bozon

1 FranÇoise Héritier, 2017년 11월 작고한 인종학자이자 인류학자. 주요 저서로 『남성성/여성성. 차이의 사상』 (Odile Jacob · Paris · 1996)이 있다.
2 「보건 바로미터 조사」, 프랑스공공보건기구(Santé publique France), 파리, 2010년.
3 「프랑스통계청(INSEE) 프리미어. 2016년 인구 조사 통계」, 프랑스통계청(INSEE), 파리.
4 특별한 언급을 제외하고, 이 글에 나오는 수치는 모두 「프랑스의 성 상황」 조사에서 인용했다. 이 조사에 대한 결과는 나탈리 바조스와 미셸 보종이 저술한 『프랑스 성에 관한 조사. 관행과 젠더 그리고 건강』(La Découverte · 파리 · 2008)에도 소개했다. 더 오래된 과거의 통계수치는 피에르 시몽과 동료들이 저술한 『프랑스인 성행태에 관한 보고서』(René Julliard Pierre Charron · 파리 · 1972)와 알프레드 스피라와 나탈리 바조스가 저술한 『프랑스 성 행태에 관한 분석(ACSF)』(La Documentation française · 파리 · 1993)에서 인용했다.
5 Marie Bergström, 「온라인 맞선 사이트: 프랑스에서는 누가 이용하나? 누가 그곳에서 배우자를 만나는가?」, 〈인구와 사회〉, 제530호, 프랑스국립인구연구소(INED), 파리, 2016년 2월.
6 『성 사회학 50년. 1960년대 이후 시각과 행동의 변화. 반세기의 변화』, Academia L'Harmattan, 루뱅라뇌브 파리, 2014년.
7 Armello Andro, Nathalie Bajos, 「삽입 없는 섹스. 그동안 도외시되던 성생활 유형」, 앞의 책 『프랑스 성에 관한 조사』에서.
8 포르노와 청소년에 관한 어른들의 걱정에 관한 부분은 〈Agora Débat Jeunesse〉(Sciences Po Les Presses · 파리 · 2012) 제60호에 실린 「젊은이들의 성 자율성과 어른들의 도덕적 공포」 참조.
9 Amandine Lebugle을 책임자로 진행된 연구팀, 「공적공간에서 주로 대도시 젊은 여성들을 표적으로 일어나는 폭력」, 〈인구와 사회〉, 제550호, INED, 2017년 12월.

트랜스젠더와 논바이너리, 그 페미니스트 투쟁

에마뉘엘 보바티 Emmanuel Beaubatie

사회학자. 프랑스 국립과학연구센터 연구원 및 유럽 사회학·정치과학 연구센터 파리 주재 연구원으로 활동하며 트랜스 정체성과
사회적 계급 이동을 주제로 연구하고 있다. 저서로 『Ne suis-je pas une féministe? 나는 페미니스트가 아닌가?』(2024)가 있다.

트랜스젠더와 논바이너리(non-binary, 남성과 여성이라는 이분법적인 성별에서 벗어났다고 생각하는 사람-역주)는 여성 운동을 표방하는 환경에서 항상 좋게 환영받지는 못했다. 오래된 이 긴장 관계는 1970년대 프랑스 페미니스트들의 일부와 레즈비언들 사이의 대립을 떠올리게 한다. 하지만 이러한 소수자들은 '자연'이라는 개념 자체를 근본적으로 비판함으로써, 시대를 막론하고 모두를 위한 해방 담론의 지평을 넓혀 왔다.

약 10년 전부터 트랜스젠더와 논바이너리는 사회적 가시성을 확보하며 새로운 권리를 점차 획득해 왔다. 2016년, 프랑스 법률은 주민등록상 성별 변경 과정에서 불임 의무를 폐지했다. 인권 침해 요소를 제거한 이 조치는 동시에 우리가 알고 있다고 생각했던 기존의 가족 개념을 뒤흔들어, 남성이 출산할 수 있고, 여성이 다른 여성과 함께 자녀를 가질 수 있게 된 것이다.[1]

이 법률 채택 이후, 프랑스 형법은 "성 정체성"에 기반한 차별을 금지하고 있지만, 논바이너리는 법적으로 인정받지 못했다. 2021년, 한 시행령은 트랜스젠더와 논바이너리 청소년들이 학교에서 그들이 사용하는 이름과 대명사를 존중받을 수 있도록 허용했다.

국제적 차원에서는 2022년에 트랜스젠더 정체성이 정신 질환으로 분류된 질병 목록에서 제외되었다. 성별의 경계가 서서히 그러나 명백히 열리고 있으며, 성별 범주 간의 이동을 정당화하고 심지어 이러한 범주 자체에 의문을 제기하고 있다. 성별 질서의 이러한 변화 속에서 저항이 느껴지고 있다. 보수적인 운동들이 트랜스젠더와 논바이너리 사람들의 권리를 공격하고 있

다-의료 지원에 대한 권리(특히 미성년자), 그들의 정체성과 사생활 존중 권리, 낙태나 출산의 권리 등.

그러나 대부분의 경우, 이런 공격은 그들의 존재 자체를 부정하는 데까지 이르고 있으며, 때로는 그것을 일시적인 유행으로 간주하거나, 억압된 동성애의 또 다른 형태로 해석하기도 한다. 이러한 담론들이 때때로 이 집단들의 권리 진전에 따른 "반발"(backlash)[2]로 제시되지만, 이 담론들은 실제로 오래된 역사에 근거하고 있으며 때때로 예상치 못한 공간, 특히 페미니스트들 사이에서 자리 잡고 있다. 사실상 일부 활동가들은 여성의 이름으로 트랜스젠더와 논바이너리 정체성에 대한 반대를 자신들의 핵심 의제로 삼고 있다. 1979년 미국에서는 페미니스트 연구 교수인 제니스 레이몬드의 베스트셀러 『성전환자 제국(The Transsexual Empire)』이 출간되었다.

이 책은 트랜스 여성을 가부장제의 대리인으로 묘사하며, 그들이 여성 공간을 침범·식민화해 지배를 유지하려 한다고 주장한다. 이러한 수사학은 많이 바뀌지 않았다. 특히 오늘날에는 '반성별 운동(anti-gender movement. 트랜스젠더, 논바이너리, 젠더 다양성 등을 인정하지 않고, 전통적인 성별 이분법 및 이성애 중심적 질서를 유지하려는 사회적 흐름-역주)'의 세속화를 배경으로 한 극우적 담론들이 새로운 방식으로 다시 부상하고 있다.[3]

그러나 이러한 담론들은 단지 페미니즘의 반동적 전유(專有)에만 국한되지 않는다.[4] 때때로 다양한 정도와 방식으로, 자유주의 페미니스트나 자신을 좌파라고 주장하는 사람들 사이에서도 발견된다.[5] 또한, 이들은 트랜스젠더와 논바이너리 사람들만을 대상으로 하지 않는다.

페미니즘의 역사에는 다른 소수자들 또한 소외된 사례가 존재한다. 예를 들어 1970년대 여성해방운동(MLF, Mouvement de Liberation des Femmes)에서 레즈비언들이 그런 경우였다.

일부 레즈비언은 자신의 동성애를 성 해방의 실천으로 간주하며 스스로를 '여성'으로 동일시하지 않겠다고 주장했고, 이로 인해 페미니즘 운동에서 배제되었다. 이러한 입장은 페미니즘의 정치적 주체에 대한 불안감, 즉 페미니즘 안에서 '여성'이라는 정체성이 어디까지 포함되는지를 두고 논란과 긴장을 만들어냈다.[6]

▲ 카이엘 /// 〈사수〉, 2022

더 극적인 사례로는 히잡을 쓴 무슬림 여성들의 경우가 있다. 그들은 당시에도 그리고 지금도 완전한 권리를 지닌 여성으로 간주되지 않는다.[7] 이러한 가변적인 낙인의 이면에는 결국 페미니즘의 정치적 주체가 누구인가를 둘러싼 경계의 문제가 놓여 있다. 페미니스트 투쟁이란 무엇인가? 누가 그것을 주장할 정당성을 가지고 있는가? 자세히 살펴보면, 트랜스젠더와 논바이너리 사람들의 투쟁은 분명히 여성들의 투쟁의 연장선상에 있다.

그들 이전의 시스젠더(cisgender, 생물학적 성별과 심리적인 성별이 서로 일치하는 사람-역주) 여성들처럼 이 집단들은 자신의 몸을 처분할 권리, 즉 '자기결정권'을 요구하고 있다. 이 권리는 그들에게 오랫동안 박탈되었는데, 처음에는 의료적 돌봄에 접근할 수 없도록 막았고, 이후에는 정신과 의사들에 의해 의료적 접근 자체가 통제되었다. 그 이후로는 성별 전환 과정에서 강제 불임을 통해, 그리고 오늘날에도 생식 권리의 제한을 통해 그러한 상태가 계속되고 있다(트랜스젠더 남성은 의학적으로 보조된 생식(PMA)에 접근할 수 없으며, 파트너와 육체적으로 자녀를 갖는 트랜스젠더 여성은 자신의 아이를 입양해야 한다).

그러나 무엇보다도 트랜스젠더와 논바이너리 사람들의 투쟁은 페미니스트 운동과 함께 그들의 지위, 운명, 그리고 우리 사회에서의 위치를 결정짓는다고 주장되는 소위 '자연적인 조건'을 거부한다는 공통점을 갖고 있다. 자연이라는 개념에 맞서 싸우는 것, 이것이 두 운동의 중심축이다. 이 개념은 프랑스 사회학자 콜레트 기요민이 언급했듯이 "여성은 암컷이기 때문에 여성이다"라고 주장하는 것이다. 기요민은 성별 질서를 자연적 질서로 제시하는 방식은 여성들을 '자연화된 자리'—즉 생식적, 모성적, 그리고 종종 희생적인 역할—에 다시 배치할 위험을 안고 있다고 지적한다.

또한 기요민에 따르면 이러한 담론은 권력관계가 사회적 사실이며, 여성과 남성을 차별화하고 계층화하는 것이 자연 그 자체가 아니라는 점을 잊게 하는 경향이 있다. 권력과 지배의 사회적 구조가 생물학에 그 의미를 부여한다. 사회학자이자 페미니스트 활동가인 크리스틴 델피는 그녀의 유명한 격언으로 이를 설명했다. "성별(젠더)이 생물학적 성(섹스)을 선행한다."

이는 우리가 흔히 '남자', '여자'라고 생각하는 생물학적 구분조차, 사실은 사회가 만들어낸

젠더(성 역할)의 틀에 따라 정의된다는 것을 의미한다. 몸은 그 자체로 아무 말도 하지 않는다. 우리는 몸에 의미를 부여함으로써 그것을 '남성'이나 '여성'으로 해석하는 것이다.

그렇다면 트랜스젠더나 논바이너리처럼 기존의 성별 구분에 부합하지 않는 사람들은 성별 질서를 전복하는 혁명적 존재일까? 그렇게 단순하게 말하기는 어렵다. 왜냐하면 성별 구분은 여전히 강하게 작동하고 있으며, 그 체계에서 벗어나고자 하는 사람들은 다양한 제약과 차별, 그리고 폭력에 직면하기 때문이다. "성 혁명"이 실현되지 않았듯, 성별 혁명도 존재하지 않는다.

성별과 성에 얽힌 권력관계는 사라지는 것이 아니라, 끊임없이 형태를 바꾸며 재구성된다. 예를 들어, 1975년 프랑스에서 임신중절(IVG)을 비범죄화한 '베이유 법'은 시스젠더 여성들을 모든 생식의 명령으로부터 완전히 해방시켜주지는 못했다. 마찬가지로, 트랜스젠더와 논바이너리 인구가 증가했다고 해서 이제는 누구나 원하는 성별을 별다른 대가 없이 자유롭게 선택할 수 있게 되었다고 말할 수는 없다. 성별은 단순히 옷을 갈아입듯 쉽게 바꿀 수 있는 것이 아니다. 성전환은 오히려 끊임없는 사회적 이동성을 수반하며, 그 과정에서 수많은 차별과 폭력에 노출될 위험이 따른다.

성별의 경계, 시스젠더와 닮은 투쟁

일종의 성별 이탈자로서, 트랜스젠더는 성별 경계의 양쪽에서 세상을 본 유일한 사람들이며, 이 경계의 양측을 지배하는 법칙의 엄격함을 그들의 육체로 경험해봤다. 한편, 논바이너리는 매일 슬픈 현실에 직면한다. 캔디스 웨스트와 돈 짐머만의 말처럼 "성별을 수행하는 것"은 선택이 아닌 의무이기 때문이다. 이 두 사회학자는, 사회적 상호작용이 이해 가능하려면 사람은 자신에게 주어진 성별을 '설명'하고, 여성 또는 남성이라는 정체성을 수행해야 하며, 다른 선택지는 사실상 허용되지 않는다는 점을 지적했다.

개인들은 여전히 국가에 의해, 타인에 의해, 그리고 종종 그들 자신에 의해 두 가지, 오직 두 가지 방식으로만 분류된다. 비록 성별은 생물학적 운명으로부터 멀어졌지만 사회적 혁명을 이루지는 못한 채, 계속해서 모든 사람의 삶에 제약을 가한다.

이런 상황에도, 일부 페미니스트들은 논바이너리가 그들의 투쟁 기반을 훼손할까 우려한다. 만약 사람만큼이나 많은 성별이 있다면, 어떻게 여성과 남성 사이의 불평등을 객관화하는 것을 계속할 수 있을까? 또한, 어떻게 동등성 정책을 통한 평등을 보장할 수 있을까?

성별에 대해서는 오늘날에도 여전히 질문이 제기되고 있지만, 계급에 대해서는 이미 해답을 찾았다. 사회학은 오랫동안 사회적 공간이 단순한 이분법, 즉 부르주아 대 프롤레타리아의 경제적 투쟁—으로 설명되지 않는다는 사실을 증명해왔다.

다수의 계급과 계급의 분파가 존재하며, 그 다양성에도 불구하고 여전히 깊이 계층화되어 있다. 성별도 마찬가지다. 성별의 사회적 공간은 두 가지 범주로 축소될 수 없는 다양한 생활 방식을 포함하지만, 이 방식들은 제도나 타인의 시선 속에서 어느 것은 더 정당하게 여겨지고, 어느 것은 덜 정당하게 여겨진다. 우리는 모든 여성과 모든 남성이 서로 닮지 않았다는 것을 알 수 있고 볼 수 있다.

남성성은 여전히 여성성보다 더 가치 있게 여겨지지만, 더 많거나 적게 존중받는 남성성과 여성성(아마도 논바이너리성도)이 있다. 트랜스젠더와 논바이너리 운동은 성별의 유동성과 다양성을 생각할 수 있게 한다. 그러나 이 운동은 남성 지배의 구조, 그리고 그것이 지닌 놀라운 안정성을 결코 부정하지 않았다. 그 이유가 있다. 바로 그것이 이들을 낙인찍힌 소수자로 만드는 것이다.

그들의 투쟁이 시스젠더 페미니스트들의 투쟁과 그렇게 닮았다면, 그것은 그들이 근본적으로 같은 억압 시스템과 싸우고 있기 때문이다. 그들의 활동은 이런 면에서 서로 연대한다. 트랜스젠더와 논바이너리의 권리가 주장될 때마다, 시스젠더 여성의 권리 또한 동시에 재확인된다.

글 · 에마뉘엘 보바티 Emmanuel Beaubatie

1. 2016년 11월 18일 법률 제2016-1547호, 21세기 사법 현대화에 관한 법률.
2. Susan Faludi, 『반발. 여성에 대한 냉전』, 여성출판사, 파리, 2020(초판: 1991).
3. Magali Della Sudda, 『새로운 우파 여성들』, 오르 다탕트, 파리, 2022 참조.
4. Roman Kuhar, David Paternotte(감독), 『유럽의 반젠더 캠페인. 평등에 대한 동원』, 리옹 대학 출판부, 2018.
5. Mauro Cabral Grinspan, Ilana Eloit, David Paternotte, Miqué Verluca(조정), 「TERF의 다양성」 특집 참조, 〈DiGeSt〉 다양성 및 젠더 연구 저널, 제10권, 2호, 루벤, 2023.
6. 특히 레즈비언 철학자 Monique Wittig는 "레즈비언은 여성이 아니다"라고 주장하며 페미니스트 논쟁을 일으켰다. 「직선적 사고」, 〈페미니스트 질문〉, 7호, 파리, 1980. Ilana Eloit, 「레즈비언 트러블: 페미니즘, 이성애 그리고 프랑스 국가(1970-1981)」, 젠더 연구 논문, 런던 경제 대학, 2018에서 이 시기에 대한 설명도 참조.
7. 이 주제에 관해서는 Hanan Karimi, 『무슬림 여성은 여성이 아닌가?』, 오르 다탕트, 2023 참조.

재앙 수준의 러시아 가정 폭력

오드레 르벨 Audrey Lebel

〈르몽드 디플로마티크〉특파원. 여성 인권과 젠더 기반 폭력, 중동 및 동유럽 정치 문제를 집중 취재해왔다. 『Nos amis saoudiens』 (2023)을 통해 프랑스-사우디아라비아 관계를 비판적으로 조명했으며, 2017년 우크라이나의 키이우에 체류하면서 마이단 혁명이 우크라이나 여성들에게 미친 영향 등에 대해 보도했다.

구소련의 입법체계와 마찬가지로, 오늘날의 러시아 법제에서도 가정폭력의 특수성은 고려되지 않고 있다. 구소련 체제하에서는 형법적 측면까지 포함해 남녀의 동등한 권리를 인정하며 가정을 중시했는데, 바로 이 점이 오늘날 법 개정에 반대하는 보수 세력에게는 골칫거리로 작용하고 있다.

크레스티나, 안젤리나, 마리아. 3명의 하차투리안 자매는 최대 20년 형을 받을 위기에 처했다가 간신히 살아났다. 부친에게 심하게 매를 맞고 학대당한 이들은 부친을 살해했고, 계획살인 혐의로 고소돼 재판에 넘겨졌다. 심지어 이들은 강간, 성폭행까지 당했다. 사건 발생일인 2018년 7월 27일, 당시 세 여성의 연령은 각각 19세와 18세, 17세로 3명 모두 20세가 채 되지 않았다.

연간 8,343명이 가정폭력으로 사망하는 현실

세 자매가 처벌당할 위기에 처하자, 여성해방운동가 알레나 포포바는 SNS상에서 성폭력 규탄 운동을 개진했다. 수백만 명의 네티즌들도 인스타그램과 브콘탁테(러시아판 페이스북), 트위터 등 SNS에 멍들고 상처 난 얼굴로 분장해 사진을 올렸다. 2012년에 발표된 러시아 연방통계청의 집계자료[1]에 의하면, 남편의 폭력에 의한 여성 피해자 수는 1,600만 명에 달한다. 1992

년에 설립된 가정폭력 피해자 보호센터의 발표에서도, 이전 배우자와 현재 배우자의 폭력으로 63분마다 여성 1명이 목숨을 잃고 있다고 발표했다. 연간 8,343명이 가정폭력으로 죽어가고 있는 셈이다.

대다수 국가와 달리, 러시아에는 가정폭력 특별법이 따로 존재하지 않는다. 2019년 7월, 유럽인권재판소는 부부간 가정폭력 재판에서 처음으로 러시아에 제재를 가했다. "러시아 당국의 보호를 충분히 받지 못했다"라며 소송을 제기한 발레리아 볼로디나에게 위자료 2만 유로를 지급하라는 판결이었다. 러시아의 법제에 법률적 공백이 있다고 본 유럽인권재판소는 피해자에 대한 보호법령이 없었기 때문에 이런 비극을 구조적으로 해결할 수 없는 상황이라고 지적했다.

유럽회의(Council of Europe) 47개 회

▲ 빅토리아 소로친스키 /// 〈Room7〉, 2007~2008

원국 가운데 여성에 대한 폭력, 가정 내 폭력의 예방 및 퇴치를 위한 2011년 이스탄불 협약을 조인·비준하지 않은 나라는 러시아와 아제르바이잔, 둘 뿐이다. 판결문에서 유럽인권재판소는 러시아 당국이 문제의 "심각성을 인정하길 꺼렸다"라고 기술했다. 이와 유사한 다른 4건의 소송 역시 유럽인권재판소의 심의를 기다리는 중이다.

러시아에 가정폭력 특별법이 없는 이유는 구소련의 법질서를 계승하는 과정에서 비롯된 것이다. 사실 이는 양날의 칼과 같은 유산이었다. 초창기 소비에트 연방은 여성 인권 측면에서 상대적으로 앞서 있었다. 1917년부터 이미 '혼인계약 파기'에 관한 법령이 있었고, 이혼에 대한 인식도 널리 퍼져 있었다. 그해 볼셰비키당은 여성들에게도 투표권을 부여했고, 1920년에는 소련이 임신중절 수술을 합법화한 세계 최초의 국가가 되었다.

또한, 여성을 가사노동으로부터 해방하기 위한 탁아소와 세탁소, 급식소 같은 시설도 마련됐는데, 이를 주도적으로 추진한 알렉산드라 콜론타이는 현대사 최초의 여성 장관으로서, 단 한 사람과 독점적으로 결혼해야 하는 사회적 관습의 폐지를 주장하기도 했다. 당시 이러한 주장의 목적은 가정을 부르주아적 제도로 간주하고 그것을 해체하는 데 있었다.

'여성'이 아닌 '친족'을 보호하는 법

하지만 1930년대, 스탈린은 여권 신장 측면에서 선진화된 요소들을 전부 뒤집었다. 1차 세계대전과 러시아 내전 동안 남성의 수가 줄어들면서 여성들도 이제는 결혼 상대를 찾기가 쉽지 않았다. 따라서 '이혼의 자유'가 여성에게 늘 이로운 것은 아니었다. 혼자 자녀를 키우는 여성들의 수가 급증하자, 법원에는 온통 양육비 청구 소송을 제기한 여성들로 넘쳐났다. 생활고에 지친 대부분의 여성들은 출산보다 낙태를 선호했다.

소련 당국이 출산율 폭락을 우려하게 된 상황이었다. 농민 출신으로 당 간부직에 오른 사람들이 늘어나면서, 상황은 더욱 악화됐다. 사회학자 모나 클라로는 "공식적으로는 여성 문제와 성별 문제가 해소된 것으로 알려져 있었다"라고 지적하면서 "소비에트 체제 하에서는 안정적이고 풍요로운 가정을 추구했다"라고 덧붙였다.[2]

이에 따라 1936년에는 임신중절수술이 금지됐고, 이혼절차도 훨씬 까다로워졌다. 전후에는 혁명 시절의 전통으로 되돌아가려는 움직임과, 자녀를 중심으로 한 가족 단위의 강화에 대한 고민 사이에서 입법 균형을 맞추려는 움직임이 나타났다. 그러나 법과 현실 사이의 심각한 괴리를 느낀 당국은 스탈린 사망 이후 한 발 뒤로 물러섰다. 그 결과, 1955년에는 다시금 낙태가 합법화됐고, 그로부터 10년 후에는 이혼절차도 간소화됐다.

그런데 인구문제에 관한 한 당국은 여전히 입장이 모호했다. 1968년 채택된 결혼과 가정에 대한 입법원칙에서는 "사회주의 사회에서는 육아의 장려와 보호가 상당히 중요하며, 자녀들의 행복을 보장하는 문제도 중대한 관심사"라고 명시했다. 이 법은 간단한 호적상의 신고만으로 이혼을 허용하고 있지만, '자녀가 없는 부부'로 대상을 한정하고 있다. 부부관계는 국가가 개입할 수 없는 사적인 일이라는 점을 인정하는 한편, 자녀가 있는 부부의 경우 상황이 다르다는 것이다.

이런 맥락에서 보면, 여성폭력 문제는 (공식적으로는 해체됐다고 하나) 남성 중심의 지배구조하에서는 해결되지 않는다. 사회학자 프랑수아즈 도세와 아망딘 르가메이는 "소련 당국이 여성폭력을 그저 술에 취한 사람들, 혹은 구시대의 가족문화를 지속하는 '몹쓸 소련 사람들' 때문에 생긴 문제로 치부한다"라고 지적한다. 그들은 "경찰 또한 부부간의 폭력에 대해, 공공질서 위반이나 '가정사' 정도로 여기기 때문에 공권력 개입은 기본적으로 화해나 중재 정도에 그친다"라고 볼멘소리를 냈다.[3]

특히 자녀가 있는 경우라면 더더욱 그렇다. 구소련의 법제는 남녀평등 면에 있어서 매우 선진화돼있었다(참고로 프랑스의 경우, 1965년에야 비로소 기혼여성이 직업을 가지고 배우자의 동의 없이 은행 계좌를 개설할 수 있었다). 또한, 구소련의 법에서는 형벌과 관련해서도 엄격하게 남녀평등이 이뤄졌다. 피해자의 성별이나 피해자와 가해자 사이의 관계도 전혀 고려되지 않았다.

1990년대에는 여성단체 수의 증가로 부부간의 가정폭력을 예방할 수 있는 서구식 규범들이 채택됐다. 이에 러시아도 국제 사회의 압박 하에 1990년대와 이어 2012년, 그리고 2014년에 다시금 가정폭력 방지를 위한 특별법을 채택했다. 2016년 7월에는 여당 쪽에서 소극적이나마 진일보한 모습을 보였는데, 이제 '친족(배우자, 자녀, 형제, 자매 등)'에 대한 구타행위를 가중 사유로 적용할 수 있게 된 것이다(형법 제116조).

그런데 러시아 법제에서 보호하려는 대상은 바로 이 '친족'에 해당하는 이들이다. 다시 말해 폭력으로부터 지키고자 하는 대상은 곧 '여성'이 아닌 '가족'인 셈이다. 동시에 이 법은 (재범인 경우를 제외하고) 모르는 사람이 공공장소에서 가하는 폭력행위에 대해서는 처벌 수위를 낮춘다. 형벌 수위가 높고 교도소가 포화 상태인 러시아로서는 바람직한 변화였다.

그런데 이 법은 동방정교회는 물론 전통적인 가족체계를 보호하고자 하는 사람들의 공분을 샀다. 거리에서 행인에게 폭력을 가하는 사람은 감옥행을 피할 수 있는 반면, 자녀의 버릇을 고치려던 아버지는 피할 수 없게 되는, 즉 해당 법 규정에 차별적 요소가 담겨 있었기 때문이다.

가부장제를 옹호하는 모스크바 가정 문제 위원회는 "지각 있는 부모들이 자녀들을 훈계하는 과정에 물리적 힘을 행사한 경우, 그 방식이 온건하고 정당했을지라도 이유 불문하고 (재범의 경우) 최대 2년의 징역을 살 수 있다"라며 정당한 훈육까지 형사처벌 대상이 되는 법 조항에 강하게 반발했다.

남성이 여성에게 맞으면 더 불쾌하다?

상원의원 엘레나 미줄리나 역시 같은 어조로 비판의 목소리를 높였다. 해당 법에서 '친족'이라는 개념을 삭제하고자 앞장선 엘레나 미줄리나 의원은 이 법을 '따귀법'이라며 비난했다. 임신중절 수술 제한 및 '이혼세' 조치를 여러 차례 제안했던 엘레나 미줄리나 의원은 가정폭력이 "가정 내에서의 주된 문제는 아니다"라고 지적하면서, "상대를 존중하지 않는 차가운 태도, 특히 여성들의 태도가 더 문제"라고 말했다. "약자인 여성들은 맞아도 기분이 상하지는 않지만, 남성이 여성에게 맞을 때의 모욕감은 그 정도가 다르다"라는 주장이다.[4]

결국 반대의 목소리가 거세지자, 2017년 형법에서는 "친족"이라는 언급이 사라졌다. 크레믈린 궁 대변인은 "가정 내에서 벌어지는 몇몇 행위들을 '가정폭력'으로 규정하는 것은 법리적 관점에서 상황을 극단적으로 몰아가는 셈이 된다"라며 당국의 입장을 전했다.

한편 여성단체들은 2016년보다 악화된 상황에 대해 경고의 목소리를 높였다. 물론 이론상으로는 가해자가 최소 10일에서, 재범일 경우 최대 3개월의 징역형을 받을 수도 있다. 그러나 이런 형이 실제로 집행되는 경우는 매우 드물다. 가해자와 피해자 사이의 관계가 가족이라는 점이 더 이상 가중사유가 되지 않으므로 이제 판사는 입원을 요하지 않는 폭력의 경우, 폭력을 행사한 배우자에게 5,000루블(약 70유로) 정도의 최소 형량만 부과해도 된다.

2018년 말 '당신을 죽여도 아무도 날 체포하지 않는다'라는 제목의 국제인권감시기구 보고서를 쓴 율리아 고르부노바는 "금연장소에서의 흡연이나, 주차위반 수준의 벌금형"이라며 날을 세웠다. 재범의 경우 벌금은 최대 4만 루블(약 560유로)까지 올라가지만, 대개 벌금은 부부가 함께 쓰는 은행 계좌에서 충당된다. 따라서 러시아에서는 폭력적인 배우자로부터 여성을 보호할 수 있는 장치가 거의 존재하지 않는다.

모스크바에서 차로 두 시간 거리에 떨어져 있는 키테시 보호소는 치안상의 이유로 주소조차 공개되지 않는다. 가정폭력의 피해자들을 보호, 수용하는 이곳은 2013년 민간보호소로 문을 연 뒤 매년 30~40명의 여성들을 그 자녀들과 함께 무상으로 수용했다. 하지만 이런 보호소의 수는 여전히 턱없이 모자란다. 2010년 공식 통계자료에 의하면[5] 러시아에는 임시 보호처가 22개에 불과했다. 게다가 해당 지역 거주지 출신자만 보호를 받을 수 있다는 것도 문제다. 이곳에 보호를 요청하는 이들 중 대부분은 타지역 출신이기 때문이다.

키테시 보호소장 알리오나 사디코바도 "보호소를 찾아온 여성들을 계속 돌려보내야 하는 입장"이라고 안타까워했다. "이 여성들을 종교기관이나 정부에서 운영하는 보호소로 보내기가 꺼려진다. 이들 기관은 당사자들의 화해와 이해, 용서를 강요하는데, 이는 바람직한 해법이 아니다."

2019년, 부부간 가정폭력은 여전히 단순한 부부 갈등으로 치부되고 있으며, 경찰의 대응도 외면과 조소, 조롱과 무반응에 머물러있다. 유럽인권재판소에서 러시아 당국을 상대로 소송을 제기해 처음으로 승소한 볼로디나도 폭력을 당한 후 경찰에 수차례 신고했지만, 그때마다 단순히 '애정 싸움'으로 무시당했다며 속상해했다.

이 같은 현실에 분개하는 러시아 의원들은 많지 않다. 러시아 의회에서 해당 법이 채택되기 전에 열린 논의 석상에서 "일각의 주장대로 여성을 매로 다스리는 것은 러시아 전통이 아니다"라고 주장한 러시아 연방 공산당 하원의원 유리 시넬치코프만 예외다. 반면 러시아연합당의 안

드레이 이자예프 의원은 오히려 이 법을 옹호하는 자신과 동료의원들이 "서유럽의 무리한 관행을 답습하지 않는다는 점을 보여주려 했다"라고 주장했다.

최근 몇 년 사이 유행처럼 퍼진 이 말은 해외로 번지는 그릇된 서유럽의 관습과 대비되는 러시아의 '올바른' 전통적 가치를 강조하는 데 사용된다. 러시아 부모 지원 기구를 총괄하는 베라 니콜라에브나 역시 같은 생각이다.[6] 그는 "친족"이란 개념이 116조에서 삭제되지 않았다면 "유럽에서처럼 볼기 한 번 때린 일로 부모가 감옥에 갔을 것"이라면서 "러시아 아동들이 유럽의 동성애 부부에게 입양됐을지도 모른다"라고 주장했다.

그러나 폭력으로 희생당하는 러시아 여성들은 그 때문에 최소한의 보호도 받지 못하고 있다. 블라디미르 콜로콜체프 내무부 장관도 2017년 2월에 이미 "벌금으로는 폭력에 대한 효율적인 예방이 불가능하다"라고 인정했음에도 이에 대해서는 별로 신경 쓰지 않았다.

2019년 12월, 러시아 경찰은 하차투리안 자매에 대한 구금을 해제하고 전자 추적 장치를 제거하도록 조치했다. 이 부모살해 사건이 러시아의 입법체계를 한층 더 발전시키는 계기가 될 수 있을지 관심이 쏠리고 있는 가운데, 러시아 SNS는 가정폭력에 대한 면죄부 철회를 요구하며 피멍이 든 분장을 하고 사진을 찍어 올리는 수백 명의 이용자들로 넘쳐 났다.

글 · 오드레 르벨 Audrey Lebel

1 「2011년 러시아 부부관계 보건 실태」, 러시아 연방 통계청(Rosstat), 2012년 9월, www.gks.ru
2 Mona Claro, 「변화와 해석: 소비에트 사회과학 분야에서 '여성'과 '성'의 문제」, 〈Clio. Femmes, genre, histoire〉 제41호, Paris, 2015.
3,5 Françoise Daucé& Amandine Regamey, 「러시아의 여성폭력: 통계 집계의 어려움에서 문제 인식과 해결의 특수성에 이르기까지」, 〈Cultures & Conflits〉 제85~86호, Paris, 2012.
4 민영 방송 채널 〈Dojd〉, 2016년 9월 28일.
6 베라 니콜라에브나는 아버지의 성을 따르길 더 선호하고 있었다.

평등을 위한 선언

지젤 알리미 Gisèle Halimi

페미니즘 운동가이자 변호사, 전 국회의원. 1956년부터 프랑스에서 여성 인권 변호사로 활동하면서 튀니지 및 알제리 독립운동에
참여했다. 1971년 시몬 드 보부아르와 함께 여성 임신중절 금지에 반대하는 '여성 343인 선언문'에 서명하고,
같은 해 '여성들의 대의명분을 택하라'(Choisir la cause des femmes)' 협회 창설에 기여했으며, 그후 협회장을 맡기도 했다.

2000년 채택된 '정치적 평등에 관한 법('Parité법'. 남성과 여성이 선출직과 임명직에 평등하게 접근할 권리가 있음을 규정-역주)'은 당시 반대자들 입장에서 보면, 프랑스 국민을 두 부류로 갈라놓으며 프랑스 공화국을 위태롭게 하는 것이었다. 그러나 변호사이자 전 국회의원인 지젤 알리미는 하나의 공화국이라는 원칙을 지키기 위해서라도 여성의 참여가 배제된 기존의 정치를 타파할 필요가 있다고 보았으며, 1994년부터 이를 강력히 주장해왔다.

여성의 낮은 공직 참여율에 익숙해지는 것은 민주주의의 효력이 어느 정도 퇴색했다는 신호다. 더딘 의식변화를 내세워 이를 정당화하는 것은 기만적 세태를 반영한다. 개선의 노력 없이 이를 유감스럽게 생각하거나, 체념하고 받아들이는 것은 프랑스 공화국의 반(反)여성관을 드러내는 일이다. 실제로 2000년대 초에 작성된 보고서에 따르면 프랑스가 도달해야 할 남녀평등의 목표는 현실과 큰 괴리를 보였다.

해외를 살펴보면, 전 세계 국가의 국회에서 여성의원 비율은 평균 20%를 간신히 넘겼다.[1] 프랑스는 1944년 4월 21일, 민족해방위원회의 명령에 따라 여성에게 참정권을 부여했다.

"여성은 남성과 동등한 조건으로 선거권과 피선거권을 가진다(제17조)."

여성을 왜곡하고 멸시하는 논쟁 끝에, 프랑스가 다른 국가들보다 한참 뒤늦게 여성의 참정권을 인정한 점이 역설적으로 보일 수 있다.[2] 프랑스는 1848년부터 '보통'선거를 도입한 최초의 국가라는 점에 자랑스러워하지 않았던가? 하지만 그 보통선거의 혜택을 받은 사람은 남성

▲ 카이엘 /// 〈미드나잇〉, 2023

들뿐이라는 사실을 밝혀야 한다. 여성들은 배제된 것이다. 미칠 노릇이다!

1945년 10월 21일, 프랑스 제헌의회의 첫 총선에서 선출된 여성은 33명으로 전체 당선자들 중 6%를 차지했다. 거의 반세기가 지난 오늘날에도 프랑스 의회에서의 여성 비율은 5.6%에 불과하다. 인구가 3억 2,700만 명인 유럽에서 여성이 51.5%를 차지하는데, 선출직 당선자 중 여성 비율은 겨우 11.3%에 불과하다. 한편 프랑스는 그리스와 함께 여성의 정치 참여율이 가장 낮은 국가라는 불명예를 안았다.[3]

이처럼 여성의 낮은 정치참여율은 프랑스 혁명의 자유주의 선언, 계몽주의 사상과 모순된다. 하지만 이상한 점이 있다. 당시 입법자들은 평등원칙의 보편성과 여성의 공직 배제 간에 어떤 모순의 빌미도 남기지 않았으며, 여성을 속박하는 상황을 유지하자고 명시적으로 주장하지도 않았다.(이는 '보편주의의 함정'을 드러내는 대표적인 논리이며, 페미니스트 지식인들이 날카롭게 비판했던 대목이기도 함-역주)

그러나 실제로 1791년 프랑스 인권선언이 정의한 정치적 권리의 주체는 남성과 백인, 성인, 그리고 '모범 납세자'에 한정되었다. 여성은 정치적 권리에서 배제된 것이다. 이러한 성별 구분은 이후 사회적 차별의 기반이 되었고, 성 역할 분리(영어로 'Gender'라 일컫는 것)를 정당화하는 근거로 작용했다.

즉, 남성은 공공의 영역에, 여성은 사적인 영역에 속하도록 규정된 것이다. 성 역할의 이러한 분리는 결코 공정하지 않으며, 여성의 역할을 지속적으로 과소평가해왔다. 가정의 수호자인 여성들은 시장에서 아무런 가치도 인정받지 못하는 가사노동에 얽매여 있다. 국민총생산(GNP) 산정에서 제외되고, 잉여가치를 창출하지도 않는 이 가사노동은 심지어 시대착오적인 마르크스주의의 기준에서조차 '하찮은' 일로 간주된다.

"남성들은 법을 만들고 여성들은 풍속을 만들며, 남성들은 권리를 갖고 여성들은 의무를 진다."[4] 이처럼 제시하고 결정하는 역할은 언제나 남성에게 주어지고, 여성은 그 결정에 동의하고 재현하는 위치에 머물게 된다. 이러한 대의민주주의는 시민의 절반이 정치적 결정에서 배제된 채 머무는, 기형적이고 우스꽝스러운 형태로 전락할 수밖에 없다.

이러한 이런 사태의 원인은 무엇일까?

우선, 우리 문명의 기저에 유대—기독교적 터부(taboo)로 가득 찬 문화가 쌓여있기 때문이다. 여성 혐오자이며 반유대주의자인 교부 테르툴리아누스(160~220, 로마시대의 기독교 연구가로서 삼위일체론과 원죄설을 주장—역주)의 영향 탓이다. 그는 파문을 일으킨 책『여성은 악마의 성(性)이다』의 저자이자, 유대인의 일상 기도문 중 "나를 남성으로 창조하신 신께 감사드립니다" 등의 여러 구절을 중심으로 재구성한 책『유대인들에 맞서(Adversus Judaeos)』를 집필한 인물이기도 하다.

프랑스 공화국의 정교분리 원칙은 위험하게도 별다른 저항 없이 이러한 사상에 물들었다. 일반적으로 알려진 것과는 달리, 혁명의 서사시와 계몽주의 시대는 오히려 여성의 제한된 역할을 공고히 했다. 장 자크 루소는 남성에게는 사회계약을 제안하면서, 여성에게는『에밀(Emile)』—에밀이라는 가상의 주인공이 유년기부터 성인이 될 때까지 이상적인 교육이 무엇인가를 탐구한 소설—을 내놓았다고 할 수 있다.(계몽주의 철학자조차 여성에 대해 보편적 권리의 주체로 인식하지 않았음을 비판하는 의미-역주)

루소는 이 저서에서 소피(장차 에밀과 결혼하게 될 여성—역주)에게 "여성으로서의 품위는 드러내지 않는 데 있다"라는 점과, "소피는 가정을 관리하는 것으로 만족해야 한다"라는 점을 상기시킨다. "(당신의) 배우자가 되면, 에밀은 (당신의) 지도자가 되기 때문이다." 어떻게 하면 이같이 뿌리 깊은 여성관에 종지부를 찍을 수 있을까? 선언문과 헌법이 만들어지고, 시간이 흘러도 우리의 인식이 변하지 않는다면, '의지적' 방법을 사용하는 수밖에 없다.

사회 불균형은 언제나 민주주의의 기능을 위협한다. 법치국가는 함께 공동으로 '살아갈 의지'로 맺어진 여성과 남성 간에 필요한 평등을 바로 세우기 위한 법률을 제정하고, 심각한 기능장애가 발생했을 때는 적극적으로 개입할 의무가 있다.

조화로운 공존을 위해서는 그만한 대가를 치러야 한다. 앙리 라코르데르(1802~1861. 프랑스의 도미니크수도회 수도가이자 설교가—역주)는 이렇게 말했다. "강자와 약자 사이를 억압하는 것은 자유이며, 해방시키는 것은 법률이다."

게다가 대의민주주의는 유권자와 피선거권자의 연령 제한, 일정 규모의 선거인단 구성, 친족 간 입후보 제한 등을 통해 필연적으로 시민들의 정치적 권리를 일부 제한한다. 또한 부의 축적과 개인주의와 같은 자유 역시 국가연대와 사회균형 확립을 위해 일정 부분 규제된다. 그렇다면 국민에게 전적으로 부여된 국가주권에 대한 공화국의 원칙을 훼손하지 않으면서, 정치적 대표행위에 관한 법률은 어떻게 제정할 수 있을까? '인간 및 시민의 권리선언'이 주장했던 것처럼, 프랑스 국민을 어떤 기준으로도 구분해서는 안 되는 것일까?

여성의 정치참여 막는 빗장을 뚫고

1982년 10월 21일, 프랑스 의회는 지젤 알리미의 발의로, 이른바 '여성 할당제'라 불리는 헌법 수정안을 표결에 부쳤다. 여성 후보자들에게 보다 유리한 환경을 조성하기 위한 취지였지만, 정작 수정안은 남성과 여성 간의 엄격한 평등을 지향했다. "후보자 명단에 동일한 성별이 75%를 초과해서는 안 된다"고 명시함으로써, 특정 성별의 과잉 대표를 제한하는 방식이었다.

그렇다면 왜 여성할당제는 25%로 시작되었을까? 이는 여성의 정치 참여를 가로막던 장벽을 넘기 위한 현실적인 출발점이었다. 의회에서 만장일치로 통과될 수 있는 최소한의 수치였으며, 이 기준을 발판 삼아 이후 40%, 45%, 나아가 50%까지 확대하려는 전략적 선택이었다.

다시 말해 합리적이고 공정한 여성할당제로 양성 간에 정치참여 평등을 이뤄내고자 함이었다. 그러나 이 수정안은 유권자와 피선거권자, 즉 프랑스 국민을 '유형'으로 구분했다는 이유로 헌법에 위배된다는 지적을 받았으며, 실제로 헌법 위원회는 1982년 11월 18일, 이를 위헌이라 판단해 무효화했다.

그러나 이러한 판단은 옳지 않다. 남성과 여성은 여기서 말하는 '유형'—즉, 사회적 또는 법적 집단-에 해당하지 않는다. 그들은 단지 인류를 구성하는 두 가지 성(性)일 뿐이다. 사실, 민주주의에서 남성과 여성의 정치참여 평등은 다음의 논리를 근간으로 한다. 바로 남녀 차이에 입각한 양성평등의 민주주의다. 서양인, 백인, 남성에게만 국한된 피선거권을 거부하는 길이야말로 진정한 평등주의적 정치 기반을 세우고 다지는 일이다.

하지만 양성평등구현과 거리가 먼, 남성 중심의 보통 선거 제도는 국가가 여성을 완전히 배제하면서, 문화적으로는 여성을 남성에게 복종시키는 구조를 만들어냈다. 따라서 남녀평등을 토론의 중심에 두고, 성(性)의 이원성을 인정해야만 민주주의가 바로 설 수 있다. 그렇지 않으면 민주주의의 정치적 틀 자체가 훼손된다. 국민투표에 의해 비준된 헌법 개정을 통한 정치적 평등이야말로 상황을 바꿀 수 있다.

'슈와지르 라 코즈 데 팜므(Choisir la cause des femmes, 여성들의 대의명분을 택하라)'의 발의로 작성된, 두 개의 법안이 1994년 3월 23~24일 프랑스 하원과 상원에 상정됐다. 이 중 법안 하나는 헌법 제3조에 다음의 문장을 추가해 개정하려는 목적이 있었다. "여성과 남성의 동등한 정치 참여는 평등원칙으로 보장돼야 한다."[5]

두 번째 법안의 목적은 통상 법률로 하여금 다양한 방식으로 평등원칙을 적용토록 하는 것이다.[6] 내가 그토록 자주 들었던 것처럼, 누가 법률 개정을 강제하고 강요했다고 우리를 비난할 수 있을까? 남성과 여성 모두는 시민으로서 자유롭게 주권을 가지고 자신의 의사를 표명할 수 있다. 우리는 프랑스 공화국의 기본법, 글자 그대로의 뜻과 그 속에 담긴 정신, 본문과 전문을 모두 준수하면서 엄격한 절차에 따라 행했다. 그렇기 때문에 1946년 헌법과 다시 수정된 1958년의 헌법은 "법은 여성에게 모든 분야에서 남성과 동등한 권한을 보장한다"라고 규정했다. 보고서와 선언, 성명서 안의 형식적 자유를 실질적 권리로 이행하도록 보장했다.

역사는 무엇을 말하는가? 역사는 여성들의 진보가 언제나 민주주의를 강화했음을 보여준다. 이와 반대로, 히틀러 나치와 페탱(프랑스 육군 원수로 제1차 세계대전의 영웅이었으나, 제2차 세계대전 중 독일에 항복하고 협력하여 비시 괴뢰 정부를 수립했다. 종전 후 사형을 선고받고 복역 중 병사함—역주) 치하의 법은 낙태 시 사형을 선고했거나 여성을 강제로 가정의 틀에 묶어 놓았다. 시민법보다 종교법의 근본적 우월성을 강조하면서 여성을 억압하던 이러한 체제는 '전체주의를 향한 행보'라고 역사는 기록한다. 그러므로 우리는 말할 수 있다. 여성에게 가해지는 채찍은 결국 국민 전체에게 가해지는 채찍이다.

글 · 지젤 알리미 Gisèle Halimi

1 편집자 노트. 반면 2016년 8월 1일에는 22.8%(국제의원연맹, 2016년 8월)였다.
2 뉴질랜드는 1893년에 최초로 여성의 참정권을 인정한 국가다. 이후 1906~1920년 스칸디나비아 국가들과 미국(1869년부터 참정권을 부여한 와이오밍주를 제외), 독일, 영국(1928년), 스페인, 포르투갈(1931년)이 여성의 참정권을 인정했다.
3 편집자 노트. 평균적으로 유럽(러시아 제외)에서 여성은 국가 의회 의석수 중 25.6%를 차지했다. 2016년 국제의회연맹에 따르면, 프랑스 국회의원 중 여성 비율이 25.7%로, 그리스(19.7%)보다 앞섰다. 유럽연합국의 동쪽으로 확대해보면, 루마니아가 그리스를 제치고 불명예의 자리에 올랐다.
4 쥬느비에브 프레스, 『여성의 도리』, 플롱, 파리, 1992년.
5 편집자 노트. 평등지지자들은 5년 후에 헌법 개정을 이뤄냈다. 1999년 6월 28일, 양원합동회의에서 헌법 제3조에 다음의 문장이 추가됐다. "법은 선거위임과 선거직에서 여성과 남성의 동등한 접근을 돕는다." '여성들의 대의명분을 택하라'의 법안에서처럼, '돕는다'이지 '보장한다'가 아니다. 제4조는 이제 정당은 "법이 규정하는 조건에 따라 제3조의 마지막 항에서 언급된 원칙을 실행하는 데 동참한다"라고 명시했다.
6 편집자 노트. 헌법 개정에 이어서 2000년 6월 6일에 공포된 2000—493호 법이 행해야 할 역할이다.

"성매매를 하고 싶어서 하는 여성은 없다"

윌리엄 이리구아이엥 William Irigoyen

프랑스 언론인. 〈아르테(Arte)〉 TV를 비롯해 〈프랑스2〉, 〈프랑스3〉 등 TV방송사에 문화 관련 보도를 하고,
〈르몽드 디플로마티크〉 등에 비정기적으로 글을 기고하고 있다. 주요 저서로
『Réfléchir à 20h est-il possible 8시 TV를 보면서 성찰하는 게 가능할까?』(2016) 등이 있다.

1999년 1월 1일, 스웨덴은 세계 최초로 성폭력에 대처하는 방안으로 성 구매자를 처벌하기로 했다. 반면, 독일은 2001년 성매매를 합법화했다. 그 당시로 되돌아가 보면, 성매매에 대한 대립적인 접근방식이 각각 어떤 결과를 가져왔는지 알 수 있다.

비스듬히 비치는 석양이 티레쇠 지역을 내리쬐고 있다. 티레쇠는 스톡홀름의 26개 행정구역 중의 하나다. 야콥손은 자택 테라스에 앉아 온화한 날씨를 즐기고 있다. "그들은 승자고, 저는 패자예요. 저는 곧 성매매법이 스웨덴과는 다른 남부 유럽국가로 떠납니다."

로즈 연합(Rose Alliance) 대변인인 야콥손이 차분한 어조로 말했다. 2003년 스웨덴에서 설립된 로즈 연합은 '성 노동자' 전체를 옹호하는 단체다. 야콥손은 다음과 같이 '성 노동자'라는 표현을 정당화한다. "보수를 받는 일은 노동이다." 그는 스웨덴에서 계속 성매매를 할 경우 음성적으로 활동해야 하는 위험이 더 커진다고 덧붙였다.

성 구매자만 처벌하는 스웨덴

1998년 스웨덴 의원들은 1970년대부터 스웨덴 사회를 굳건히 다져온 원칙들을 내세우며 성 구매자를 처벌하기로 했다. 가장 중요한 원칙은 남녀평등이다. 스웨덴 의원들은 남녀평등이

성매매와 양립불가하다고 여겼다. 금전적인 관계에는 제약이 따른다. 대체로 남성인 성 구매자는 대부분 여성인 성판매자를 구속하고 복종시킨다.

이 같은 불평등을 법적으로 인정한 스웨덴 의회는 성 구매자가 자신의 행동 방식을 근본적으로 변화시키도록 강제하며, 사실상 성매매 여성들이 다른 직업을 찾을 수 있도록 지원하는 법을 제정하기로 결정했다. 결국 새로운 성매매법(성구매금지법)을 통해 처벌이 강화됐다.

예를 들어 민간주택 소유자나 호텔 사업자가 성매매 여성에게 방을 빌려줄 경우 성매매 알선혐의로 처벌받도록 했다. 야콥손 로즈 연합 대변인에 따르면, 1999년 1월에 발효된 성매매법은 금욕적인 루터교리를 따른 것이 분명하다고 한다. "사람들은 여전히 성매매 여성들이 남성들을 부인에게서 멀어지게 하는 원흉이라고 생각합니다." 성매매법 폐지론자들의 성매매법에 대한 비판[1]을 되풀이하는 이 발언은 정부를 겨냥하고 있다. 스웨덴 출신 캐나다 변호사인 구닐라 에크베리는 법안 입안 당시 정부 측에서 일했는데, 이 법과 종교와의 관련성에 대한 질문에 단호하게 대답했다.

"성매매법과 종교는 전혀 무관합니다. 다만, 저희는 윤리규범에 기반을 둔 원칙을 가지고 있습니다. 남녀가 동등한 기회와 권리를 누리는 사회에서 살고 싶다면, 남성이 여성에게 가하는 폭력을 퇴치해야 합니다."

성매매 및 인신매매 전문 변호사인 에크베리는 35년간 활동하면서 자발적으로 나서서 즐거운 마음으로 돈을 받고 성관계를 갖는 여성은 한 번도 본 적이 없다고 말한다.

"이 직업을 원해서 택하는 사람은 없어요. 모두 폭력 및 마약, 가난 때문에 성매매로 내몰린 겁니다. 성 산업의 기저에는 억압이 있습니다. 사회민주주의 전통을 가진 스웨덴의 국민들은 이 단어가 의미하는 바를 충분히 알고 있습니다."

에크베리는 바로 이러한 이유로 스웨덴이 성매매 관련법을 수정하고 정치적 관점에서 이 문제를 다루기로 한 것이라고 설명했다.

2014년도에 실시된 연구에 따르면, 스웨덴인 72%(여성 85%, 남성 60%)가 성 구매 금지에 찬성한다고 했다.[2] 이 결과가 현행 성매매법의 효율성을 입증하는 것일까? 성매매는 여전히 측정하기 어려운 부분이다. 스웨덴 국립인신매매방지센터는 1995년 650명에 달했던 길거리 성매매 여성의 수가 2014년 200~250명으로 대폭 감소했다고 밝혔다. 이들은 대부분 외국 국적이다.[3]

그럼에도, 스웨덴 국영 라디오는 2016년 여름 스웨덴 제3의 도시인 말뫼에서 길거리 매춘이 증가하고 있다고 보도했다.[4] 2016년에 이 수치는 2014년보다 7명이 더 많은 47명으로 집계됐는데, 2017년에도 늘어났다. 에크베르는 이 같은 증가 추세가 1999년 발효된 성매매법 때문이 아니라, 법의 적용이 제대로 이루어지지 않기 때문이라고 주장한다.

"정직하게 말하자면, 20년 이내에 모든 것을 바꿀 수는 없습니다. 스웨덴은 현재 유럽에서 인신매매 범죄율이 제일 낮은 국가입니다. 그러나 아직 성매매법이 스웨덴 전역에서 제대로 적용되지 않고 있는 실정입니다."

성매매 고객에 대한 치료 지원

성매매 방지를 위해 스웨덴 정부는 스웨덴 국적인 매춘 여성들에게 탈(脫)성매매 프로그램에 참여할 것을 제안했다. 하지만 외국 출신 성매매 여성들은 즉각적으로 추방 위험에 놓였다. 단, 한 달간의 숙려기간 끝에 이들도 협력하기로 결정하면 6개월간의 거주 허가를 받아 사회적 지원을 받을 수 있게 됐다. 서류 처리에 시간이 더 걸리는 경우에는 추가로 6개월이 더 주어졌다.

이 기간에 공부를 하거나 다른 직업을 찾을 수 있다. 스웨덴 정부의 인신매매에 관한 국가 보고책임자인 카이사 볼바레 경찰서장은 "주목할 만할 사실은 이 모든 것이 일시적이라는 점입니다. 조사가 끝나고 그들이 영주권을 받을 수 있을지를 결정하는 것은 법원"이라고 강조했다.

성매매 여성의 사회 재편입은 2008년 7월에 채택된 방대한 프로그램의 36개 조치 중 하나다. 스웨덴 정부가 이를 위해 책정한 예산은 2천만 유로였다.[5] 볼바레 서장에 의하면, 이 같은 공격적인 방안의 실시로 눈에 보이는 호객행위가 급감했다고 한다.

그러나 그도 현실을 인정한다. "인터넷 때문에 성매매가 공공영역을 벗어났어요. 마사지숍,

헤어살롱 뿐만 아니라 심지어 네일살롱에서의 성매매가 계속해서 증가하고 있습니다."

인터넷으로 가능해진 적극적인 고객 확보로 상황이 변했다. 지난 8년간 인터넷 성매매 광고가 20배나 증가했다. 인터넷 발달과 함께 성매매 광고가 늘어나고 있기는 하지만, 성매매업 관련자 수의 증가와 직접적인 연관성은 드러나진 않았다.

볼바레 서장에 의하면, 스웨덴 경찰이 성 구매 혐의로 검거하는 남성은 해마다 평균 500명으로, 그 수는 매년 거의 일정하다고 한다. 처벌은 단순한 벌금형에서부터 1년 징역형까지 다양하다. 벌금은 소득에 따라 다르다. 실업자는 350유로에서부터, 직업 활동을 하는 경우 최대 150일 치의 임금을 벌금으로 내기도 한다.

성 구매 전력이 있는 사람들은 재범 방지를 위한 치료를 받는다. 괴테보리시는 스웨덴에서 가장 먼저 이런 시도를 한 지자체로 자부심을 가질 만하다. 괴테보리는 스웨덴 의회가 성매매법을 통과시키기 전인 1997년부터 KAST('성 구매자'를 지칭하는 스웨덴어 약자) 프로그램을 통해 2천여 명의 환자를 치료했다.

성 구매자들은 기꺼이 성매매 의존성을 치료하러 온다. 이들은 '치료의 기본'이라 할 수 있는, 가족관계에서 겪는 트라우마 극복을 위해 도움을 받는다. 가족치료사인 마야 스트루프브는 사회복지사로 일하며 시 당국과 긴밀히 협력하고 있다. 보통 주 1회, 1시간의 치료가 평균 2년 반에 걸쳐 진행된다.

"많은 환자들이 어떤 면에서는 부인이나 여자 친구보다 성매매 여성과 함께 있을 때 더 편안함을 느낀다고 합니다. 일종의 압박감에서 벗어나는 거죠."

그렇다고 해서 스트루프브는 부부 심리상담 치료를 권장하지는 않는다. 좋은 결과는커녕, 오히려 위기 상황이 발생하기 때문이다. "그런데 여기에 오는 남성 환자들은 무엇보다도 누군가가 자기 이야기를 들어 주고 조언을 해주기를 바랍니다." 이들은 상담실에서만 편안하게 이야기한다. 대개는 주저하며 맨 처음 성매매 여성을 만난 기억을 떠올린다. 그런데, 대부분의 남성은 아무도 그것이 흥분되는 경험이었다고 생각하지 않는다.

한편, 성매매 여성들에게는 사회적 지원과 함께 지속적인 심리치료가 제공된다. 1999년 발효된 성매매법의 취지는 그들의 노동조건 개선이 아닌, 다른 직업으로 전환할 수 있도록 모든 조치를 강구하는 데 목적을 두고 있다. 스트루프브는 오랫동안 성 구매자를 상담, 치료하면서 성매매 감소에 일조해왔다고 자부했지만, 이를 수치로 통계화하지는 못했다.

2010년 안나 스카르헤드 스웨덴 사정감독원장은 성 구매 처벌에 매우 유리한 보고서를 제출했다. 스카르헤드는 이를 통해 성 구매의 재범이 방지되고 조직범죄가 발을 붙이지 못할 거라고 장담했다. 그러나 수잔 도딜레트 괴테보리대학교 연구원은 그와 완전히 다른 전문적인 평가를 요구하고 나섰다. 도딜레트는 아무도 성매매 여성들의 이야기에 귀 기울이지 않았다고 지적했다.

"'독일식 모델'은 성매매여성에겐 '지상의 지옥'"

독일에서 태어난 도딜레트는 21세에 스웨덴에 정착했다. 도딜레트는 스웨덴에 오자마자 자신이 그동안 주장해온 페미니즘이 스웨덴 대학생들이 옹호하는 페미니즘과 다르다는 것을 알게 됐다. "문화적 차이가 있었어요. 저는 제 친구들이 좌파라고 생각했어요. 하지만 친구들은 법을 지키는 성매매 행위조차 '강간'으로 여겼어요." 대학생인 도딜레트는 성 구매 고객에 대한 처벌뿐만 아니라, 예를 들어 성매매 여성들이 서로 도움을 주는 것을 금지하는 법 제도를 규탄하며, 이런 행위들은 개인의 자유를 침해하고 있다고 주장했다.

이제 성매매 여성들이 서로 돕게 되면 성매매 알선으로 기소될 수 있다는 것이다. 그는 의원들이 이 법을 통해 '도덕적으로 모범적인' 국가에 자부심을 느끼는 것을 유감스럽게 생각했다. 반면, 독일의 심리학자 잉게보르그 크라우스는 스웨덴 성매매법을 독일에 도입하는 한편, 인신매매 및 성매매 근절을 위한 1949년 국제협약을 비준하고자 활발히 움직이고 있다. 성매매 근절을 위한 심리외상치료 전문의 선언을 앞장서서 추진한 크라우스는 그 당시 앙겔라 메르켈 독일 총리에게 2001년 성매매 합법화[6]의 결과를 비난하는 편지를 보냈다. 성매매를 합법화함으로써 수요를 조장했다는 것이다. 이뿐만 아니라 크라우스는 "'독일식 모델'은 성매매 여성을 보

호하기는커녕 여성들에게 '지상의 지옥'을 만들어냈다"라고 썼다.[7]

"성매매가 산업화되고 있다. 총소득 146억 유로이며, 공식적으로 신고한 성매매 업소는 3,500개에 이른다."

독일 쾰른에 위치한 파샤 같은 일부 성매매업소는 성 산업의 명소로 떠올랐다. 120명 이상의 성매매 여성이 이 '명소'에서 일하는데, 이곳은 "저렴한 섹스 에로스 센터, 요금은 더 비싸지만 훨씬 편안한 전통적인 성매매업장, 트랜스섹슈얼 전용층, 에스코트가 있는 디스코텍과 호텔을 갖추고 있다"라고 선전한다.

유럽의 성매매, 유럽연합의 가치와 완전히 모순돼

끊임없이 경쟁력을 추구하는 이 업소들에는 심지어 패키지상품도 있다. "식사, 술, 태국 마사지, 한 명(또는 여러 명)의 여성(들), 이 모든 것이 3시간에 겨우 50유로다."[8]

크라우스는 2008년 시행한 연구조사 결과를 인용하며, 성매매는 인간의 재앙이라고 표현한다. "성매매 여성의 68%는 외상 후 스트레스 장애에 시달리는데, 그 강도가 참전 군인이나 고문을 당한 사람들이 겪는 정도에 버금간다. 그 외에도 모든 종류의 불안증, 다양한 의존성, 우울증이나 조울증(양극성 장애) 같은 기분장애, 정신신체장애, 인격장애, 분열장애 등과 같은 여타 장애가 나타날 수 있다."[9]

크라우스는 독일 '정치 책임자들의 무기력'을 개탄하면서 유럽집행위원회에 독일의 기본권리헌장 위반에 대한 의견을 요구했다. 기본권리헌장은 '인간의 존엄성' 및 '품위를 떨어뜨리는 처우 금지'를 보장한다. 그는 성매매가 유럽연합의 가치와 완전히 모순된다는 점을 알리기를 원한다.

유럽의회는 2014년 성 구매자에 대한 처벌을 포함하는 안건을 비롯해 여러 권고안을 통과시켰으나, 이 결의안은 구속력이 없었다. EU 비회원국 중 노르웨이와 아이슬란드가 이미 2009년 스웨덴 모델을 도입했고, 회원국 중에는 북아일랜드(2015년), 프랑스(2016년)만이 성매매

법을 수정했다.

그러나 스웨덴 모델은 법으로 모든 문제를 해결할 수 없다는 것, 그리고 성매매를 없애려면 지속적인 사회적 지원과 함께 많은 시간과 노력이 수반된다는 점을 여실히 보여준다.

글 · 윌리엄 이리구아이엥 William Irigoyen

1 참고. Lilian Mathieu, 「Les prostituées et leurs faux amis 성매매 여성들과 거짓 친구들」, 「in Femmes: la guerre la plus longue 여성: 가장 긴 전쟁」, 〈마니에르 드 부아르〉 프랑스어판, 제150호, 2016년 12월~2017년 1월, 『Prostitution, quel est le problème? 성매매, 무엇이 문제인가?』, Textuel, Paris, 2016.
2 그리고 단지 48%만이 성 매수자 처벌에 찬성한다. 「The extent and development of prostitution in Sweden」, Stockholm, 2015년 10월, www.lansstyrelsen.se
3 같은 책.
4 「Street prostitution on the rise in Malmö」, Sverige Radio, 2016년 8월 4일.
5 「Against prostitution and human trafficking for sexual purposes」, 사회통합 및 양성평등부의 보고서, Stockholm, 2009년.
6 Cf. 「Rapport d'information sur le renforcement de la lutte contre le système prostitutionnel 성매매 시스템 강화에 대한 보고서」, Assemblée nationale 프랑스 의회, 2013년 9월 17일.
7 Ingeborg Kraus, 'Letter to UN Women', 2016년 10월 15일, www.trauma-and-prostitution.eu
8 「Prostitution, des forfaits "tout compris" a 50 euros 성매매, 50유로에 '모든 것이 포함된' 패키지」, 〈유럽 애비뉴(Avenue de l'Europe)〉 프로그램, France 3, 2016년 1월 13일.
9 Ingeborg Kraus, 「La prostitution est incompatible avec l'égalité hommes-femmes 성매매는 양성평등에 어긋난다」, www.trauma-and-prostitution.eu

카이엘 /// 〈붉은방의 아이〉, 2022

박성아 /// 〈스며들다〉, 2024

04 여성들은 더 이상 침묵하지 않는다

여성들이 기존 질서와 억압에 맞서 사회 변화를 주도하고 있다. 여성들은 침묵하지 않고 자신의 몸과 목소리를 통해 정치적 의사 표현을 하며, 단순한 피해자가 아닌 행동하는 주체로 자리 잡고 있다. '키세스 시위'처럼 전통적 역할을 전략적으로 전환하거나, 외모에 대한 억압을 비판하고, 성폭력에 대한 실질적 변화까지 요구하는 모습은 여성의 사회의식이 날카롭게 진화하고 있음을 보여준다.

더 이상 침묵하지 않는 일본 여성들

크리스틴 레비 Christine Levy

동아시아 문명 연구센터(CRCAO) 연구원, 보르도 몽테뉴 대학교의 부교수.
CRCAO(동아시아 문명 연구소)의 회원이며 일본의 여성운동과 젠더 정치에 대한 연구를 수행해 왔다.

일상 속 성차별에 맞선 격렬한 투쟁

2021년 10월 총선에서 일본 자민당이 승리하면서 여성 의원 수가 줄어들었고, 동시에 페미니즘이 쇠퇴했다. 그러나 #미투 운동에 힘입어 여성들이 입을 열고 연대했다. 하지만 일본 여성들은 여전히 기업이나 사회진출의 문을 통과하지 못하고 있다.

2018년, '정치 분야의 남녀 공동 참여에 관한 법률'이 일본 최초로 통과됐다. 그러나, 2021년 10월 31일 선거에서는 하원의원으로 선출된 여성의 비율이 감소해 465석 중 45석을 차지했다. 5년 전 47석보다 줄어든 수치였다. 일본은 정치 분야의 성평등 순위에서 190개국 중 164위에 머물렀다.

일본의 페미니스트들은 '정치 분야의 남녀 공동 참여에 관한 법률'이 '모든 선거에서 남녀 후보의 수가 같아야 하는 동수 민주주의'를 의무로 정해야 한다고 주장했다. 하지만 이런 주장을 하는 일본의 페미니스트들은 우파 의원들의 강력한 반발에 부딪쳤다.[1] 비준안은 각 정당에 동수 민주주의를 위해 최대한 노력하라는 권고를 하는 것에 그쳤다.

지난 선거에서 집권 자민당이 공천한 여성 후보의 비율은 9.7%였고 제1야당인 민주당(중도좌파)은 상대적으로 높은 18.4%였다.[2] 이 밖에 공산당은 35.4%, 사회민주당은 공천한 여성 후보가 9명으로 적었지만 전체 의원 중 비율로 따지면 60%였다. 따라서 공산당과 사회민주당만

이 여성 후보 공천 비율에서 좋은
성적을 보여줬다.

성폭력 가해자들을 풀어준 일본 법원

페미니스트들의 영향력이 미
미하다는 뜻일까? 페미니스트들
은 거친 행보를 보이기는 해도
2021년 이후 일본 사회에 파란을
일으켰다. 2021년 1월, 일본 최
초의 페미니즘 전문 서점 '에토
세토라 북스'를 연 마츠오 아키
코의 사례가 대표적이다. 마츠오
아키코 대표는 작가 기타하라 미
노리와 함께 미투 운동(#MeToo,
나도 피해자다), 위드 유 운동
(#WithYou, 당신을 지지한다)을
벌였고 2019년 3월, 4건의 재판

▲ 요시모토 나라 /// 〈당신은 신세계를 볼 수 있나요?〉, 2021

에서 성폭력 가해자들이 무죄로 풀려난 것에 반대하는 집회를 열어 동참을 호소했다.

나고야 지방법원은 13세 딸에게 6년 동안 성관계를 강요한 아버지를 석방했다. 딸이 아버지
의 요구를 거절하지 못한 상황이 의심스럽다는 이유였다. 시즈오카 법원은 12세 딸을 성폭행한
혐의로 기소된 아버지를 석방했다. 피해자인 딸의 진술이 일관되지 않는다는 이유였다.

후쿠오카 법원은 여직원에게 억지로 술을 먹인 후 저항할 힘이 없는 그녀를 성폭행한 간부에게 무죄를 선고했다. 원고가 "기억이 나지 않는다"라고 말한 것이 이유였다. 심지어 시즈오카 법원은 여성을 구타한 후 성폭행한 남성이 여성이 반응이 없어 거부한 것인지 몰랐다고 하자 석방했다. 처음에 언급한 3명의 피고인들은 결국 항소심에서 유죄 판결을 받았다.

'플라워 데모'로도 알려진 이 집회는, 친족 강간을 포함한 성폭행 피해자들의 발언대가 됐다. 집회는 매달 11일 정기적으로 열렸다. 작가 키타하라 미노리는 이렇게 말했다.

"위드 유(With You)라는 말 덕분에, 우리는 피해자 여성들의 말을 듣고 용기를 줄 수 있게 됐습니다. 그들에게 필요한 것은, 마음 놓고 말할 수 있는 보호막이었습니다. 이제 우리는 서로의 이야기를 듣고, 연대할 곳을 찾았습니다. 피해자들이 절실하게 필요로 했던 것이죠."[3]

망언은 처벌하고, 침묵은 깬다

성폭력과 가정폭력을 처벌대상으로 만든 것은 페미니스트들의 투쟁이다. 사회학자 우에노 치즈코가 프랑스어로 번역된 저서 『생존을 위한 이념』에서 설명했듯 이런 투쟁은 지난 수십 년 이어져왔다. 『생존을 위한 이념』[4]에서 말하는 이념은 폭력 행위가 무죄로 넘어가지 않도록 논쟁을 불러일으키는 것이다. 또한 페미니스트 운동은 차별과 여성혐오에 맞서 싸운다. 특히 '이시하라 도쿄 지사의 성차별을 고발하고 공적 발언의 성차별을 허락하지 않는 모임'의 웹사이트가 1999년에 만들어져 남녀 공직자들의 성차별 발언 중 최악의 사례를 뽑는 설문조사를 했다.

2021년에는 스기타 미오와 모리 요시로가 최악의 성차별 발언을 한 인물로 뽑혔다. 자민당 중의원 스기타 미오는 페미니스트와 성소수자를 비난하는 발언을 자주 했으나 특히 2020년 9월 20일에 한 발언이 문제가 됐다.

그는 성폭력 피해자 '원스톱지원센터' 증설을 논의할 때 "지원센터 상담은 민간에 위탁하지 말고 경찰이 적극 관여해야 한다"라고 주장하면서 그 이유로 "성폭력 피해를 주장하는 여성들은 얼마든지 거짓말을 할 수 있다"[5]라고 말한 것이다.

2020 도쿄올림픽 · 패럴림픽 조직 위원회 위원장인 모리 요시로는, 2021년 2월 3일 "여성은 말이 너무 많다. 여성이 많으면 회의가 길어진다"[6]라고 발언해 국내외에서 공분을 샀다. 다음날 시작된 청원에는 2일 만에 11만여 명이 서명하면서 모리 위원장에 대한 '적절한 조치'를 요구했다. 그해 2월 7일 한 여론 조사에서 일본인의 60%가 모리 위원장은 2020 도쿄올림픽 · 패럴림픽 조직위원회 위원장의 자격이 없다고 답했다.[7]

약 1,000명의 자원봉사자들은 항의 표시로 사표를 내기로 했다. 당시 스가 요시히데 총리가 마지막 순간까지 모리 위원장을 지지했으나 모리 위원장은 결국 2월 12일에 퇴진을 선언했다. 자민당의 거물이 성차별 발언으로 불명예 사임한 것은 처음 있는 일이었다. 올림픽 스폰서들과 많은 유명 인사들은 모리 전 위원장의 발언과 거리를 뒀다.

2021년 2월 6일 페미니스트들은 인터넷 채널 〈Choose TV〉에서 2시간 30분짜리 프로그램 〈침묵하지 말아요〉를 편성한 후 '침묵하지 않는 여성들'이라는 뜻을 담은 일본어 표현을 해시태그로 달았다.[8] 여성 철학자 나가이 레이가 사회를 맡았고 25명의 여성 작가, 여성 편집자, 비정부기구 여성 대표들이 초대를 받아 모리 전 위원장의 발언 전체, 특히 해외에 제대로 알려지지 않은 '여성의 경쟁력' 발언을 소개했다.

"한 사람이 발언하려고 손을 들면 다른 사람들도 발언하려고 합니다. 우리 조직위원회에는 여성이 7명 있으나, 다행히도 모두 얌전하게 입을 다물고 있습니다."

모리 위원장에게 회의란 지도자들의 결정을 받아서 기록하는 장소였다. 또한 일본 여성들은 침묵이 미덕이라고 배우며 자랐다! 이는 광고, 패션, 출판, 개인 관리 등 모든 업계에서 통용된다. 이날 참석한 인사들은 자민당이 이런 관행을 바꾸지 못했다고 한목소리를 냈다. 이제는 여성들이 발언할 때라는 것이다.

일본 여성에게 결혼은, 퇴사를 의미

일본 사회에서 페미니즘에 대한 인식은 대체로 부정적이다. 그러나 환경, 워라밸 등에 관심을 보이는 청년세대는 페미니즘에 대해서도 비교적 개방적이다. 일례로, 페미니스트 오가와 다마카는 2013년에 기고한 글에 '쿠소페미(더러운 페미니스트)'라는 모욕적인 댓글 세례를 받은 후 페미니스트가 됐다고 했다. 오가마 다마카는 기사에서 워킹맘을 지지한다고 발언했다.

그런데 워킹맘 문제는 불평등, 고령화, 그리고 고용 불안정에 놓인 젊은층 상당수의 임금 하락과 맞물려 이제 일본에서 중요한 이슈로 떠올랐다. 혼외 출생자는 전체 출생의 3% 미만이다 (프랑스의 경우 62.2%). 그리고, 여전히 결혼 여부의 결정은 남성의 가족부양 능력에 달려 있다. 여기에 1945년 이후 마련된 사회경제 및 가족 구조가 여전히 큰 걸림돌로 남아 있다. 기존의 구조 때문에 여성들은 결혼과 일 중 하나를 선택해야 한다.

일본의 여성 경제 참여율을 보면 M자형 곡선을 보여준다. 즉 활발하게 경제활동을 하다가 결혼, 출산 후에는 경제활동이 감소한다. 그리고 자녀가 성장하면 경제활동을 재개하는 것이다. 직장여성들이 결혼, 출산 이후 전업주부가 되는 연령은 30세 전후다.

1986년 이후 법이 개정돼, 결혼이나 출산을 이유로 여성에게 퇴사 압박을 할 수 없게 됐다. 이전에는 대부분의 기업에서는 여성이 결혼이나 출산을 하면 퇴사한다는 계약을 체결했다. 노동법에는 이런 조항이 없었지만 말이다.

그러나 결혼, 출산 이후 퇴사하는 여성은 여전히 많다. 2012년 이후 일본 정부가 일과 가정의 양립을 촉진하기 위해 많은 캠페인을 벌여왔지만, 첫 출산 후 직장에 복귀하는 여성의 비율은 38%에 불과하다.

1985년 일본 의회가 여성 차별 철폐 협약(CEDAW)을 비준하면서 '남녀 고용 기회 균등법'을 채택했다. 남녀 고용 기회 균등법은 1986년부터 발효됐다. 그러나 기업 경영자들은 두 가지 근무 방법을 고안해 이런 법을 교묘히 피해 갔다. 하나는 승진을 할 수 있는 종합직이고, 다른 하나는 경력 개발이나 승진이 없는 일반직이다.

채용된 여성은 이 중 하나를 선택해야 한다. 그런데 종합직을 선택하면, 남성과 마찬가지로 장시간 근무, 잦은 지방 전근에 시달리므로 가정과 일을 양립하기 힘들다.

여성의 연봉은 남성의 절반

　민간 기업에서 여성 임원의 비율은 9%대에 그치고, 고위직으로 갈수록 떨어진다. 일본 후생노동성 자료에 따르면, 남녀 임금격차는 1990년대 40%에서 2020년 24.5%(프랑스는 16.8%)로 감소했다. 그러나, 이는 여성의 임금이 상승했다기보다는, 지난 20년 동안 남성의 임금이 하락했기 때문이다. 그리고 이는 연령이라는 요소를 고려하지 않은 통계 수치다. 49~55세 남성의 평균 연봉은 평균 420만 엔(약 3만 2,800유로)인 반면, 동일 연령대의 여성들의 상위 연봉은 274만 엔(2만 1,440유로)에 그친다. 동일한 통계자료에 따르면, 여성은 남성에 비해 비정규직(시간제 근무, 인턴, 계약직 등) 비율이 높으며, 임금도 평균 55% 적다. 그리고 여성의 비정규직 비율은 계속 높아지고 있다. 이런 상황은 1986년 통과된 두 개의 법 때문이다.

　하나는 피부양자의 연소득이 103만 엔(약 8,000유로) 미만이면 38만 엔(약 3,000유로)까지 세금감면 혜택을 받을 수 있는 법이다. 다른 하나는 이전까지 금지됐던 임시고용을 허용한 파견법이다. 임시고용이 허용된 분야(1986년 13개, 1999년 26개, 2015년 이후 제한 없음)에 여성들이 대거 진출하면서 여성의 비정규직화가 심해졌다.

　신자유주의 개혁 속에서 여성의 지위를 다룬 공식 담론이 얼마나 모순적인지 잘 보여준다. 2012년 12월, 아베 신조 총리는 경제 활성화를 위한 구조개혁을 위해 여성 고용률을 높이겠다며, "여성들이 빛나는 사회를 원한다"라고 말했다. 하지만 페미니스트들은 "아베 총리의 이런 갑작스러운 변화를 믿지 못하겠다"라며, 회의적인 반응과 비판으로 일관했다.[9]

　일본에서 페미니스트들의 발언이 나온 것은 19세기 말부터였다. 페미니스트들은 여성의 교육과 정치적 권리 확대를 요구했다. 메이지 시대(1868~1912)에 이루어진 근대화로 일본에서는 1872년부터 초등학교 교육이 의무화됐고 1886년 칙령으로 각 지역마다 중등교육기관이 세워졌다.

　하지만 대학이 여학생들에게 문을 연 것은 1945년 이후였다. 1995년까지 여성들은 대부분 2년제 전문대학에 다녔다. 2018년 도쿄의 사립 의대를 뒤흔든 스캔들은 지금도 모두가 기억하고 있다. 입시에서 여성 수험생들의 점수를 일률적으로 깎아 여성 입학자를 줄인 사건이다.

1925년에 성인 남성들에게 선거권이 부여되는 보통선거법이 제정되면서 여성의 참정권을 요구하는 페미니스트들의 운동이 활발해졌다. 하지만 일본이 전쟁을 시작하면서 애국 부인회가 생겨났고 1942년에는 대일본 부인회가 결성됐다. 대일본 부인회는 스무 살 이상의 일본 여성이라면 누구나 가입해야 했다. 자연스럽게 페미니즘의 명분이 후퇴했다.

전후 민주개혁이 이뤄졌지만 양성평등을 가로막는 장애물은 여전히 수도 많고 종류도 다양하다. 보수 우파 자민당의 장기 집권체제도 이런 장애물에 속한다. 1993~1994년(10개월), 2009~2012년(3년)을 제외하면 자민당은 1955년부터 일당 지배 체제를 유지했다. 그 결과 사회적 인식과 정치개혁이 여전히 제자리 걸음이다.

글 · 크리스틴 레비 Christine Levy

1 Yuzuki Mari, 「여성 후보 목표 달성 의무…자민당의 반대로 포기」, 〈도쿄 신문〉, 2021년 5월 19일.
2 단일 투표로 투표한 18개 선거구(289개 선거구 중)에는 여성 후보가 없다.
3 Nakamura Kasane, Ikuta Aya, 「플라워 데모로 연결된 #WithYou」, 〈Huffpost Japan〉, 2020년 3월 10일 (일본어판).
4 Ueno Chizuko, 『Une idéologie pour survivre 생존을 위한 이념』, Les presses du réel, Paris, 2021.
5 「LDP's Mio Sugita admits saying 'women lie' about sexual assaults」, 〈Japan Times〉, Tokyo, 2020년 10월 2일.
6 「Mori : talkative women cause time-consuming meetings」, 〈아사히 신문〉, Tokyo, 2021년 2월 4일.
7 「Suga stops short of calling for Mori to resign as public sours on Olympic chief」, 〈Japan Times〉, Tokyo, 8 février 2021.
8 https://cl-p.jp/2021/02/06/dontbesilent/
9 Johann Fleuri, 「Les Japonaises indésirables au travail(한국어판 제목: 일본 여성들이 일하지 않는 이유)」, 〈르몽드 디플로마티크〉 프랑스어판 2016년 4월호, 한국어판 2016년 5월호.

증오는 여성을 더 강하게 만든다

안 주르댕 Anne Jourdain

파리 도핀대학교 사회학 부교수, 프랑스 사회학자. 주로 예술가, 수공예인, 자영업자 등 비전통적 노동 형태를 연구했다.
노동, 창작 활동, 경제적 자율성, 직업적 정체성 사이의 관계를 분석하는 데 주목했다.
『Devenir artisan. Ethnographie d'un choix de vie』(2014)에서 장인이라는 직업 선택 과정을 민족지학적으로 탐구했다.
노동을 생계 수단이 아니라 자아 실현의 과정으로 바라보는 관점에 주목했다.

소셜 미디어에서는 인플루언서와 영상 제작자들, 특히 극우 성향을 지닌 이들이 여성에 대한 혐오를 거리낌 없이 쏟아내고 있다. 그들은 모든 여성이 자신들에게 복종해야 한다고 확신하는 것 같다. 놀랍게도, 이러한 남성 중심주의 집단에는 과거 가정 유지와 부부 간 의무에 한정했던 시대를 그리워하는 일부 여성 대표자들도 포함되어 있다.

남성 이데올로기로 반페미니즘의 길 열어

파파시토, 밥티스트 마르셰, 발렉, 그리고 스테판 에두아르와 함께, 쥘리 로셰디는 프랑스 남성주의 진영(이른바 '마노스페르(manosphère)')의 핵심 인물로 꼽힌다. 이 집단은 여성들이 세상을 지배하고 있다는 왜곡된 환상에 사로잡혀, 그 안에서 남성성이 위협받고 있다고 믿는다. 그들의 담론에는 동성애 혐오, 여성 혐오, 그리고 흔히 외국인 혐오나 권위주의적 욕망이 뒤섞여 있다. 이러한 사상은 점점 더 많은 사람들에게 퍼지고 있다고 인류학자 멜라니 구라리에(Mélanie Gourarier)는 지적한다. 그녀는 수년간 자칭 '여성 유혹자(séducteurs)'로 활동하는 남성 집단을 대상으로 연구를 수행해왔다.

"이러한 담론은 지난 30여 년간 프랑스를 비롯해 유럽과 북미 전역에서, 아버지의 권리, 남성의 지위, 그리고 전통적 남성성을 지키려는 주장 아래 확산돼 왔습니다." 겉보기에는 서로 관련이 없어 보이는 이 '피해자 서사'들은 실제로는 '남성의 대의(cause des hommes)'를 찬양하는 남성주의 이데올로기에서 비롯된 것이다. 이는 "페미니즘 운동에 대한 반작용"이며, "수십 년간 지속된 남성혐오적 억압에 대한 대응"이라는 주장으로 이어진다.[1]

일부 "유혹자들", 즉 "픽업 아티스트"들은 이 상황을 하나의 기회로 포착했다. 그들은 성적 시장의 새로운 규칙에 주저하는 동료 남성들을 상대로 돈을 받고 코칭한다. 미학자이자 사냥꾼인 이들은 여성 개체를 "낚는" 능력으로 대중을 놀라게 한다. 여성들을 "낚아서" 침대로 끌어들이기 위해 어떠한 조작도 마다하지 않고, "마지막 저항"을 무너뜨리기 위한 요령을 서로 교환한다.

한편, 인셀(Incels)[2]들은 스스로를 성관계에서 배제된 피해자라고 여기며, 그 책임을 여성에게 돌리고 적대감을 키운다. 그들의 인터넷 포럼에서는 어두운 생각들이 활발히 논의된다. MGTOW(Men Going Their Own Way, "자신의 길을 가는 남성들")의 경우, 여성과의 관계를 유지하는 것이 위험하다고 생각한다. '페미나치(페미니스트 + 나치의 조어로, 극우 남성주의 진영에서 페미니스트를 조롱하고 악마화하는 혐오 표현-역주)'가 부적절한 행동을 문제 삼은 뒤 얼마나 많은 남성들의 경력이 파괴되었나? 게다가 남성혐오에 빠진 사법 시스템은 이혼 시 체계적으로 어머니들에게 유리하게 판결을 내린다고 한다.

한편, 1968년 무렵, 일부 남성들은 페미니스트 의식화 그룹의 모델을 따라 스스로 모여 가부장제와 그 폐해에 대해 논의했다. 하지만 "남성들끼리 모이자는 이니셔티브는 남성주의 이데올로기의 발전과 반페미니스트 반동의 길을 열었다"라고 프랑시스 뒤퓌-데리는 지적했다.

"지배층을 위한 단일성별 모임은 하위계층을 위한 것과 같은 정치적 의미나 효과가 없다."[3]

이 정치학자는 고대 로마, 나치 독일, 현대 인도와 같이 시대와 사회가 멀리 떨어진 곳에서도 "남성성의 위기"가 반복되는 것을 관찰하며 비꼰다.

"남성들은 위기에 처한 것이 아니라, 스스로 위기를 만드는 것이다."

프랑스에서 온라인 남성주의는 극우파의 문화 전쟁에 기여하고 있다. 저명한 선배들이 젊은 수호자들에게 길을 열어주었다. 대표적으로 에릭 제무르는 일찍이 프랑스의 운명을 남성성 수호와 연결시켰다.

『제1의 성(Le Premier Sexe)』(드노엘, 2006)에서 그는 "마치 프랑스와 유럽 남성들이 자신의 남근을 내려놓고, 저항적으로 변한 여성들을 더 이상 수정시킬 수 없거나 원하지 않게 되어, 자신들이 해방했던 옛 '하인들'에게 도움을 청한 것 같다"라고 주장했다.

백인 남성 집단을 구하러 나선 여성

프랑스 "마스크(남성주의자)" 인플루언서 중에서 타이스 데스쿠폰(Thaïs d'Escufon)이라는 필명으로 더 잘 알려진, 안-타이스 뒤 테르트르 데스쿠팡(Anne-Thaïs du Tertre d'Escoeuffant) 여사가 상위권을 차지하고 있다. 액시옹 프랑세즈의 일시적 회원이자 제네라시옹 이당티테르의 대변인으로서 그녀는 백인 남성 집단을 구하기 위해 나섰다.

X, 유튜브, 틱톡, 텔레그램에서 그녀는 "방종한" 여성들을 공격한다. 그녀는 이렇게 주장하기도 한다. "밝은 미래를 가진 남자는 순수한 과거를 가진 여자를 받을 자격이 있다."

그리고 X에서 64,900명의 팔로워들에게는 다음과 같이 권고한다.

"여자가 정말로 당신을 사랑하고 당신이 그녀를 제대로 대한다면, 그녀는 당신을 위해 요리하고, 당신과 잠자리를 함께하고, 당신의 프로젝트를 지원하고…. 섹스는 마치 당신이 집에서 손님을 맞이하는 것과 같다. 어떤 애피타이저를 제공할지, 언제 디저트를 내놓을지 결정하는 것은 바로 당신이다."

"아이들을 낳아 주고, 청소를 하고, 당신에게 복종하고, 당신을 존중할 것이다. 이것은 최소한의 기본이다. 그렇지 않다면, 떠나라."

티보 드라파르(Thibaud Delapart), 일명 '티보 인셰이프(Tibo InShape)'(구독자 2천만명)는 프랑스 최고의 유튜버 중 한 명이 되었다. 복근 운동 세션 사이에, 그는 프랑스 정부의 보수를 받은 영상에서 국가보편서비스(SNU) 홍보에 참여하고, 경찰서에서 브이로그를 촬영하거나 치안 불안에 감정적으로 반응한다. 테레즈 아르고(Thérèse Hargot)와 함께, 그는 최근 자신의 "은밀한 질문들"을 공유했다.

"침대에서 더 오래 지속하려면 어떻게 해야 하나요?"

성관계는 "팀워크"라고 성전문가는 대답한다.

"여성들은 자신의 성을 책임져야 한다. (…) 받는 쪽이라고 해서 수동적이어야 하는 것은 아니다. 그것은 마치 당신이 집에서 손님을 맞이하는 것과 같다. (…) 당신이 어떤 애피타이저를 제공할지, 언제 디저트를 내놓을지 결정하는 것은 당신이다."

인플루언서들에 의해 일상화된 남성주의 콘텐츠는 인터넷에서 확산되고 있으며, 특히 Reddit이나 Jeuxvideo.com과 같은 포럼에서 익명성의 혜택을 받고 있다. 지정학 젠더 연구소(IGG)의 보고서는 "트위터, 페이스북, 인스타그램, 틱톡, 스냅챗과 같은 대중적인 소셜 미디어가 이러한 남성주의 아이디어를 홍보하는 플랫폼이 되었다"라고 지적했다. "대부분의 사용자가 젊고 소셜 미디어가 그들의 사회적 구성의 필수적인 부분이 되었다는 점에서 이 상황은 더욱 우려스럽다."[4]

그러나 시대의 흐름은 성차별과 성폭력에 의문을 제기하고 성별 할당에 질문을 던지는 것이다. 웹의 기업가들은 이를 무시할 수 없다. 〈르몽드〉가 2021년 10월 10일 증명한 바와 같이, "진정한 '탈구성된' 남자"(전통적 남성성에서 벗어난 남성-역주) 방자맹 네베르(Benjamin Névert)의 커뮤니티는 유튜브에서 56만 명 이상의 구독자를 보유하고 있다. 『나는 남자답지 않다(Je ne suis pas viril)』(First, 2021)의 저자는 정기적으로 남성들의 어려움과 그들에게 가해지는 압박에 대해 이야기한다. 그의 웹시리즈 〈남자들 사이에서(Entre mecs)〉에서, 그의 초대 손님들은 "사랑해"라고 말하는 어려움을 털어놓고 "데이트", "이별"과 같은 다양한 주제에 대해 논의할 수 있다. 또는 "남근"에 대해서도…. 그에 따르면, 가부장제는 심각한 타격을 입고 있다.

글 · 안 주르댕 Anne Jourdain

1 멜라니 구라리에, 『알파 메일. 남성들 사이에서 자신을 평가하기 위해 여성들을 유혹하다』, 쇠유, 파리, 2017.
2 '비자발적 독신자(involuntary celibate)'의 축약어.
3 프랑시스 뒤퓌-데리, 『남성성의 위기. 끈질긴 신화의 부검』, 르뮤-메나쥬 출판사, 몬트리올, 2018.
4 「온라인 남성주의 담론에 맞서기」, 지정학 젠더 연구소, 2023년 10월 16일

날씬함의 현기증

클레르 스코델라로 Claire Scodellaro

파리1대학교(판테옹-소르본) 인구통계학 부교수, 고등인구통계학교 원장. 사회적 건강 불평등, 젠더 기반 폭력, 이주 여성과
성소수자에 대한 건강 · 폭력 문제를 심층 연구해왔다.

건강과 관련된 사회적 불평등은 대부분 서민층 남성들에게 불리하게 작용한다. 그러나 신경성 식욕부진증은 이 규칙에서 예외적인 사례를 보여준다. 이 잠재적으로 치명적인 식이 장애는 거의 독점적으로 젊은 여성들, 특히 날씬함이 여전히 규범으로 남아있는 부유한 환경 출신의 청소년 여성들을 위협한다.

이처럼 특정 집단에 집중적으로 나타나는 질병은 드물다. 신경성 식욕부진증-수개월 또는 수년에 걸쳐 음식을 극단적으로 제한하는 식이 장애-환자의 90~95%가 여성이다. 이런 성별 간 불균형은 유방암(환자의 1%만이 남성)에서만 유사한 예를 볼 수 있다. 또 다른 특이점은 이 질병에 영향을 받는 인구의 사회적 구성이다.

건강 위험의 분포가 일반적으로 서민층에게 불리하게 나타나는 반면, 신경성 식욕부진증의 경우에는 그 반대 현상이 관찰된다. 상류층 가정의 딸들(부모가 관리직, 자유 전문직 또는 기업 경영자)은 노동자 계층의 딸들보다 1.6배 더 높은 발병 위험이 있으며, 중산층(소위 중간 직업, 사무직)의 딸들은 1.3배 더 높다.[1]

연령별 프로필은 다른 정신 질환과 다르다. 신경성 식욕부진증은 25세 이후에 거의 시작되지 않으며, 나이가 들수록 발병 확률이 감소하는 반면, 우울증은 성인기에도 흔히 발생한다. 의학 논문에서 "신경성 식욕부진증"이라는 진단은 19세기 후반에 등장하고 구체화되었다.

소화 장애로는 설명되지 않는 지속적인 식이 제한(때로는 완전한 금식에까지 이름)이 초기의 주요 증상이었다. 프랑스 의사 에르네스트-샤를 라제그는 기아 상태가 역설적으로 넘치는

에너지를 동반한다고 지적한다.[2]

그는 "음식 섭취 감소가 근력을 떨어뜨리기는커녕 오히려 움직임에 대한 적성을 증가시키는 경향이 있다"라고 기록했다.

"환자는 계속해서 더 활동적이고 더 가볍게 느끼며, 승마를 하고, 장거리 도보 여행을 시작하고, 방문객을 맞이하고 답례 방문을 하며, 예전 같으면 피곤하다고 불평했을 상황에서도 전혀 지친 기색 없이 활발한 사교 활동을 이어간다."

라제그의 초기 임상 기록은 이 질환이 주로 젊은 여성들에게 나타난다는 점을 강조하고 있다. 당시 환자들의 활동은 그들이 속한 계층으로 보이는 부르주아 계급의 전형적인 여가 활동을 연상시킨다.

한 세기 반이 지난 지금에도 프랑스 사회에서 날씬함에 부여되는 가치는 이러한 역사적 기원의 흔적을 고스란히 간직하고 있다. 2008년, 17세 청소년 약 4만 명을 대상으로 한 프랑스 연구에 따르면, 젊은 여성들은 의학적으로 저체중에 해당하는 수준 이하의 체형을 이상적인 몸매로 갈망하고 있었다.[3]

키가 170센티미터인 여성은 자신의 체중이 평균 52킬로그램일 때 적당하다고 판단하는데, 이는 1~20킬로그램 더 나가도 정상으로 간주될 것이다. 이상적인 체중은 상류층(부모가 관리직이나 기업 경영자) 여성들 사이에서 더 낮게 형성되어 있으며, 이로 인해 서민층(부모가 노동자) 여성들과의 격차는 더욱 벌어지고 있다. 남성과 비교하면 두 가지 측면에서 뚜렷한 대조가 나타난다. 첫째, 남성들은 보다 높은 체중을 이상적이라고 평가한다. 예컨대, 키 170cm에 대해 남성들이 생각하는 이상 체중의 평균은 62kg으로, 여성보다 10kg 더 많다. 둘째, 남성의 경우 이상적인 체중에 대한 인식은 사회적 출신 배경의 영향을 거의 받지 않는다.

체중 조절과 학업 추구는 여성이 더 많이 해

다시 말해, 완벽한 몸에 대한 인식은 여성들 사이에서 사회적 구분을 만들지만, 남성들 사이에서는 그렇지 않다. 청소년기 여성들은 특히 매우 날씬한 몸을 보여주는 것에 관심이 많은데, 이 시기의 그들은 성인처럼 수입이나 직업 등으로 사회적 위신을 획득할 수 없기 때문이다. 이는 매우 어린 나이에 신경성 식욕부진증이 매우 자주 발병하는 이유와 그것이 종종 다른 행동들과 연관되는 이유를 설명할 수 있다.

사회학자 뮈리엘 다르몽의 연구가 보여주듯이, 날씬함과 학업 성취는 동일한 사회적 우수성을 추구하는 과정의 일부이며, 이러한 추구에는 특히 상류층에서 남성보다 여성이 더 많이 관여한다.[4]

개인의 병적인 자기 통제 의지로 제시되는 것이 실제로는 사회적으로 형성된 세계관에 뿌리를 두고 있을 수 있다. 실제로 젊은 여성들에게는 "단정하게 행동하라", "자신을 통제하라", "자신을 방치하지 말라"라고 가르친 반면, 남성들에게는 타인을 통제하는 특권이 주어진다. 이런 규범은 사회적 운명을 통제할 수 있다고 믿는 경향이 더 강한 중산층과 상류층에서 특별히 더 많이 관찰된다.

체중 조절과 학업 성과는 여성이 남성보다 더 많이 참여하는 우수성 추구에서 비롯된다.

글 · 클레르 스코델라로 Claire Scodellaro

1 「국방 준비 소집 시 건강 및 소비에 관한 조사」(Escapad), 프랑스 약물 및 중독 관측소, 파리, 2008; 참조. 클레르 스코델라로, 장-루이 판 케 송, 스테판 레글레예, 「사회적 관계의 문제: 신경성 식욕부진증과 폭식증의 사례」, 〈프랑스 사회학 저널〉, 58권, 1호, 파리, 2017년 1~3월.
2 에르네스트-샤를 라제그, 「히스테리성 식욕부진증에 대하여」, 〈일반 의학 아카이브〉 시리즈 6, 21권, 1호, 파리, 1873.
3 앞의 책.
4 뮈리엘 다르몽, 「특별한 젊음들. 청소년 금욕주의의 사회학」, 〈아고라 토론/젊음〉 56호, 파리, 2010.

세상에서 가장 오래된 여성 전략, '잠자리 거부'

'잠자리 거부' 전략. 이 아이디어를 최초로 생각해낸 인물은, 기원전 411년에 아리스토파네스가 집필한 희극 『리시스트라타』(Lysistrata)의 주인공일 가능성이 있다. 이 이야기는 펠로폰네소스 전쟁(기원전 431년~404년) 중의 고대 아테네를 배경으로 펼쳐진다. 전쟁을 끝내고 평화 협정을 맺게 하려는 목표 아래, 대담한 아테네 여성들은 경쟁 도시국가의 여성들까지 끌어들여 하나의 계획을 세운다. 그녀들의 책략은 단순하지만 강력했다. "남편들이 평화를 맺을 때까지 잠자리를 거부하자."

우리 시대에도, 여성들은 자신의 남편과 형제, 아들들이 서로 죽이는 전쟁의 혼란 속에서 자신들의 목소리가 들리지 않는다는 좌절감을 표현하기 위해 때때로 이 전략을 현대적으로 되살린다.

2003년, 라이베리아 활동가 레이마 보위(2011년 노벨 평화상 공동 수상자)가 내전을 종식시키기 위한 평화 협상 테이블에 여성들의 자리를 확보하기 위해, 동료 시민 여성들에게 남성들과의 잠자리 거부를 확산시켰을 때가 그랬다.

2006년, 콜롬비아 페레이라 시의 여성들은 적대적인 갱들의 휴전을 끌어내기 위해 범죄자이자 연인이기도 한 남성 파트너들과의 잠자리를 거부했다.

2009년, 선거 이후 유혈 사태로 흔들리던 케냐에서는 여성 단체들이 전국적인 '성적 금욕 주간'을 선포하며, 남성 정치인들에게 갈등을 중단하고 협상에 나설 것을 촉구했다. 이러한 희생적인 저항 전술은 항상 지속적인 효과를 내지는 못하더라도, 적어도 사회적 주목을 끌고 성찰을 촉진한다는 점에서 큰 의미가 있다고 지지자들은 강조한다.

고대 희극 속 리시스트라타의 계획은 완벽하게 성공한다. 이야기 속에서 평화는 회복된다.

그러나 현실에서는 달랐다. 펠로폰네소스 전쟁은 몇 년 더 계속되었고, 결국 스파르타의 승리와 아테네 제국의 몰락으로 끝을 맺었다.

글 · 앙젤리크 무니에-쿤 Angélique Mounier-Kuhn

처벌만으로는 충분하지 않다

엘사 존스톤 Elsa Johnstone

프랑스 판사, 〈델리베레〉 저널의 편집위원

뱅상 시제르 Vincent Sizaire

프랑스 판사, 파리 낭테르 대학 부교수

지난 수십 년 동안, 프랑스 정부는 성차별과 성폭력 처벌에 관한 다양한 법안을 의회에 제출해 왔다. 그러나 이러한 법안들이 항상 충분한 예산적 뒷받침과 함께 시행된 것은 아니었다. 그리고 다른 유형의 범죄와 마찬가지로, 피해자 보호보다는 숫자 관리에 초점을 맞춘 정책이 우선시되는 경향도 여전히 존재한다.

서류상으로는 프랑스에서 성차별 및 성폭력에 대한 처벌 수준이 그 어느 때보다 높다. 그러나 그것들의 불처벌에 대한 느낌은 여전히 특히 강하게 남아있다. 여성과 남성 간의 평등을 위한 고등위원회는 2022년 10월 5일 보도자료에서 "고소는 증가하고 있지만, 폭력은 줄어들지 않으며 그 처리는 여전히 크게 처벌되지 않은 채로 남아있다"라고 한탄했다. 이러한 불일치를 어떻게 설명할 수 있을까?

법적 장치와 형사 소추의 진화에 대한 상세한 분석은 프랑스 당국이 억압적 접근방식을 선호한다는 것을 보여주는데, 이는 패권적이기는 하지만 본질적으로 화려하고 단편적인 수준에 머물러 있다.

1989년, 첫 번째 전국적인 정보 캠페인이 시작되었고 여성에 대한 폭력에 대응하기 위한 첫 번째 지방 행동 위원회가 설립되었으며, 이후 5개의 부처 간 예방 및 투쟁 계획이 실행되었다. 30년 후, 적어도 13개의 법률(그리고 더 많은 시행령과 적용 지침)이 채택되었다.

이러한 폭력에 대응하기 위한 규범적 장치는 가장 중요한 것으로 보인다. 특정 형벌의 가중(1992, 2007, 2010, 2020), 폭력 가해자를 위한 책임감 교육과 같은 새로운 형벌의 신설(2010, 2014, 2019), 특히 배우자와 시민연대계약 파트너에 대한 특정 가중 상황의 확대. 이처럼 규범적 장치는 강화되었다.

프랑스 부부 폭력 기소, 눈에 띄게 증가해

부부 간 정신적 괴롭힘(2010, 2018, 2020)과 같은 새로운 범죄의 신설, 또는 "긴급 위험 전화"(2014)나 접근금지 전자팔찌(2019)와 같은 새로운 장치도 도입되었다.

이러한 규범적 과잉 활동의 결과로, 여성에 대한 폭력의 사법적 기소와 유죄 판결 수준이 크게 증가했다. 10년 이상 모든 일반 형사 정책 지침에 의해 우선순위로 지정된 부부 폭력 기소는 2012년 5만2,800건에서 2020년 8만1,300건으로 눈에 띄게 증가했으며, 형사 대응률은 약 88%에 달하고 유죄 판결 건수는 2017년 약 2만2,200건에서 2020년 거의 3만3,800건으로 증가했다.[1]

이러한 양적 증가는 형벌의 가중과 함께 이루어졌다. 8일 이상의 전체 노동 능력 상실을 동반한 폭력의 경우, 실형 선고율은 2017년 44%에서 2019년 50%로 증가했으며 평균 실형 기간은 13개월이었다. 그리고 부부 폭력으로 기소된 사람의 95%가 경범죄 법원[2]에서 유죄 판결을 받고 있으며, 민사적 측면에서 보호 명령의 발급은 2020년에 110% 증가했다.

프랑스 사법 기관은 입법자의 끊임없는 혁신을 필요한 수단 없이 실행하도록 지속적으로 요구받고 있다. 예를 들어, "긴급 위험 전화"는 (2019년 3월 330대에 비해) 2021년 말까지 3,000대 이상 배포되어 대규모 성장을 이루었지만, 법원은 2020년 말부터 덜 적합한 접근금지 전자팔찌를 배포하도록 압력을 받았다.

피해자의 동의가 필수적이나 항상 그 의견을 수집할 시스템이 존재하는 것은 아니며, 피해자들은 경보의 부적절한 작동과 관련된 상당한 스트레스를 받을 수 있고, 도시 환경에서는 간

섭이 빈번할 수 있다.[3]

반대로, 법률 적용을 가능하게 하는 민간 및 공공 구조들은 교육적 처벌(책임감 교육 등)이나 지원 처벌(의료 또는 사회적 추적 관리를 포함)의 적용을 가능케 하는 민간 및 공공 구조들은 자금이 심각하게 부족하다.

이러한 비구금형 선고는 충분한 장소가 없기 때문에, 형사 법원이 폭력 가해자에게 몇 주간의 교육을 선고했을 때조차도, 실제로는 종종 며칠, 심지어 하루로 축소된다. 이러한 조치는 시간적으로 뿌리 깊게 자리 잡은 폭력 문제(2015년 부부 폭력 범죄로 유죄 판결을 받은 사람의 35%가 광의의 재범 상태였음[4])와 다양한 중독 문제, 특히 알코올 중독이나 정신 장애[5]와 결합된 문제를 처리하기에 불충분하다.

스페인 모델, 프랑스 시스템의 결함을 해결할 수 있나?

자주 모범 사례로 인용되는 스페인 모델은, 너무 자주 "성별 폭력에 대한 통합 보호 수단에 관한 법률(2004년 12월 28일 제정)"로 단순화되곤 한다. 그리고 많은 사람들은 이를 복제하는 것만으로도 프랑스 시스템의 모든 결함을 해결할 수 있다고 믿는다. 실제로 이베리아 모델의 우수성은 이러한 공공 정책에 할당된 자원의 중요성에 있다. 스페인 정부는 주민 1인당 연간 16유로를 할당하는 반면, 프랑스는 5유로에 불과하다.[6]

다시 말해, 여성에 대한 폭력 퇴치의 효과를 진정으로 강화하고자 한다면, 법률보다는 고소인의 구체적인 접수 및 지원 조건을 개선해야 한다. 이러한 관점에서, 두 가지 개선 방향이 눈에 띈다.

첫째, 피해자의 신고 및 진술 수집 방식에 관해 개선의 여지가 있다. 2021년에 8개월로 축소된 경찰 훈련 기간은 현장 전문가들의 압력으로 인해 1년으로 다시 늘어났다. 2015년부터 법적으로 공식 선언된 "개인화된 평가"와 "특정 보호 조치"에 대한 권리에 관해서도 실제 이행 과정에서는 여전히 충분한 실효성을 확보하지 못하고 있다.[7]

실행 수단이 부족하다는 점을 고려하면, 이는 매우 불균등하게 시행되고 있다.

피해자 지원은 보조금이 부족한 민간단체 활동가들에 의해 이루어지는 경우가 많고, 폭력의 실태와 심각성을 규명하는 데 필수적인 법의학적 검사조차도 자원이 충분하지 않은 병원 서비스 내에서 수행되고 있다.

이러한 측면에서, 프랑스는 다른 해외 사례, 즉 피해자 오리엔테이션 센터의 사례에서 영감을 얻을 수 있을 것이다…. 우리는 영국의 성폭력 피해자 오리엔테이션 센터(Sexual Assault Referral Centres, SARC)의 사례에서 영감을 얻을 수도 있다. 1986년 맨체스터에서 처음 설립된 이 센터들은 2000년대 초부터 잉글랜드와 웨일스 전역으로 확대되었다.

SARC는 강간이나 성폭행 피해자에게 의료 서비스부터 심리치료 지원, 법률 상담까지 포괄적인 케어를 제공하는 것을 목표로 한다.[8] 이 접근 방식은 우선적으로 건강에 중점을 두지만, 그렇다고 신고된 범죄의 기소를 소홀히 하지는 않는다. 피해자가 센터를 방문하는 것은 증거 보존에 필요한 모든 의학적 검사를 수행할 기회가 된다.

이러한 채취물은 2년 동안 보관되며, 이는 피해자들이 고소 여부를 결정할 시간을 준다. 이 접근방식은 의료 비밀 유지 의무가 있는 의료인을 첫 번째 대화의 상대로 삼음으로써, 많은 여성들이 사건을 신고하는 데 있어 주저하는 것을 줄여 구체적으로 가해자 처벌을 증가시키는데 기여한다.

갈 길이 먼 "프랑스식" 보호 명령

프랑스 시스템의 또 다른 주요 결함으로는 억압적 틀 밖에서 사람들에게 필요한 보호 조치를 제대로 제공하지 못하는 것이다. 프랑스 국회는 2010년 스페인 모델에서 영감을 받아, 프랑스 법에 보호 명령 메커니즘을 도입했다. 이 제도는 가정 사건 판사(JAF)가 폭력의 중단 또는 재발 방지를 위해 긴급하게 취할 수 있는 일련의 임시 조치들—예를 들면 접촉 금지, 가정에서의 퇴거 명령 등을 포함한다—을 내릴 수 있도록 설계되었다.

그러나 이 제도는 여전히 그 목표를 달성하기에는 갈 길이 멀다. '프랑스식' 보호 명령은, 판사가 '피해자에게 위험이 있다고 믿을 만한 심각한 이유'[9] 를 인정해야 한다는 점에서 여전히 억압적 개념에 머물러 있다.

실제로 판사는 '주장된 폭력 행위가 타당하다고 간주될 수 있도록' 일종의 제재적 판단을 내리도록 요청받는다. 이러한 접근 방식에서는, 폭력이 충분히 명확히 입증되지 않았다고 판사가 판단할 경우, 특히 형사 고소가 제기되지 않은 상태라면, 보호조치를 내리지 않는 일이 발생하게 된다.

따라서, 아동 판사들이 사용하는 '민사적 위험' 개념을 기준으로, 가정폭력 피해자 보호에 접근하는 것이 더 적절할 것이다. 이 개념은 단순히 신체적 · 심리적 폭력행위에 국한되지 않고, 피해 여성 본인은 물론 그 가족의 다른 구성원들의 건강과 안전을 위협할 수 있는 보다 광범위한 지배 상황에 노출된 이들을 신속하고 효과적으로 보호하는 데 목적이 있다. 이는 결코 형사 처벌로부터 도피하기 위한 접근이 아니며, 오히려 '확장된 가족 정의'에 대한 빠르고 실질적인 접근을 통해 가정 내 폭력 상황을 사전에 차단할 수 있는 강력한 수단이 된다.[10]

폭력 억제와 피해자 보호를 위한 민사적 조치를 형사 절차와 분리해 시행하는 일은, 단지 피해자를 효과적으로 보호하는 데 그치지 않는다. 형사적 대응은 더 이상 긴급하고 지속 가능한 해결책을 단독으로 제공하거나, 새로운 폭력의 발생을 독자적으로 막을 수 있다고 주장하지 않게 된다. 그 결과, 형사제도는 본연의 역할—고발된 사실을 규명하고, 필요한 경우 적절한 제재를 가하는 일—로 돌아가게 된다. 이러한 접근은, '새로운 형태의 순교자인 피해자'를 내세우며 소란스럽게 메시지를 전달하는 담론들이 정작 개별 피해자의 목소리를 묻어버리는 상황에서 우리를 벗어나게 해줄 것이다.[11] 이제 그 목소리를 해방시킬 때가 왔다.

글 · 엘사 존스톤 & 뱅상 시제르 Elsa Johnstone & Vincent Sizaire

1. 법무부 사무총장, "배우자 폭력의 사법적 처리-모음", 2020.
2. 마엘 뢰벤브뤼크와 루이즈 비아르-기요, 「2015년 부부 폭력의 사법적 처리」, 〈Infostat Justice〉, 파리, 2018년 2월.
3. 마리-리에빈 미하릭, 「왜 접근금지 전자팔찌가 그렇게 적게 사용되는가」, 〈르피가로〉, 파리, 2021년 5월 12일.
4. 마엘 뢰벤브뤼크와 루이즈 비아르-기요, 「2015년 배우자 폭력의 사법적 처리」, 위의 글.
5. "커플 내 폭력적 사망에 관한 국가 연구", 내무부, 피해자 대표부, 2020.
6. 루도빅 라망, 「성별 폭력과의 전쟁에서 선두에 선 스페인」, 〈메디아파르트〉, 2017년 11월 30일, www.mediapart.fr
7. 형사소송법 제10-5조.
8. 미브 이오건, 앤 맥휴, 메리 홀로한, 「성폭력 센터의 역할」, 〈산부인과 최상의 실천 및 연구〉, 27권. 엘스비어, 2013년 2월.
9. 프랑스 민법 제515-11조.
10. 엘사 존스톤, 「가정 사법의 최고의 적, 가정 사건 판사」, 〈Délibérée〉, 1호, 파리, 2017.
11. 드니 살라스, 『처벌하려는 의지. 형벌적 포퓰리즘에 관한 에세이』, 아셰트, 파리, 2005.

▲ 카이엘 /// 〈마지막 문턱〉, 2025

괴물들은 뿔이 없다.

어둠 속에 숨어 있는 것도 아니다.

사실, 괴물은 존재하지 않는다.

2024년, 프랑스는 '마장 사건'으로 뒤흔들린다.

지젤 펠리코는 10년 동안 약에 취한 채 남편에게 강간당한다.

수십 명의 남자들이 그녀의 방을 오가며 그녀를 강간한다.

게다가, 그들은 모두 '좋은 아버지들'이다.

그녀의 기억 속 일부는 통째로 사라진다.

오직 몸만이 그 기억을 간직하고 있다.

재판 내내 그녀를 노려보는 시선들이 있다. 속으로 묻는다. "사실, 쟤가 조금은 원한 거 아냐?"

좋은 아버지들은 발을 내려다보지 않는다.
그들은 웃는다. 모르는 척한다.

2016년, '늑대 떼 사건'이 스페인을 충격에 빠뜨린다. 젊은 여성이 팜플로나 축제에서 집단 성폭행을 당한다.

그녀는 술에 취해 있었다.

가해자는 다섯 명. 소위 '착한 녀석들'이었다. 나이는 17세에서 29세 사이였다.

그들은 강간을 촬영하고 왓츠앱으로 농담처럼 돌린다.

"다섯이서 하나랑 하고 있는 중"
🎬동영상

재판에서는 "충분히 폭력적이지 않았다", "피해자가 충분히 저항하지 않았다"고 판단했다.
범죄는 단순한 "성적 학대"로 분류되었다.

이 부당함에 맞서 전국 곳곳에서 시위가 벌어졌다. 명시적 동의의 의무가 형법에 도입되었다. 여성들은 더 이상 폭력이나 협박이 있었는지를 증명할 필요가 없게 되었다.

1980년 프랑스에서 열린 또 하나의 '본보기 재판'에서, 지젤 알리미는 피해자들의 강간을 '경범죄'가 아니라 '범죄'로 인정받기 위해 싸운다. 이 재판은 강간이 명백한 범죄임을 재확인하는 법으로 이어졌다.

최악의 사건이 터지고 나서야 움직이면, 그 분노의 감정이 엉뚱하게도 또 다른 괴물을 만들어낸다.

"아니면 아니야! 정의를!"
(스페인어와 바스크어로 함께 쓰인 구호)

ASSISES D'AIX-EN-PROVENCE
"강간 재판인가? 강간 피해자 재판인가?"

필리핀, 19세
이민자에게 살해당함

그런데 정말 여기서 생각할 필요가 있을까?

죽은 것처럼 보이는 몸에는 손대지 않는다.

'좋다'고 말하지 않은 몸에도 손대지 않는다.

'싫다'고 말할 수 없는 몸에도 손대지 않는다

이 이야기들이 특별한 건 관련된 남자의 수나 사건의 규모일 뿐, 실상은 지독히 평범하다.

술에 취한 상태에서 강간당하는 건 내가 아는 여자애들 절반에게 일어나는 일이다.

나머지 절반은 깨어 있을 때 당했다고 말하고 싶을 정도다.

그런데 이런 일들이 벌어질 때, 아직도 놀라는 척할 수 있는 사람이 있을까?

여자들이 가축처럼 여겨지는 세상.

마음대로 취급할 수 있는 물건 같은 존재가 된 세상.

여자들의 가장 큰 꿈이 강간당하는 것이라고 남자들에게 속삭이는 세상.

강간범들이 거의 처벌받지 않는 세상.

그리고 때로는 심지어 보상까지 받아.

피해자만 만들어내고 가해자는 만들지 않는 기계.

이 세상은 하늘에서 뚝 떨어진 게 아니다.

결정 위에 결정이 쌓여 만들어진 것이다.

그리고 그 모든 결정은 정치적인 것이다.

잠깐 동안, 나는 이렇게 말할 수 있을 줄 알았다. "이 세상은 끝났다! 새로운 세상이여 만세!"

하지만 이 낡은 세상은 뱀이다.

목이 잘려도, 그 뱀은 여전히 물 수 있다.

여성 문제, 짤막 상식

3월 8일

'여성의 날'은 제2인터내셔널(1889년 창설된 세계 사회주의 노동운동의 국제 조직)의 결정에 따른 것으로, 그 목적은 여성들을 노동계급 조직 아래로 결집시키고, 이른바 '부르주아' 페미니스트들에 맞서는 데 있었다. 이 제안은 1910년 코펜하겐에서 열린 사회주의 여성 회의에서 독일인 클라라 체트킨에 의해 처음 제안되었다. 한편, 3월 8일이라는 날짜는 1921년 레닌이 선택했는데, 이는 제정 러시아 달력으로 2월 23일에 해당하는 날로, 1917년 상트페테르부르크의 여성 노동자들이 거리로 나와 빵과, 전선에서 돌아온 남성들의 귀환 등을 요구하며 시위를 벌인 바로 그날을 기념하기 위해서였다. 이 시위는 2월 혁명의 도화선이 되었다.

출처: 플로랑스 몽트레 '3월 8일, 그런데 왜?', 르몽드 디플로마티크 1999년 3월호

5편 중 1편

2024년 칸 영화제에서 선정된 작품들 가운데 여성 감독의 작품이 차지하는 비율.

출처: 콜렉티프 50/50 (영화 및 시청각 분야의 성평등, 다양성, 평등을 위한 단체)

침대에서도 공산주의자

"성행위는 부끄럽거나 죄의식을 느껴야 할 행위가 아니다. 그것은 굶주림을 채우거나 목마름을 해소하는 것처럼, 건강한 육체가 자연스럽게 발현하는 정당한 행위로 이해되어야 한다. 자연의 현상 속에는 선도 악도, 도덕도 비도덕도 존재하지 않는다. (…) 사랑하는 이를 향한 질투와 소유욕은, 이제 타인의 영혼을 우정 어린 시선으로 이해하고, 사랑의 감정 속에서 그 자유를 존중하는 태도로 바뀌어야 한다. 질투는 분열을 낳는 원리이며, 그러한 점에서 공산주의 공동체의 관점에서는 결코 용납될 수 없다. (…) 이 공동체의 깊은 심층에서는, 인류가 아직 한 번도 경험하지 못한 새로운 성적 관계의 형태들이 싹틀 것이다. 그 속에서 건강하고 생기 넘치는 사랑은 다채로운 빛깔을 띠며, 끊임없이 창조하고 생명을 잉태하는 자연의 환희 속에서 찬란히 빛날 것이다."

— 알렉산드라 콜론타이, 볼셰비키 혁명가 『공산주의 도덕에 관한 테제』, 1921년

1979년

'여성에 대한 모든 형태의 차별철폐에 관한 협약'(CEDAW-Convention on the Elimination of All Forms of Discrimination Against Women)이 체결되었다. 이 협약은 국제 인권 법제의 기초를 이루는 조약으로, 국가들에게 여성의 권리에 관한 구체적 의무를 부과한다. 현재까지 189개국이 이 협약을 비준하였으며, 미국과 팔라우는 서명만 했을 뿐 비준하지 않았다. 수단, 소말리아, 이란을 포함한 6개국은 아직 서명조차 하지 않았다.

출처: 유엔 인권최고대표사무소(OHCHR)

7천만 명의 '과잉 남성'

중국의 '한 자녀 정책'과 세계 인구 1·2위를 차지하는 중국과 인도에서의 성별 선택적 낙태는 남녀 성비의 심각한 불균형을 초래했다. 〈워싱턴 포스트〉는 2018년 기사에서, 여성보다 훨씬 많은 수의 남성들이 성인기로 접어들면서 중대한 사회적 파급 효과가 나타나고 있다고 지적했다. 이러한 불균형은 남성 고립의 확산과 노동시장 왜곡, 높은 저축률과 소비 감소 같은 경제적 왜곡을 초래할 뿐 아니라, 폭력 범죄의 증가, 성매매와 여성 인신매매 같은 불법적 행위의 확산으로도 이어지고 있다.

'위하여'

뒷골목에서 춤추기 위하여
입맞춤이 두려운 사람들을 위하여
나의 자매, 너의 자매, 우리의 자매들을 위하여
낡아버린 사고방식을 바꾸기 위하여
가난이 부끄러운 현실을 위하여
평범한 삶을 후회하는 이들을 위하여
쓰레기통을 뒤지는 아이와

그 아이의 꿈을 위하여
독재적인 이 경제를 위하여
오염된 공기를 위하여(…)
남자와 조국과 번영을 위하여
남자가 되고 싶었던 소녀를 위하여
여성과, 삶과, 자유를 위하여

— 셰르빈 하지푸르, 「Barayé(위하여)」 중에서 2022년, 이란 전역을 뒤흔든 시민 봉기의 상징이자, '여성, 삶, 자유' 운동의 대표적인 찬가

선거권

1893년, 뉴질랜드는 세계 최초로 여성에게 국가 차원의 선거권을 부여한 나라가 되었다. 스위스에서는 1971년에야 연방 차원에서 여성 참정권이 인정되었으며, 스위스 내의 한 칸톤(canton, 스위스의 지방자치 단위)인 '아펜첼 이너로드'의 여성들이 투표함에 자신의 투표지를 넣을 수 있게 된 것은 무려 1990년에 이르러서였다.

'브리체로(Bricheros)'

브리체로(Bricheros)는 페루에서 혼자 여행하는 서구 여성 관광객들과 연애 또는 성적 관계를 맺는 '프로 연인' 또는 유혹자들을 일컫는 표현이다. 이들은 종종 여성들이 영적 치유나 모험을 찾아 라틴아메리카를 여행하는 심리를 간파하고 접근한다. 사회학자 쥘리에트 루게는 자신의 박사논문 『이국성의 향유(Jouir de l'exotisme, 2021)』에서, 브리체로들이 "우연한 사랑처럼 연출된 만남을 꾸미고, 반란군 투사의 이미지를 반복하며 상대를 매혹시키고, 죄책감을 자극해 여성의 관대함을 이끌어내는 방식"을 분석했다. 그들은 흔히 성매매와는 선을 긋고, 여성을 노골적으로 대상화하거나 착취하기  보다는, 자신들의 행위에 정치적·역사적 의미를 부여하려는 태도를 보인다. 예컨대 한 브리체로는 이렇게 말한다. "나는 잉카의 황금을 페루에 돌려주기 위해 이 일을 하는 거야." 이러한 서사는 그들 스스로를 정당화하는 수단이 되며, 성매매에 대한 사회적 낙인을 회피하려는 전략으로 작용하기도 한다.

부터 '한 여성'은 위키백과에 자신만의 항목을 갖게 되었다. 이 페 서는 다음과 같이 읽을 수 있다. "한 여성은 기자, 기업 CEO, 화학 교관, 경제학자, 주교, 랍비, 이맘, 물리학자, 엘리트 운동선수, 스포 ᆞ, 전투기 조종사, 맥주 양조사, 정육업자, 노동자, 만화 작가, 축구 ᆞᆫ드볼 선수, 오케스트라 지휘자, DJ, 박물관 관장, 우주비행사, 노동 ᆞ도자, 그리고 정치인이다. 이 여성은 적어도 스무 개국 이상의 국 ᆞ지고 있다. " 이 항목은 언뜻 보기에 일반적인 인물 소개 같지만, ᆞ 언론이 여성 인물을 소개할 때 자주 범하는 익명화와 일반화, 그리 ᆞᆼ 여성 한 사람'으로 축소시키는 경향을 풍자하기 위한 목적을 가 ᆞ즉, 각기 다른 직업과 정체성을 지닌 여성들을 '한 여성'이라는 모호 ᆞᅩ 일반화하는 방식이, 여성의 사회적 가시성을 희석하고 결국에 ᆞ버리는 데 일조한다는 점을 비판하는 풍자적 실험이다.

ᆿ – 위키백과: Pastiches / Une femme

1억 3,500만 명

2020년 기준, 전 세계 국제 여성 이주자 수는 약 1억 3,500만 명으로 남성 이주자 수(1억 4,600만 명)와 거의 비슷한 수준이다. 여성 이주자는 주로 유럽과 북미의 도착국, 예컨대 미국, 캐나다, 프랑스, 스페인, 이탈리아, 그리고 인도에서도 많이 관찰된다. 반면, 아시아 대부분의 국가들, 특히 '걸프협력회의'(GCC) 소속 국가들에서는 남성 이주자가 여성보다 훨씬 더 많은 비율을 차지하고 있다.

출처: 『2024 세계 이주 보고서』, 국제이주기구(IOM), 제네바.

여성들은 어디에 있는가?

2024년 전체 인구 중 남성 100명당 여성 수

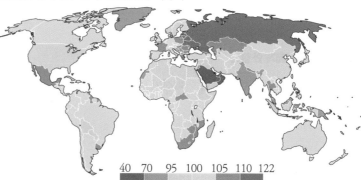

40　70　95　100　105　110　122

2024년 출생 시 남아 100명당 여아 수

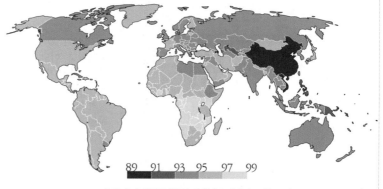

89　91　93　95　97　99

출처: 유엔 인구국, 『2024 세계 인구 전망』(World Population Prospects 2024)

1901년 노벨상이 제정된 이래, 노벨상을 수상한 여성은 65명(마리 퀴리는 2회 수상)이다. 이들은 개인 수상자 970명 중 6.7%를 차지한다(기관 제외).

출처: 〈TV5 Monde〉, 2023.

"나는 여전히 여성들이 접하고 있는 위치에 대해, 문학 분야를 포함해 끊임없이 자문합니다. 여성들이 창작의 주체로서 정당한 자리를 얻는 일은 아직도 확고히 이루어지지 않았습니다. 프랑스뿐 아니라 전 세계에는 여성들이 쓴 책을 존재하지 않는 것처럼 여기고, 결코 인용하지 않는 남성 지식인들이 있습니다."

— 아니 에르노(Annie Ernaux), 2022년 12월 10일, 노벨문학상 수상 연설 중에서

걸어온 길

'여성 지위부'라니? 그럴 바엔 '뜨개질 사무국'이나 만들지 그러시오?"

— 샤를 드골, 1967년

연구실의 여성들

일본에서는 대학 연구직의 단 17%만이 여성에게 ▮ 있다. 이에 비해 프랑스는 30%, 러시아 39%, 스▮ 42%로 여성 연구자 비율이 더 높은 편이다.

출처: 경제협력개발기구(OECD), 2022년

기자가 마리 퀴리에게 한 질문

"유명한 과학자와 결혼한 기분이 어떠신가요?" 마리 퀴리의 대답, "그건 제 남편에게 물어보시죠."

출처: @Antho_Repartie, 소셜미디어 X(구 트위터)

"진정한 진보란 여성이 집에 머무를 수 있도록 해주는 것이다."

— 마린 르펜, 2012년 프랑스 대선 캠페인 중 발언

"법을 제정하고, 예산을 논의하며, 공공 자금을 관리하는 여성이 있다면, 그는 여성일 수 없고 오직 남성일 것이다."

— 샤를 노디에, 〈L'Europe littéraire〉, 1832년 3월

1975년

1975년 10월 말 금요일, 전체 아이슬란드 여성의 90%가 가사와 유급 노동을 중단했다. 이날 수많은 아버지들이 아이를 직장으로 데려가야 했고, 국가 전체가 멈춰 섰다. 이 역사적인 행동은 여성의 노동, 보이지 않는 노동, 돌봄의 가치를 사회에 각인시켰다. 그리고 2023년 10월, 이 최초의 여성 총파업을 기념해 다시 한번 여성들이 거리로 나섰고, 아이슬란드 전체 인구의 약 4분의 1이 시위에 참여했다.

'정신적 노동'만의 문제가 아니▮

프랑스 통계청(INSEE)의 최신 '시간 사용 조▮ 따르면, 프랑스 여성은 여전히 가사노동의 ▮ 육아의 ▮▮ 71%를 책임지고 있▮ 하루 평균 4시▮ 이들 작업에 쏟고 있다▮ 1990년대보다 1시간 줄▮ 수치다. 한편, 남성들▮ 전히 30년 전▮ 찬가지로 하▮ 균 2시간만을 가▮ 육아에 쓰고 있다.

"그런데 말입니다, 페미니즘 담론이라는 거, 계속 듣다 보면 좀 지겹고 짜증나지 않나요?"

— 블랑슈 가르댕, 자신의 스탠드업 코
디 「여자라는 것 / 남자라는 것(Être
ne femme / Être un homme)」 중에서

웃어야 할 의무

33%의 여성들이 직장에서 감정을 숨기
거나, 기분이 좋은 척해야 한다고 느낀
다고 답했다.
이는 남성(22%)보다 높은 수치이다.

출처: 『여성과 남성, 평등을
둘러싼 문제들』, 프랑스 통계청
(INSEE), 2022년

순위표(Podium)

핀란드는 매년 스웨덴과 함께 이코노
미스트가 발표하는 '유리천장 지수'
1위를 다툰다. 이 지수는 다음과 같은
요소들을 반영해 산출된다. 여성의 고등
교육 접근성, 노동시장 참여율 및 고용
률, 임금 수준, 경제·정치 분야 고위직
에서의 여성 비율, 육아휴직 제도 등. 반
면 대한민국은 조사 대상 29개국 중 매
번 꼴찌를 기록하고 있다.

신사 여러분, 신사 여러분, 신사 여러분 - 무려 25번!

"오늘 아침 열린 포럼에서 총 26개의 발표 중 25개가 남성에게 주어졌다는
사실, 정말 감동적입니다. 네, 25명의 남성 연사와 — 어머! — 딱 한 명의
여성 연사. 그래도 한 명쯤은 용서해드리죠. 이 정도면 거의 '완벽'에 가까
웠잖아요. 정말이지, 얼마나 남성적인... 에너지입니까!
(…) 최근 몇 주간, 라 바르브(La Barbe)는 매일 몸을 떨고 있습니다. 이제
는 한 시간도 채 지나지 않아, 어처구니없는 여자 인간들이 복수를 외치고,
우리 프랑스 남성의 고귀하고 전통적인 '유혹의 미덕'을 공공연히 뒤흔드
는 지경에 이르렀습니다! 하지만 다행히도, 여러분이 계십니다 —이토록
많고, 이토록 늠름하게! 이곳 '라 메종 드 라 시미'(화학회관)에서는 우리가
잘 알고 있죠. 그 무시무시한 '혼합'(mixité, 남녀공존)을 피하는 법을! 여성
들이 우리를 끌고 가려는 그 끔찍한 낭떠러지를 피해가는 법을! 그리고 남
성과 여성을 각자 어울리는 자리로 고이 되돌려 앉히는 법을요. 우리의 위
대한 대통령, 에마뉘엘 마크롱께서도 이미 말씀하셨듯이 —"우리가 지닌
깊은 상호차이야말로 진정한 풍요로움입니다.'"

— 페미니스트 풍자 단체 라 바르브(La Barbe)의 성명,
2017년 11월 29일, 파리 '화학회관' 에너지 포럼에서 낭독됨

영예(Lauriers)

프랑스 대학에서 여성은 석사 학위
취득자의 61%를 차지한다. 그러나
같은 과정에서 여성 정보통신 전공
자는 23%에 불과하다.

출처:
『여성-남성 평등을
향하여?』,
프랑스
고등교육·연구부,
2023년

0.7%

룩셈부르크에서 남성과
여성의 평균 시간당 총임
금 격차는 0.7%로, EU 내
에서 가장 낮은 수치이다.
반면, 에스토니아에서는
21.3%로 가장 크다.

출처: 유로스타트(Eurostat),
2022년

"당신들이 전쟁놀이를 할 때, 나는 집을 지켰어요.
나는 기도만으로 당신들 감옥의 창살을 닳도록 문질렀고,
당신들이 폭탄 아래 죽어갈 때,
나는 비명을 지르며 당신을 찾아 헤맸죠.
이제 나는 무덤처럼 남아 있고,
그 안에 온갖 불행이 들어 있어요.
이건 그저 나일 뿐.
그녀일 수도, 나일 수도 있어요.
말하는 여자, 침묵하는 여자.
우는 여자, 웃는 여자.
잔 다르크일 수도, 마르고일 수도.

파도의 딸, 아니면 개울물의 딸일
수도요."

— '다를 바 없는 마녀(Une sorcière
comme les autres)' 중에서,
안 실베스트르, 1975년

80명 이상

하비 와인스타인에게 성희롱, 성추행 또는 강간을 당했다고 고발한 여성의 수는 80
명이 넘는다. 그 중에는 안젤리나 졸리, 기네스 펠트로, 애슐리 저드, 로잔나 아퀘트
등 유명 배우들도 포함되어 있다. 이 전직 영화 프로듀서는 2023년 로스앤젤레스에
서 징역 16년형을 선고받았으나, 2020년 뉴욕에서 선고된 징역 23년형은 취소되었
으며, 그에 대한 재심이 2025년에 열릴 예정이다.

정치적 성평등 : 가까운 듯, 먼 현실
각국 하원에서 여성 의원이 차지하는 비율 (%)

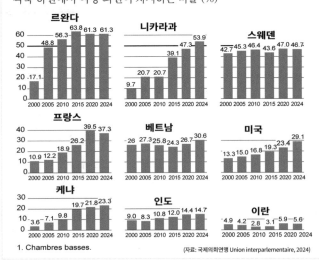

1. Chambres basses.

(자료: 국제의회연맹 Union interparlementaire, 2024)

Vicariantes

아버지 또는
의붓아버지가
자녀를 대상으로 한
폭력을 통해 어머니에
게 대리로 상처를 주는
형태의 폭력을
일컫는 표현.

3,800 유로

여성이 생애 동안 생리 기간에 필요한 〔...〕
품과 진통제 구매에 드는 평균 비용은 3,〔...〕
로에 이른다. 이는 〈르몽드〉가 2019년에 〔...〕
한 평가에 따른 수치다. 2023년 12월 2〔...〕
채택된 사회보장재정법은 26세 미만과 〔...〕
지보조보험(CSS) 수급자를 대상으로 〔...〕
가능한 생리용품의 무상 제공을 규정하〔...〕
다. 그러나 2024년 중 시행 예정이었던 〔...〕
치는 10월 말 기준 아직 시행되지 않은 〔...〕
다. 한편, 스코틀랜드에서는 2022년 8월〔...〕
부터 모든 여성에게 탐폰과 생리대를 무〔...〕
공하고 있으며, 의회가 생리 빈곤에 대〔...〕
법을 최초로 통과시킨 사례로 기록된다.

"우리가 지금 행하려는 행위는, 새벽녘 포위된 에펠탑〔...〕
이 마침내 피워내는 한 송이 장미처럼 아름답습니다〔...〕
그것은 숨통을 틔우고자 하는 갈망만큼이나 크고, 〔...〕
밤을 찢고 울려 퍼지는 날카로운 억양의 외침만큼이나〔...〕
강렬합니다."

— 크리스티안 토비라, 2013년 1월 29일 프랑스 국회에서 '모두를〔...〕
위한 결혼법'(동성혼 법안)을 제출하며 시인 레옹-공트랑 다마스
(Léon-Gontran Damas)의 시를 인용한 연설 중에서

인공의 쾌락들

2023년 한 해 동안, 인공지능(AI)으로 생성된 영상 9만5,820건이 당
사자의 동의 없이 얼굴을 도용해 제작되었다. 그중 98%는 포르노그
래피에 해당하며, 99%는 여성의 정체성을 도용한 것이다.

출처: 『2023 딥페이크 현황 – 현실, 위협, 그리고 영향』, securityhero.io

"우리는, 수컷이 암컷을 죽이는 유일한 종(種)입니다."

— 프랑수아즈 에리티에(Françoise Héritier), 인류학자 (1933~2017)

프랑스 페미니스트 단체 #NousToutes의 집계에 따르면, 2024년 10월 23일 기준, 프랑
스에서는 올해 들어 111건의 여성 살해(페미사이드)가 발생했으며, 이는 2023년의
총 136건에 이은 수치다.

"우리에게도 그런 종류의 물건이
― 예를 들면 가슴 대신 ― 달려 있었다면,
여성의 몸에 대해 쏟아졌을 농담이며,
비열한 말들, 혐오스러운 표현들이
어떨지 나는 벌써부터 들리는 듯하다!
그 물건들이 붙은 자리를 보라,
불쌍한 꼬마 것들, 마치 가냘픈 가지 아래에 웅크
린 병든 두 마리 두꺼비 같지 않은가. (…)
솔직히 말하자면, 사랑하는 여러분,
당신들이 자랑스럽게 여기는 그 '주요 부속품'에
'팔루스(phallus)'라는 고상한 이름을 붙인다 한들,
전체적으로 봤을 때, 그 장비가 그다지 인상적인
건 아니다. 그러니 제발, 그 허구의 '페니스 환상'
으로 더 이상 우리를 괴롭히지 말고,
우리 안의 오래된 갈등을 되살리는 데만 골몰하는
그 모든 정신분석가와 성분석가들에게서도
이제는 좀 해방시켜주기 바란다.
우리에게 진정 필요했던 건 우리 자신을 사랑하는
법을 배우는 것이었고, 그것이야말로 타인을
사랑하기 위한 절대 조건이니까."

— 베누아트 그루(Benoîte Groult, 1920~2016. 프랑스의 작가이자 언론인,
페미니스트 운동가), 『Ainsi soit-elle』, Grasset, 파리, 1975

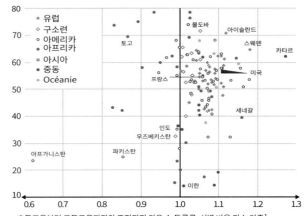

남성보다 더 오래 공부한다고 해서 노동시장 진입이 보장되는 것은 아니다

15세 이상 여성의 경제활동참가율[1], 백분율로 표시

초등교육부터 고등교육까지의 조정되지 않은 순 등록률, 성별 비율 지수 기준[1]
(1보다 크면 여성 비율이 더 높고, 1보다 작으면 남성 비율이 더 높음)

[1] 2012년부터 2023년 사이의 가장 최근 이용 가능한 자료 기준

출처: 국제노동기구(ILO), 2024; 유네스코 통계연구소, 2024.

금지된 사랑들

가봉과 앙골라는 동성애를 처벌하는 법을 폐지한 가장 최근의 국
가들이다. 그러나 여전히 76개국에서는
동성 간의 관계가 범죄로 간주되며,
그 중 10개국에서는 사우디아라비아나 파
키스탄처럼 최고형으로 사형까지 선고될
수 있다.

출처: 국제앰네스티

1%

_에서 발생한 성폭력
중, 피해 여성들이
_를 알고 있는
_ 비율.

_처: '생활환경과 치안' 조사,
2019년

"'이성애자 남성'이라는 말은, 단지 그들이 성적으로 끌리는 대상―즉 성관계를 맺는 상대―이 여성
이라는 뜻일 뿐이다. 하지만 대부분의 이성애자 남성들에게 있어서, 사랑과 관련된 거의 모든 감정
은 다른 남성들을 향해 있다. 그들이 존경하고, 감탄하고, 우러러보고, 본받고 싶어 하고, 깊은 유대
감을 맺으며, 가르치고 싶어 하고, 배우고 싶어 하고, 또 그들에게서 인정과 존중, 찬사와 사랑을 받
고 싶어하는 대상은 거의 전적으로 다른 남성들이다. 이성애자 남성들이 여성에게 보이는 '존중'이
란 사실상 친절, 관대함, 혹은 가부장적 태도일 뿐이며, '명예를 드러낸다'는 것도 결국 여성을 현실
에서 분리해 이상화된 위치에 올려놓는 데 그친다. 그들이 여성에게서 진정으로 바라는 것은 헌신
과 봉사, 그리고 성이다. 결국 이성애 남성 문화는 동성 간의 에로티시즘을 품고 있으며, 남성을 사
랑하는 문화인 셈이다."

— 마릴린 프라이, 『현실의 정치학(The Politics of Reality)』, 크로싱 프레스, 1983년

글의 출처

서문　　　Hélène Richard, 'Et si elles s'arretaient toutes?'(미게재)
책을 내며　성일권, '멈추지 않는 여성의 저항과 변화의 궤적'(미게재)

[1부] 모든 나라의 자매들이여

　　　Violaine Lucas et Syrielle Meijias, 'Entre progrès et régressions, une lutte sans répit'(미게재),

　　　Hicham Alaoui, 'Effervescence féministe au Proche-Orient', 〈르몽드 디플로마티크〉 프랑스어판 2023년 7월,

　　　Mitra Keyvan, 'Les Iraniennes allument un brasier social', 〈르몽드 디플로마티크〉 프랑스어판 2022년 11월,

　　　Franck Gaudichaud, 'Marée féministe au Chili', 〈르몽드 디플로마티크〉 프랑스어판 2019년 5월,

　　　Akram Belkaïd, '#MeToo secoue le monde arabe', 〈르몽드 디플로마티크〉 프랑스어판 2021년 8월,

　　　Kristen Ghodsee, 'Les "grands-mères rouges" du mouvement international des femmes', 〈르몽드 디플로마티크〉 프랑스어판 2021년 7월,

[2부] "보이지 않는 손"들이 판을 뒤엎다

　　　Marylène Patou-Mathis, 'Sortir la femme préhistorique de l'ombre', 〈르몽드 디플로마티크〉 프랑스어판 2020년 10월,

　　　Julien Brygo, 'Révoltes des domestiques en Inde', 〈르몽드 디플로마티크〉 프랑스어판 2017년 11월,

　　　Cécile Andrzejewski, 'Invisible pénibilité du travail féminin', 〈르몽드 디플로마티크〉 프랑스어판 2017년 12월,

　　　Lucie Tourette, "Il faut travailler, madame", 〈르몽드 디플로마티크〉 프랑스어판 2021년 2월

　　　Pierre Rimbert, 'La puissance insoupçonnée des travailleuses', 〈르몽드 디플로마티크〉 프랑스어판 2019년 1월,

[3부] 신체를 방어하며

　　　Michel Bozon, 'Transformations de la sexualité, permanence du sexisme', 〈르몽드 디플로마티크〉 프랑스어판 2018년 2월,

　　　Emmanuel Beaubatie, 'Personnes trans et non binaires, des luttes féministes'(미게재),

　　　Audrey Lebel, 'En Russie, le fléau des violences domestiques', 〈르몽드 디플로마티크〉 프랑스어판 2019년 11월,

　　　Gisèle Halimi, 'Le "complot" féministe', 〈르몽드 디플로마티크〉 프랑스어판 2003년 8월,

　　　William Irigoyen, 'Prostitution, la guerre des modèles', 〈르몽드 디플로마티크〉 프랑스어판 2017년 1월,

[4부] 여성들은 더 이상 침묵하지 않는다

　　　Christine Lévy, 'Les Japonaises ne veulent plus se taire', 〈르몽드 디플로마티크〉 프랑스어판 2022년 1월,

　　　Anne Jourdain, 'Des hommes, des vrais', 〈르몽드 디플로마티크〉 프랑스어판 2024년 7월,

　　　Claire Scodellaro, 'L'anorexie, une maladie sociale', 〈르몽드 디플로마티크〉 프랑스어판 2020년 9월,

　　　Elsa Johnstone et Vincent Sizaire, 'Violences sexistes, la répression ne suffit pas', 〈르몽드 디플로마티크〉 프랑스어판 2023년 3월.

※ 〈마니에르 드 부아르〉 한국어판 vol.19의 『여성들, 영원한 혁명』은 프랑스어판 198호의 〈FEMMES, Une révolution permanente〉를 기본 텍스트로 삼았습니다.